·供应链管理与运营系列·

供应链管理专家认证教材

供应链术语

中国物流与采购联合会◎主编

赵林度◎著

人民邮电出版社

北 京

图书在版编目（CIP）数据

供应链术语 / 赵林度著；中国物流与采购联合会主编. -- 北京：人民邮电出版社，2025. -- ISBN 978-7-115-65001-6

Ⅰ. F274-61

中国国家版本馆 CIP 数据核字第 2024BR6417 号

内 容 提 要

本书分8章，介绍了供应链基础、供应链战略与管理、供应链运作与服务、供应链信息与技术、供应链设施与设备、供应链组织与法律法规、可持续供应链、国际供应链等方面的术语，旨在从专业的视角诠释供应链术语的内涵，帮助读者更加深入地理解和认识供应链相关概念。本书作为"供应链管理专家（SCMP）丛书"的一部分，不仅可以作为相关领域的培训教材，而且可以作为大专院校管理科学与工程、工商管理、应用经济学等专业的教材和参考书，也可以作为供应链管理领域研究人员的工具书。

◆ 著　　　　赵林度
　主　　编　中国物流与采购联合会
　责任编辑　孙燕燕
　责任印制　周昇亮

◆ 人民邮电出版社出版发行　　北京市丰台区成寿寺路 11 号
　邮编　100164　电子邮件　315@ptpress.com.cn
　网址　https://www.ptpress.com.cn
　天津千鹤文化传播有限公司印刷

◆ 开本：787×1092　1/16
　印张：22.75　　　　　　　　　2025 年 2 月第 1 版
　字数：450 千字　　　　　　　2025 年 2 月天津第 1 次印刷

定价：99.00 元

读者服务热线：(010)81055296　印装质量热线：(010)81055316
反盗版热线：(010)81055315
广告经营许可证：京东市监广登字 20170147 号

供应链管理专家（SCMP）认证丛书
编写委员会

主　任：

蔡　进　　中国物流与采购联合会副会长

副主任：

胡大剑　　中国物流与采购联合会会长助理

委　员：（按姓氏拼音排序）

冯　君　　中物联采购与供应链管理专业委员会项目主管

胡　珉　　本丛书撰稿组长、中物联采购与供应链专家委员会副主任委员

胡　伟　　上海师范大学天华学院副教授

刘伟华　　天津大学管理与经济学部运营与供应链管理系主任、教授、博导

马天琦　　中物联采购与供应链管理专业委员会部门主任

潘新英　　中物联采购与供应链管理专业委员会项目主管

彭新良　　中物联采购与供应链管理专业委员会常务副主任

史文月　　中物联采购与供应链专家委员会委员

宋　华　　中国人民大学商学院教授、博导

宋玉卿　　北京物资学院中国采购与供应链管理研究中心副主任

田小琴　　中物联采购与供应链管理专业委员会部门主任

汪希斌　　中物联采购与供应链专家委员会委员

王海军　　华中科技大学管理学院副院长、教授、博导

王保华　　中物联采购与供应链专家委员会委员

王运新　　中物联采购与供应链专家委员会委员

吴英健　　中物联采购与供应链管理专业委员会项目主管

夏　烨　　中物联采购与供应链专家委员会委员

赵林度　　本丛书审校组长、东南大学经济管理学院物流管理工程系教授、博导

本书编写组

组　长：

赵林度　本丛书审校组长、东南大学经济管理学院物流管理工程系教授、博导

彭新良　中物联采购与供应链管理专业委员会常务副主任

特别感谢：

在本书编写过程中，得到 潘新英、孙国豪、刘丽萍、梁艺馨、任雪杰、刘然、贡喜、邱华清、徐鹏宇、常笑笑、姚尧、戴薛甜、吴婧怡、周琴、傅建晓、李逸龙、瞿子栋、化晶晶、周俊鹤、华陈宸、蒋豆、许凌霄、王涵娇、李旭铮、李政辉、朱雯雯、梁玉秀、李知远等同学的帮助，对他们辛勤付出表示感谢。

前 言

术语（terminology）是某一学科中的专门用语，能够以知识为载体连接不同应用场景、不同市场环境，从而加深人们对该学科领域知识的理解和认识。20 世纪 80 年代，供应链从现实的实践场景走进理论的学术殿堂，以"利益共享，风险共担"的核心思想助力其成员"强身健体"，从全局的高度增强自身的竞争优势。

本书旨在凭借集聚的知识点、知识链绘制以供应链知识单元为节点的知识图谱，展现以供应链知识结构为焦点的认知全景图。为使供应链知识图谱更加清晰、合理，本书涵盖供应链基础、供应链战略与管理、供应链运作与服务、供应链信息与技术、供应链设施与设备、供应链组织与法律法规、可持续供应链、国际供应链等方面的术语。

在供应链管理专家（supply chain management professionals，SCMP）新版教材的撰写过程中，专家委员会认为应该同时编写一本能够诠释供应链相关概念的"辞典"，作为 SCMP 教材的辅助参考资料。为此，参编人员认真学习借鉴了 *SM Glossary of Key Supply ISM*、GB/T 40758—2021、GB/T 18354—2021、GB/T 38702—2020、GB/T 22240—2020、GB/T 12905—2019、GB/T 37376—2019、GB/T 36630.2—2018、GB/T 35295—2017、GB/T 30030—2023、GB/T 14885—2022、GB/T 18725—2008、GB/T 24040—2008 等一系列国家标准，以及《管理科学技术名词》、《经济学名词》、《英汉－汉英采购与供应链管理词典》、《计算机科学技术名词》（第三版）、《地理信息系统名词》（第二版）、《编辑与出版学名词》、《建筑学名词》（第二版）、《机械工程名词（四）》、《生态学名词》、《化工名词》等，经过分类整理，形成一个从基础、战略与管理、运作与服务、信息与技术、设施与设备、组织与法律法规、可持续到国际化的主体脉络，以飨读者。

本书在编写过程中，得到潘新英、孙国豪、刘丽萍、梁艺馨、任雪杰、刘然、贡喜、邱华清、徐鹏宇、常笑笑、姚尧、戴薛甜、吴婧怡、周琴、傅建晓、李逸龙、瞿子栋、化晶晶、周俊鹤、华陈宸、蒋豆、许凌霄、王涵娇、李旭铮、李政辉、朱雯雯、梁玉秀、李知远等同学的帮助，在此对他们辛勤的付出表示感谢。尽管编著者为本书的编写花费了大量的精力，但由于供应链兼具复杂的理论与实践双重属性，书中难免有错误或不当之处，恳请读者批评指正。

著者

2024 年 10 月 1 日

引 言

　　供应链是重要的国家战略，是促进国内行业发展的关键支撑，也是我国在国际竞争中能够取得竞争优势的重要保障。2017年10月，国务院办公厅印发《关于积极推进供应链创新与应用的指导意见》，首次将供应链创新与应用上升为国家战略。

　　供应链在各行业多方面发展中承担着至关重要的责任，行业特征的差异性及时代背景也对供应链提出了更高的要求，这迫切需要人们对供应链管理、运营过程中的基本概念形成统一的理解和认识，以进一步提高我国供应链创新发展能力。因此，我们在SCMP委员会的支持下编写了本书。本书涵盖供应链基础、供应链战略与管理、供应链运作与服务、供应链信息与技术、供应链设施与设备、供应链组织与法律法规、可持续供应链、国际供应链等方面的术语。

　　本书作为SCMP认证教材的工具书，共有3033条术语，其中供应链基础术语（基本概念、基础知识、基础理论）1182条，供应链战略与管理术语（规划、计划、管理）293条，供应链运作与服务术语（采购、生产、交付、物流）762条，供应链信息与技术术语（信息、技术）202条，供应链设施与设备术语（设施、设备）91条，供应链组织与法律法规术语（组织、法律法规）149条，可持续供应链术语（环境、社会和公司治理，安全）182条，国际供应链术语（国际物流、国际贸易）172条。

　　为便于读者对照理解术语内涵，本书提供了中英文术语及部分重要术语的英文缩写，为了便于读者查阅中英文术语，本书提供了中文索引和英文索引。

目 | 录

第 1 章

供应链基础术语

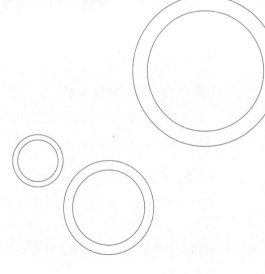

1.1 基本概念

1.1.1 M1

国家货币供应量的一个具体定义，其等于纸币、活期存款、旅行支票和其他可开立支票的存款的总数量。

1.1.2 M2

国家货币供应量的一个具体定义，其等于 M1，定期存款和居民活期储备存款，以及货币市场共同基金，货币市场保证金，住房公积金等较为稳定的资金数量之和。

1.1.3 M3

国家货币供应量的一个具体定义，其等于 M2 与国库券、银行承兑汇票、商业票据等的数量之和。

1.1.4 β 测试 beta test

新项目或软件程序的第二次功能测试，通常由客户在现场进行。

1.1.5 安全 / 健康 safety/health

被保护或免于遭受伤害、危险、错误、事故、损失或风险的状态，任何组织都要承担保护内部员工、外部人员安全和健康的社会责任。

1.1.6 版权 copyright

一种由国家或政府实体提供法律保护的产权形式，为科学、技术、文化艺术领域从事智力创造的作者授予出版、复制、展示、出售、表演、传播作品，以及从原作中起草衍生作品的权利。

1.1.7 版税 royalties

因使用版权或专利权而向版权持有人支付的费用。

1.1.8 保险 insurance

企业或个人之间的协议，其中投保人根据涵盖一段特定时间的保险单的条款向保险公司付款。保险公司承诺就保险单约定的条款赔偿投保人的损失。保险通常用来降低商业风险，有很多种类型，例如人寿保险、汽车保险、财产保险、健康保险、人身意外保险、业务中断保险等。

1.1.9 保修 warranty

卖方对货物或服务的质量或性能做出的受法律保护的承诺或陈述，卖方提供售后维修服务保障。

1.1.10 保证 / 保证人 surety

按约定在债务人不能履行债务时，承诺为该债务人履行债务责任的人。

1.1.11 被告 defendant

在民事或刑事诉讼中，被起诉为行为不当或被指控为犯罪的一方，可能被要求损害赔偿或刑事制裁。

1.1.12 本地化 localization

（1）为开拓市场，某种商品或服务需要做出相应的调整来适应一个国家或地区的环境需求，根据当地商品的消费者群体规划库存、物流路线及与供应商的关系等，从而为消费者带去更多便利的营销方式。

（2）为便于管理需求和库存及获取供应商的服务，要求供应商位于公司所在地附近的空间布局。

1.1.13　本票　promissory note

一方当事人向另一方当事人签发的在特定时间向持票人或另一方当事人支付一定数额金钱的票据。

1.1.14　本土化　domestication

一国（地区）境内的外国或外资资产（例如企业）的持有者的所有权和控制权的比重（持股比例）逐渐缩小或者其所有权和控制权逐步转入本国持有者的手中，而导致该资产变为由本国持有者主导的资产的过程。

1.1.15　边界　boundary

组织确定的物理界限、场所界限、原辅材料或商品界限、物流区域界限、服务内容界限或上下游企业界限等。

1.1.16　变更单　change order

为客户提供服务的企业所使用的文件，企业和客户可以通过变更单对原有的业务协议进行更改。

1.1.17　辩护　defense

被告在诉讼中对原告主张提出的辩驳，可作为原告不应该胜诉的理由。

1.1.18　标兵　pacesetter

在某个领域取得成就，可以作为他人榜样的主体。

1.1.19　标杆　benchmark

用于衡量或判断某个组织绩效的标准或参照点。

1.1.20　标准　standard

对重复性事物和概念所做的统一规定。它以科学技术和实践经验相结合的成果为基础，经有关方面协商一致，由主管机构批准，以特定形式发布，作为共同遵守的准则和依据。

1.1.21　标准化　standardization

就共同规范达成一致的过程。这一过程可以在不同的层次上进行：（1）整个组织；（2）整个行业；（3）整个国家；（4）整个世界。

1.1.22　补货　replenishment

为保证物品存货数量而进行的补充相应库存的活动。

[来源：GB/T 18354—2021，定义 4.42]

1.1.23　补救　cover

在卖方违约的情况下，买方可利用的弥补损失的方法。通过尽职调查，买方有权在公开市场上获得货物并从卖方处获得损害赔偿。

1.1.24　补贴　subsidy

由政府提供经济补助，以降低生产者及消费者受商品高价格影响的生产成本和生活成本，通常选择与公众利益有关的商品，例如农产品。

1.1.25　不动产　real property

依自然性质或者法律的规定在空间上

占有固定位置，移动后会影响其经济价值的物，包括土地、土地定着物、与土地尚未脱离的土地生成物、因自然或者人力添附于土地之上并且不能分离的其他物。

1.1.26　不可抗力　force majeure

不能预见、不能避免且不能克服的客观情况，是合同规定的可以使一方当事人全部或部分豁免履行其合同义务的重大事件（通常是无法控制的），例如火灾、战争或极端天气。

1.1.27　材料　material

（1）商品或服务的物理组件。（2）法律上具有效力或足以影响结果的资料或文件。

1.1.28　采购　procurement/purchasing

（1）包括需求分析、价值分析、供应商市场研究、谈判、合同管理，以及配送、收发货和库存管理等活动。（2）企业在一定条件下从供应市场获取商品、服务等资源，以保证生产经营活动正常进行的一项职能。

1.1.29　残料率/报废率　scrap factor

生产过程中剩余的材料或废弃物占原材料总量的比例，或某项物料变成不良品的概率，也称为废品系数。在提报物料需求时，应考虑到生产过程中某项物料的预期损失，而增加该项物料的毛需求。

1.1.30　残值　salvage

在资产使用期末预计能回收并出售的剩余材料或设备的价值。

1.1.31　差额　variance

（1）预算值或计划值与实际值之差。（2）数据离散性的统计学度量指标。

1.1.32　差异化　differentiation

为使组织在产品、服务、形象等评估维度上明显区别于市场中的其他组织，以获得竞争优势而付出的努力。

1.1.33　产能　capacity

机器、人、流程、组织的产品或服务的最大输出或生产能力。

1.1.34　产品　product

被人们使用和消费，并能满足人们某种需求的任何商品和服务。

1.1.35　产业链　industry chain

用于描述一个具有结构属性和价值属性及其内在联系的企业群结构，是指各个环节之间基于一定的技术经济关联，并依据特定的逻辑关系和时空布局关系客观形成的链条式关联关系形态。

1.1.36　长吨/英吨　long ton

一种英制重量单位，1长吨/英吨等于2,240磅，约为1,016千克。

1.1.37　撤销　abrogation

由于出现双方无法控制的情况，如不可抗力等因素，在合同部分履行后将其废止，双方都没有继续履行合同其余部分的义务。

1.1.38　成本　cost

在经营业务过程中产生的费用。

1.1.39　成交量　volume

在金融行业中，表示在特定时间段内证券市场上交易的股票、债券、合约等的总数。

1.1.40　成品　finished goods

已完成制造或装配环节并已准备出售给外部客户的货物。

1.1.41　诚信　bona fide

（1）为人处世真诚、诚实，尊重事实，实事求是。（2）信守承诺。

1.1.42　承兑　acceptance

一种附属的法律行为，目的在于使付款人到期履行票面金额的支付义务。

1.1.43　承运人　carrier

本人或者委托他人以本人名义与托运人订立货物运输合同并承担运输责任的当事人。

[来源：GB/T 18354—2021，定义 4.5]

1.1.44　承租人　lessee

根据租赁合同取得租赁物占有、使用、收益权利，并负有向合同另一方当事人支付租金义务的租赁合同当事人。

1.1.45　程序　procedure

处理常规事件的过程或系统方法。

1.1.46　出口　export

向另一国（地区）出售和／或运输货物。

1.1.47　出租人　lessor

出租财产的财产所有者。

1.1.48　串标　collusive bidding

供应商相互串通以对双方有利的方式指定中标人，破坏公平竞争的投标秩序，是一种无序、恶意的竞争行为。

1.1.49　创新　innovation

新引入的想法、思维体系、方法、产品或过程，具有目前不存在的属性。

1.1.50　错误　mistake

（1）理解或计算出现偏差，而不是一方的故意行为导致的差错。（2）正常法律抗辩，指双方合同的基本假设存在的漏洞，通常被用作不履行合同的借口。

1.1.51　代理　agency/proxy

一方被另一方（委托人）授权行使权利或执行特定活动所形成的法律关系。

1.1.52　代理人　agent

被授权代表另一方（委托人）与第三方进行规定交易的个人或组织。

1.1.53　代位　subrogation

一方当事人基于一项法律要求或权利代替另一方当事人采取行动，代位通常发生于建筑合同、保险合同及流通票据法中。

1.1.54　带宽　bandwidth

通信线路单次允许通过的数据量，也称为管道宽度。管道宽度越大，同一时间可以传输的数据量就越大。

1.1.55 贷款 loan

银行、信用合作社等机构借钱给用钱的单位或个人，一般规定利息、偿还日期。

1.1.56 担保 guaranty

法律为确保特定的债权人实现债权，以债务人或第三人的信用或者特定财产来督促债务人履行债务的制度，在债务人无法或不愿履行义务的情况下，由第三人负责偿还债务或承担责任。

1.1.57 档案 file

现已使用完毕并具有查考和保存价值的文件、原始记录等，如记录每个供应商信息的供应商档案。

1.1.58 低碳 low carbon

较低（更低）的温室气体（二氧化碳为主）排放。这里的"碳"主要指二氧化碳气体。

1.1.59 抵销 setoff

二人在互负债务且给付种类相同的情形下，各以其债权充当债务，而使其债务与相对人的债务在对等额内相互消灭。在我国《民法典》中，抵销只允许在同一合同内进行；如果合同中有明确规定，则可以在合同之间进行抵销。

1.1.60 抵押品 collateral

具备担保权益的财产，包括建筑物和其他土地附着物等不动产以及生产设备、原材料、半成品、产品等动产。

1.1.61 第三方 third party

在所涉及的问题上，被公认独立于有关各方的个人或机构。

1.1.62 调度 scheduling

提前决定在何处、何时开展工作，使用何种资源以及使用多少资源。调度过程通常与调度系统、策略、技术、设备相关联。

1.1.63 调解 mediation

将争端委托给调解员解决并提供证据，最终由双方或多方达成有约束力的协议的程序。

[来源：《管理科学技术名词》]

1.1.64 定额 quota

政府或组织在特定时期内对某些货物进口数量的限制。

1.1.65 定位 positioning

个人、组织、商品或服务传递给同一市场竞争者、消费者的特定形象，旨在于消费者的心智阶梯中占据一个真正有价值的有利位置。

1.1.66 动产 chattel

能脱离原有位置而存在的资产。

1.1.67 短吨／美吨 short ton

一种英制重量单位，1短吨／美吨等于2,000磅，约为907.2千克。

1.1.68 对价 consideration

涉及价值交换的有效合同的法律要求。当事人一方在获得某种利益时，必须给付对方相应的代价，这是有效合同存在并对当事人有法律约束的基本且必需的要素。

1.1.69　多元化 diversity

思想、组织和能力等各方面的差异或多样性。人类多元化通常包括种族、性别、年龄、语言表达、身体素质、社会经济地位、文化、宗教或其他信仰的差异。

1.1.70　发货人 consignor

特定数量货物的托运人。

1.1.71　发票 invoice

经济活动中，由出售方向购买方签发的文本，内容包括向购买方提供的商品或服务的名称、质量、协议价格。

1.1.72　罚款 penalty

（1）依法强制违法行为人在一定期限内缴纳一定数量货币而使其遭受一定经济利益损失的处罚形式。（2）供应商违反或未能按时履行合同条款时必须承担的经济赔偿责任和义务。

1.1.73　返还 restitution

将当事人拥有的物品、货币等恢复到损害发生前的状态或未发生违约时应有的状态的法律程序。

1.1.74　诽谤 defamation/libel/slander

公开发表的、虚假的、恶意损害他人的人格或声誉的口头或书面声明。

1.1.75　费用 expense/fee

企业在日常活动中发生的、会导致所有者权益减少的、与向所有者分配利润无关的经济利益的总流出。

1.1.76　分包 subcontracting

总承包单位将全部或部分工作以签订合同的方式依法交给具有相应资质的承包单位的行为。

1.1.77　分解 explode

获取物料清单中的信息并将其扩展，以确定组件的数量、到期日和必要的订单日期，从而在主生产计划中明确所需要成品的数量。

1.1.78　分类 classification

按照种类、等级或性质分别归类，例如在计算机领域指将一组输入与几组可能的类别相比较，并为输入选择可能的类别，其中每个类别的成员都具有相同的特征或属性。在供应管理方面，根据采购物资重要程度、市场发育程度和市场规模，以及市场地位，将供应商分为战略供应商、重要供应商和一般供应商3种类型。

1.1.79　分配 allocation

分成部分并分派或留出以做其他各种处理。例如将单元过程的输入流或输出流划分到所研究的商品系统中。

1.1.80　分析 analytics

使用业务数据来发现在其他情况下可能无法发现或理解的统计数据、指标、模式和度量方法。

1.1.81　分选 assorting

根据种类将事物分成不同的组。

1.1.82　风险 risk

（1）遭受损失或损害的概率或可能

性。（2）在供应链管理中，指的是采购组织需要的原材料、成品、生产能力、其他关键材料或服务的供应出现减少或中断的可能性，一旦发生中断，采购组织的计划就无法完成。（3）从法律的角度来看，指的是某些行动或不作为的后果。

1.1.83　服务业　service industry

提供服务类产品的生产部门和企业的集合。

1.1.84　负担率 / 分担率　burden rate

（1）所承担的部分占全部的比率，包括税收负担率、利息负担率、公债负担率等类型。（2）成本分摊的一种方式，按工时、机时、人工、材料等将管理费用分配给部门或产品的百分比。

1.1.85　工作流　work flow

（1）组织运营、生产、商务、服务、管理等活动的主要过程，也称业务流。（2）对工作流程及其各操作步骤之间业务规则的抽象、概括描述。

1.1.86　公吨　tonne/metric ton

重量单位，1 公吨相当于 1,000 千克，约为 2,205 磅。

1.1.87　供应链　supply chain

生产及流通过程中，围绕核心企业的核心产品或服务，由所涉及的原材料供应商、制造商、分销商、零售商直到最终用户等形成的网链结构。

[来源：GB/T 18354—2021，定义 3.8]

1.1.88　供应商　supplier

产品和 / 或服务的提供者，市场上所有卖方的通称。

[来源：GB/T 26337.2—2011，定义 4.2.1]

1.1.89　共谋　collusion

两方或多方之间达成欺诈、欺骗或非法目的的秘密协议或合作，通常分为收费方（卖方）与付费方（买方），该行为违反我国《反垄断法》。

1.1.90　购物车　shopping cart

在线购物工具，用于暂时性存储令人满意的商品，方便统一结算，属于效率管理类工具。

1.1.91　股本　equity

企业总资产中非债权人提供的部分，即所有者投入的资金。

1.1.92　股息　dividend

股份公司从提取了公积金、公益金的税后利润中按照股息率派发给股东的收益。

1.1.93　关税　tariff/duty

对进口或出口征收的税。

1.1.94　管理　management

通过计划、组织、人员配备、领导和控制来有效协调资源配置，以此实现目标的综合方法。

1.1.95　广告　advertising/advertise-ment

（1）向一般或目标人群推销商品或服

务的过程。（2）通过媒体公开等形式广泛向公众传递的信息。

1.1.96　规格　specification

一种对材料、商品或服务技术要求的描述。

1.1.97　规划　program/planning

个人或组织制订的比较全面长远的发展计划，对未来整体性、长期性、基本性问题的思考和考量，设计未来整套行动的方案。

1.1.98　国有化　nationalization

将私人企业的生产资料通过购买、没收等多种方式收归国家所有的过程。

[来源：《经济学名词》]

1.1.99　过失　negligence

被告未能遵循合理的"注意标准"而导致原告受到损害的行为。

1.1.100　过载 / 超负荷　overload

对资源（人或机器）可能造成磨损或使之疲劳的过度使用，即超过规定的负荷标准。

1.1.101　海关　customs

国家的进出关境监督管理机关。海关依照有关法律、行政法规，监管进出关境的运输工具、货物、行李物品、邮递物品和其他物品，征收关税和其他税费，查缉走私，并编制海关统计和办理其他海关业务。

1.1.102　合理　reasonable

法律程序中常用的标准，如合理时间、合理人，在特定情况下被认为是公正或适当的、普通或通常的。在合同纠纷中，什么是合理的可能取决于当事人过去的习惯、特定行业的惯例和 / 或合同所涵盖的商品或服务的性质。

1.1.103　合同　contract

民事主体之间设立、变更、终止民事法律关系的协议。

1.1.104　回流　reshoring

将在其他国家所做的工作迁回原所属国家的过程。

1.1.105　回收　recycling/reclamation

回收是指将废弃物或废旧物经过分类、处理和加工，使其重新变为可利用的资源或原材料的过程。这在初级制造业中尤为常见。在初级制造业中，清洁工艺废料可以成为新材料的一部分。隔离、清洁用的材料可能有相当高的价值。

1.1.106　回执　reply

（1）被告为回应原告提出的要求而使用的文件。（2）收递的凭据、执行结果的反馈。

1.1.107　汇率　exchange rate

一种货币兑换另一种货币时的比率。

1.1.108　汇票　draft/bill of exchange

一方（出票人）签发的书面命令，命令第二方（付款人）向第三方（收款人）支付指定金额的款项。

1.1.109　毁谤　disparagement

对组织的商品的质量或性能做出恶意或虚假的陈述。

1.1.110　货币　currency

由特定国家或经济体定义的钱，特别是纸币。一种所有者与市场关于交换权的契约，根本上是所有者相互之间的约定，基本职能是价值尺度和流通手段。

1.1.111　基差　basis

现货成交价格与交易所期货价格之间的差。

1.1.112　基点　basing point

用于计算费率改变量的度量单位。

1.1.113　基线　baseline

（1）计划的成本、进度和技术要求。（2）软件开发或编码（或其他产出物）的一个稳定版本，它是进一步开发的基础。

1.1.114　基准点　basis point

观测时最可靠、最基本的水平已知的点。例如，金融行业中债券和票据利率改变量的度量单位通常为 0.01%。

1.1.115　集散地 / 终点站　terminal

通过船只、火车、卡车或飞机等将谷物、矿石、煤炭等散装货物转运到的指定区域。

1.1.116　集中化 / 中心化　centralized

（1）整合信息、资源和能力，实施一体化战略的过程。（2）特定活动的决策权取决于特定群体或个体的组织架构。

1.1.117　集中商 / 集散商 / 商品汇集处　aggregator

汇聚不同厂家的商品，能够提供一站式批发服务的供应商或货物配送分销中心。

[来源：《英汉 - 汉英采购与供应链管理词典》]

1.1.118　计划　plan

（1）根据对组织外部环境与内部条件的分析，提出在未来一定时期内要达到的目标及实现目标的方案途径。（2）用文字和指标等形式所表述的组织及组织内不同部门和不同成员，在未来一定时期内关于行动方向、内容和方式安排的管理文件。

1.1.119　记录　records

阐明所取得的结果或提供所完成活动证据的文件。其目的在于提供：（1）有助于做出更好决策的可执行信息；（2）共享和传递信息的知识库；（3）用于审计和法律目的的完整文档。采购部门负责维护供应商档案、采购合同、采购订单等记录。

1.1.120　技术　technology

关于某一领域有效的科学（理论和研究方法）的全部内容，以及在该领域为实现公共或个体目标而解决设计问题的全部规则。技术是制造一种产品的系统知识，所采用的一种工艺或提供的一项服务，是关于某一领域有效的科学的全部，以及在该领域为实现公共或个体目标而解决设计问题的规则的全部。

1.1.121 季节性 seasonality

一种逐年（或其他重复的时间间隔）重复的需求模式，表明基于固定时间段（季节）的数量差异。季节性解释了在不同季节使用的各种娱乐商品的需求波动。季节性还表明商品需求的巨大变化，此类变化在每年大致相同的时间范围内出现，并且不是流行趋势或促销造成的（例如每年对空调的需求）。

1.1.122 寄托 bailment

一方（委托人）将财产交付给另一方（受托人），另一方（受托人）在一段时间内拥有并控制该财产，但不取得其所有权。

1.1.123 价值链 value chain

企业的价值创造活动是由内部物流、生产作业、外部物流、市场营销、售后服务等一系列基本活动，以及采购、技术开发、人力资源管理和企业基础设施建设等辅助活动构成的，这些相互关联的活动构成了一个创造价值的动态过程，即价值链。

1.1.124 价值流 value stream

根据客户要求将原材料转化为最终产品的所有过程和活动。

1.1.125 兼并 merger

合并两个或两个以上组织的方法，如由一家公司收购一家或多家其他公司。

1.1.126 检验 inspection

检查商品和服务质量，以确定它们是否合规、合格的行为。在采购过程中，买方有权在收货前对货物进行检查。

1.1.127 简化 simplification

对组织所使用物品进行减小尺寸和简化设计的操作。

1.1.128 建模 modeling

将影响组织或市场的现实变量或因素联系起来的系统性方法。

1.1.129 降耗 reduce

降低产生的废物量，或从一开始就少购买、少消费。

1.1.130 交付 delivery

将自己占有的物或所有权凭证移转给他人占有的行为。其要义包含两点：一是客观上占有的转移；二是主观上转移占有的意愿，二者缺一不可。

1.1.131 交易所 exchange

买卖双方自由交易、供求双方相互博弈的特定场所。

1.1.132 解决 cure

在约定的截止日期之前给予对方弥补产品缺陷或处理其他可能导致其违反合约的问题的机会。

1.1.133 解约 rescission/cancellation

解除合同并使合同从一开始就无效，使双方恢复到没有签订合同时的状态。

1.1.134 金融 / 财务 finance

（1）金融指货币流通和信用活动以及与之相联系的经济活动的总称，广义的金融泛指一切与信用货币的发行、保管、兑换、结算，融通有关的经济活动，甚至包括金银的买卖，而狭义的金融则专指信用货币的融通。（2）财务是指企业在生产过程中涉及资金的活动，以及在此活动中企业与各相关方的经济关系。

1.1.135 进口 import

在别的国家生产的物品被带到本国进行出售。

1.1.136 经纪人 broker

将买卖双方聚集在一起的中介。经纪人也可以向买方提供额外的服务。经纪人对所售货物没有所有权，信用交易仍是买卖双方的责任。

1.1.137 经纪行 commission house

从事期货合约交易的公司。

1.1.138 精益 lean

通过消除系统、流程和实践中冗余的环节来创造价值的活动。

1.1.139 净利润 / 净收益 net profit/net earning

总营收减去销售成本、管理成本和其他成本，再减去税金所得的金额。企业通常使用3个指标来衡量经营状况：净利润、投资回报率和现金流。

1.1.140 净收入 net income

在一个周期内总收入超过总成本的部分。

1.1.141 净重 net weight

商品本身的重量。

1.1.142 拒绝 rejection

强调不同意接受不符合标准的人或事物。在我国《民法典》中，要约可能会像由合同提供的商品或服务一样被拒绝。

1.1.143 竣工 final completion

已满足所有合同协议和产出要求的时间点或过程，通常用于表示具有明确规定的合同商品和时间线的项目结束，例如建设项目完工。

1.1.144 客户 customer

企业商品或服务的收购者或接收者。

1.1.145 篮子 basket

某些指数［居民消费价格指数（consumer price index，CPI）］的计算涉及的商品和服务的组合，也称为"一篮子"商品和服务。

1.1.146 浪费 muda

日文术语，指资源不合理使用的行为和现象。在精益生产中，存在7种浪费类型：（1）超过需要的浪费；（2）库存的浪费；（3）等待时间的浪费；（4）非增值活动的浪费；（5）运输的浪费；（6）产生缺陷的浪费；（7）非价值加工的浪费。

1.1.147 离岸 offshore

位于或在一个国家的境外运作。

1.1.148 利率 interest rate

借款需支付的费率，指一定时期内利息额与借贷资金额（本金）的比率。利率受多种因素影响而波动，包括贷方推迟使用资金的意愿、贷方承担风险的意愿、在偿还资金时通货膨胀对资金购买力的影响及处理贷款的行政成本。

1.1.149　利润 profit

销售收益扣除所有成本后的盈余。利润刻画了企业经营的本质和动机。

1.1.150　利润率 profit ratio

利润与收益的比率，是一种业绩衡量指标。

1.1.151　利润中心 profit center

拥有产品或劳务的生产经营决策权，对成本、收入和利润承担责任的组织部门，其绩效是通过产生的利润来衡量的。

1.1.152　利用率 utilization

实际使用小时数与计划或可用小时数的比值，二者之差为停机时间，停机原因通常包括材料短缺、设备故障等。

1.1.153　联盟 / 伙伴关系 alliance/ partnership

买方和卖方之间的密切关系，以便以积极的方式从对方获得利益。伙伴关系并不是一种法律关系。买方和卖方的伙伴关系在业务上具有重要性，如与战略供应商建立的长期的、单一来源的伙伴关系。

1.1.154　磷 phosphorus

存在于牙齿、骨骼和岩石中的非金属元素。其化合物作为配料或添加剂被广泛应用于化工和食品行业，如用于生产肉制品、饮料、化肥、防腐剂等。

1.1.155　零售 retail

直接将商品或服务销售给消费者。

1.1.156　流程 process

一组有始有终的活动，它们以特定的顺序发生，有输入和输出。

1.1.157　流动性 liquidity

一项资产在没有任何价格折扣的情况下迅速转换为现金的能力，用于衡量一个组织用其资产偿还债务的能力。

1.1.158　垄断 / 独占 monopoly

经济学术语，是一种市场结构，指一个行业里有且只有一家企业（卖方）出售商品或服务。

1.1.159　履约 performance

（1）完成合同所规定的义务。（2）交易双方在确认交易达成约定后，服务提供方按约定为用户提供服务的过程。

1.1.160　绿色 green

符合环保原则和可持续发展原则。如绿色建筑是指通过更好的选址、设计、施工、运营、维护和拆除，提高建筑及其场地获取和使用能源、水和材料的效率，减少建筑对人类健康和环境的影响。绿色采购是指在购买一种商品或服务前，仔细考虑其必要性，除了价格和质量，商品或服务对环境的影响也应纳入考量范畴。绿色经济学关注的是生态圈健康对人类福祉的重要性。绿色生活是一种生活方式，旨在追求人与环境和谐共存。

1.1.161 卖契 / 卖据 bill of sale

将财产所有权从一方正式转让给另一方的契据。

1.1.162 总吨 gross tonnage；GT

用于船舶内部容积测量，不用于货物的度量单位。GT 通常用于通行费、码头费和税的计算。

1.1.163 敏捷性 agility

对物理或商业环境的变化做出快速反应的能力。

1.1.164 目标 goal

努力和资源所指向的预期最终结果。目标应该是具体的、可衡量的、可实现的、以结果为导向的和有时限的。精心确定的目标可以引导注意力、调控努力水平、增强持久性，并鼓励制订有助于实现目标的策略和行动计划。

1.1.165 目标市场 target market

企业希望向其销售商品或服务的具有某些共同特征的潜在客户群。

1.1.166 目的 objectives

关于预期结果的一般性陈述，是管理层为组织指明方向而设定的。

1.1.167 拍卖 auction

通过公开竞价的方式进行买卖的过程。

1.1.168 抛售 close out

以大大降低的价格出售商品，通常发生在商品系列销售业务结束时。

1.1.169 赔偿 indemnify

使他人避免损失和伤害的一种行为。

1.1.170 配套 kitting

（1）将部分商品或材料组合成一个批次进行采购，由供应商提供批次号，订购客户将收到成套货物。（2）将物料配成"工具包"打包配送，使物料齐全配套、利于识别和使用，防止柔性化生产线装错物料。

1.1.171 批量 lot size

根据预期需求购买或生产的商品数量。

1.1.172 皮重 tare weight

空容器和包装材料的总重量。

1.1.173 偏差 deviation

在数值型数据集中，单个观测值或数据值与集合分布的中心点（通常是平均值）之差或距离，又称为表现误差。

1.1.174 品类 category

一种融合价值和顾客需求的商品类别。目标顾客购买某种商品的单一利益点（single benefit point，SBP），每个单一利益点都由物质利益（功能利益）和情感利益构成。

1.1.175 品牌 brand

一个组织用来区分其商品与其他组织商品的任何名称或符号，表现为消费者对商品及商品系列的认知程度。

1.1.176 坪效 unit rent

每平方米的效益，即每平方米面积能够产出的营业额，以全渠道经营的门店为

例，其公式为门店坪效 =（线下营业额 +
线上营业额）÷ 门店营业面积。

1.1.177　瓶颈　bottleneck

（1）供应产品的能力低于确保系统平
稳运行所需能力的情况。（2）限制整个系
统运作效率和效能的关键因素或关键环节。

1.1.178　破产　bankruptcy

债务人不能偿债或者资不抵债时，
由债权人或债务人诉请法院宣告破产，
同时债务人依破产程序偿还债务的一种
法律制度。

1.1.179　普通股　common stock

公开发行的公司所有权的基本单位，
持有人享有普通权利、承担普通义务，这
是公司股份的最基本形式。普通股的股东
对公司的管理、收益分配享有平等权利，
根据公司经营效益分红。普通股风险较大。

1.1.180　期权　option

一种单方面的合同权利，买方可以在
特定时期内选择购买一定数量的标的物（实
物商品、证券或期货合约），或者可以选
择延长合同期限。

1.1.181　欺诈　fraud

为获取利益而采取的不公平或不诚实
的行为，如说谎、欺骗、背信等行为或非
法行为。

1.1.182　企业　enterprise

一个完整的商业组织或经济实体，按
照一定的组织规律构成，通过提供商品或
服务创造物质财富和精神财富，满足社会
公众对物质和文化生活的需要。

1.1.183　弃权　waiver

放弃自己的权利。商务合同中的弃权
条款是为了界定合同方在什么情况下的什
么行为被视为弃权或者不能被视为弃权。

1.1.184　签名　signature

在文件上书写的任何有效的标记、称
谓或符号。

1.1.185　前沿　leading-edge

前瞻性的、先导性的或探索性的趋势
或方向。在供应链管理领域，通常是指组
织的结构、流程和实践比大多数组织的更
先进。

1.1.186　潜在客户　prospect

被确定为存在需求且释放了购买信号
的待开发客户。

1.1.187　侵权　infringement

未经授权就使用或侵犯个人财产、权
利，通常与知识产权关联使用，如专利侵权。

1.1.188　侵权人　tortfeasor

存在违反合同规定以外的民事过错
的人。

1.1.189　倾销　dumping

以低于本国市场价格的价格在其他国
家销售商品的做法。

1.1.190　清算　liquidation

出售企业资产以偿还债务。

1.1.191　去中介化　disintermediation

通过消除消费者和制造商或制造商和

供应商之间的中间商来缩短供应链的过程。这通常是提高供应链透明度和改进流程（如即时制造）的结果。

1.1.192 去中心化 decentralized

（1）形成开放式、扁平化、平等性系统现象或结构的过程。（2）一种组织结构，其中决策权分散在服务或行动点附近，而不是集中在一个中央小组或特定地点。

1.1.193 权重 weight

（1）重量或质量的测度。（2）统计学中，在频率分布中分配给某项目的常数因子，以反映该项目的相对重要程度。

1.1.194 全球化 globalization

接触世界各地的客户、市场和供应商的过程。

1.1.195 缺货 stockout

商品持有者的商品库存不足或者其所持有商品的品类或数量不足以满足需求方需求的情况。

1.1.196 缺陷 defect

商品或服务不能满足规范要求或达到合理使用预期的情况，包括安全要求。

1.1.197 缺陷率 defect rate

用于衡量质量的标准，通常用缺陷百分比或废品率表示。

1.1.198 人工智能 artificial intelligence; AI

计算机以人类智能方式做出反应行为的能力。

1.1.199 人力资源 human resources; HR

企事业单位等独立经营团体所需人员具备的能力。

1.1.200 人权 human rights

人与生俱来的自然权利，它不分种族、国籍、性别、文化、宗教、年龄等。

1.1.201 认证 certification

由第三方书面保证商品、过程或服务符合规定要求的程序。

1.1.202 融资 financing

组织筹集资金的行为和过程。组织根据自身的生产经营状况、资金拥有状况以及生产经营发展的需要，通过科学决策拟定筹集资金的额度，从一定的渠道向投资者和债权人筹集资金、组织资金供应，以保证生产经营活动正常进行。

1.1.203 商品 commodity/merchandise/goods

可以出售或交易的劳动产品，包括有形实物和无形服务。

1.1.204 商人 merchant

任何特定商品交易中的一方（买方或卖方）。

1.1.205 商业化 commercialization

新商品开发过程的最后阶段，此后企业开始将其全面推入市场，使其具有商业价值。

1.1.206　商誉 goodwill

企业因业务关系而从供应商和客户那里获得的超出其净资产的无形价值之一，通过提供更多业务资源、奖励良好服务、共享计划和预测结果、共同解决问题、合作研发等方式来提升。

1.1.207　设备 / 装置 equipment/installment/device

工业购买者用在生产经营过程中的工业产品或工具，通常是大中型的机械器材集合体，更大的一般被称为装置。

1.1.208　设施 facility

为特定目的或用于特定活动而建造的场所、建筑或设备等（例如建筑物或大型设备）。

1.1.209　社区 community

基于地理位置或共同利益形成的社会群体，地理范围可以是当地乃至全球。社区可能真实存在，也可能是虚拟社区。

1.1.210　申诉 / 索赔 claim

原告主张的获得赔偿或公平补救的权利，如合同的具体履行。

1.1.211　升级 escalation

在供应管理中，经常用于表示价格的上涨，也称为经济价格调整。

1.1.212　生产 production

创造商品或服务的活动或过程。

1.1.213　剩余 / 盈余 surplus

超出所需的资产量。

1.1.214　时尚 fashion

服装、音乐、商业惯例等当前的流行风格，以及为众人所效仿的生活方式、工作方式或行为模式。

1.1.215　市场 market

（1）狭义上指买卖双方交换商品的场所，包括生活资料市场、生产资料市场、劳动市场、金融市场、技术市场、信息市场、产权市场、房地产市场等，可以是实体场所，也可以是线上场所。（2）广义上指为了买卖某些商品而与其他厂商和个人相联系的群体。

1.1.216　市盈率 price-to-earnings ratio；P/E ratio

每股市价除以每股盈余所得的结果，通常作为衡量股票便宜或昂贵的指标。每股盈余的计算方法，一般是以企业在过去一年的净利润除以股本总数。市盈率越高，市场就越愿意为每一元钱产生的年收益买单。

1.1.217　市值 market capitalization；market cap

一种对企业资产规模的度量，数值上等于企业当前的股票价格乘以该企业所有的普通股数量。

1.1.218　试销 test marketing/sale on approval

（1）新商品经过可行性分析，根据优选的方案制造出一批样品后，就进入商品化（或称市场化）开发与试探性销售阶段，企业通过新商品市场试销验证其使用效果。（2）一种供试用的、包退包换的销售方式，适用于买方是商品预期用户的场景。在试用期间，商品的所有权及相关风险损失均归于卖方。

1.1.219 收购 / 并购 takeover/acquisition

（1）通过购买股票的方式获得公司的所有权或控制权。（2）获得货物或服务以满足组织需要的过程。

1.1.220 收货 receiving

负责验证收到的货物是否是组织订购的货物的业务功能，包括检查和接收货物。

1.1.221 收货人 consignee

由托运人或发货人指定，依据有关凭证与承运人交接并收取货物的当事人或其代理人。

[来源：GB/T 18354—2021，定义 4.3]

1.1.222 收尾 closing

完成一件事情的最后部分，例如通过获得客户的购买承诺来完成销售的过程。

1.1.223 收益率 rate of return

一个项目的平均年收入与该项目的平均投资额的比值，以百分比表示。它刻画了投资者在项目上所花费资金的回报。

1.1.224 受托人 fiduciary

在信托关系中，依信托意图管理被授予的信托财产并承担受托义务的当事人。

1.1.225 受要约人 offeree

要约的接受者。

1.1.226 受益人 beneficiary

从他人的行为中获益的人。

1.1.227 授权 authority/empowerment

委托人授予代理人代表自己行事（参与具有法律约束力的交易）的权力。

1.1.228 输出 output

物质或能量离开一个单元。

1.1.229 输入 input

物质或能量进入一个单元。

1.1.230 输赢 win-lose

一种对抗性的谈判理念或方法，最常见的情况是一方高度关注自己的结果而对另一方的结果一点儿也不关注。当一方相对于另一方处于非常有利的谈判地位时可能会发生这种情况。

1.1.231 双输 lose-lose

一种对抗性的谈判理念或方法，通常出现在谈判双方都不关心自己和对方的结果的时候。当双方都不愿与对方做生意，但由于无法控制的原因而被迫进行谈判时就会出现这种情况。

1.1.232 双赢 win-win

一种合作理念或谈判方法，当双方对自己和对方的结果都高度关注，都希望通过合作获得一定利益时所产生的结果。

1.1.233 司法权 / 管辖权 jurisdiction

特定的国家机关审理特定争议和 / 或

对争议的特定当事方行使控制权的权力。

1.1.234 私有化 privatization

将政府所有资产的控制权部分或全部转移给私营部门，同时将对应的政府职能和服务责任转移给私营部门的行为。

1.1.235 诉讼 litigation

一方在法庭上起诉另一方以解决争议的法律行为。

1.1.236 诉讼当事人 litigant

向法院提起诉讼的原告和被告。

1.1.237 诉状 pleadings

在民事诉讼中，原告的起诉状、法院的传票及被告的答辩状，合起来构成诉状。

1.1.238 损耗 shrinkage

因物品丢失、被盗或放错地方而引起的库存减少，也可能由蒸发或老化等自然现象引发。美国零售业将不明原因的库存短缺金额定义为损耗，将已知原因的库存减少金额定义为损失。国内大部分零售企业则将不明原因的库存短缺和报损商品金额合在一起作为损耗。

1.1.239 摊销 amortization

除固定资产之外，对其他可以长期使用的经营性资产按照其使用年限每年分摊购置成本的会计处理办法，与固定资产折旧类似。摊销费用会计入管理费用中，从而减少当期利润，但对经营性现金流没有影响。

1.1.240 谈判 negotiation

内部和外部的探索和沟通过程（确定利益、让步策略和替代方案），以达成双方满意的协议。在供应管理中，它通常涉及采购交易的所有阶段，买卖双方都有自己的观点、利益和目标，这涉及价格、服务、规格、技术和质量要求及付款条件等方面，所以双方需要通过谈判达成一致。

1.1.241 套利 arbitrage

为了从不同市场之间的资产价格差异中获利而买卖资产的行为。例如，在一个市场上买入证券、商品或货币，同时在另一个市场上卖出，以获取经济利益。套利的关键是利用市场上的暂时反常现象。

1.1.242 特色 feature

商品或服务个性化的特征。

1.1.243 提单持有人 to bearer/holder of bill of lading(B/L)

占有提单并通过提单的签发或正当转让程序取得这种占有权的人，即通过合法途径取得并持有提单的人。

1.1.244 替代 substitution

用一种事物代替另一种事物的行为、过程或结果。

1.1.245 条件 condition

合同、信托、法律或其他法律认可的文件中涉及的要求或限制，这些要求或限制会改变相关人员的权利和义务。通常与合同中的"条款"互换使用，指合同中的规定，存在先决条件和后决条件的区别。

1.1.246 贴现率 / 折扣率 discount rate

（1）用于计算未来某一期的收益和成本现值所使用的利率。（2）打折扣除数与原数的比率即为折扣率。打扣一般是指销售企业转让利益给购货商的行为。

1.1.247 偷盗 pilferage

故意盗窃造成原料损失。

1.1.248 投标书 tender

描述将要进行的业务交易的文件。

1.1.249 投诉 complaint

原告就民法问题提起法律诉讼的行为。

1.1.250 投资 investment

（1）形成能增值或产生收益的资产。（2）累积的资产，组织或个人希望未来能够从中获得回报。

1.1.251 团队 team

人们因工作或活动而聚集在一起形成的组织，有共同的目标和意识。

1.1.252 推销 selling

与客户沟通以说服他们购买商品或服务。

1.1.253 退货 sales return

将商品退回给原供应商的情况。退货情况有以下几种。（1）商品质量或包装有问题，客户退还给供应商。（2）存货量太大或商品滞销，客户消化不了退还给供应商。（3）商品未到保质期就已变质，客户退还给供应商。

1.1.254 退料单 material return form

用于通知供应商和组织内部部门退货的表格。

1.1.255 吞吐量 throughput

在特定时间段内产生的资源输出量。

1.1.256 托运人 shipper

亲自或者委托他人以本人名义与承运人订立货物运输合同，并向承运人支付相应费用的一方当事人。

[来源：GB/T 18354—2021，定义 4.4]

1.1.257 外包 outsourcing

企业利用外部资源为内部生产商品或提供服务的战略管理模式，其流程包括寻找和利用提供完整商品或服务的供应商。

1.1.258 外汇 foreign exchange

（1）以外国货币表示的可以用于国际结算的支付手段和信用工具。（2）将一国的货币兑换成另一国的货币。

1.1.259 网络 network

用物理链路将各个孤立的工作站或主机连接在一起，组成数据链路，从而达到资源共享和通信的目的。

1.1.260 违禁品 / 走私货 contraband

法律禁止进口、出口或拥有的货物。

1.1.261 违约金 liquidated damages

在订立合同期间商定的金额，如果发生明确的违约情况，违约方将按该金额进行赔偿。

1.1.262 委托人 principal

已授权他人（代理人）代表其行事的个人或组织。对于大多数员工来说，雇主是委托人。

1.1.263　委托书　power of attorney

一方合法授予另一方代表其行使权利的书面合同。

1.1.264　文化　culture

（1）人类创造出来的所有物质和精神财富的总和。（2）一群人独特的生活方式，常用来描述组织的特点。

1.1.265　问责　accountability

个人或组织具有向利益相关者针对某主题或给定领域提供指导、咨询和见解的权利和责任。

1.1.266　物流　logistics

根据实际需要，将运输、储存、装卸、搬运、包装、流通加工、配送、信息处理等基本功能实施有机结合，使物品从供应地向接收地进行实体流动的过程。

[来源：GB/T 18354—2021，定义 3.2]

1.1.267　物品 / 货物　goods

经济与社会活动中实体流动的物质资料。

[来源：GB/T 18354—2021，定义 3.1]

1.1.268　下游　downstream

供应链流程中的物料路径，例如原材料向下游转移到制造商处，最后到达最终客户处。

1.1.269　先例　precedent

在法律上指在以前的案件判决中确立的法律理论和裁决结果。

1.1.270　现金　cash

可以立即流通的交换媒介，通常是纸币和硬币。

1.1.271　现金流　cash flow

一般指现金流量，是指投资项目在其整个生命周期内所发生的现金流出和现金流入的全部资金收付数量。

1.1.272　现值　present value

在给定回报率的情况下，未来一笔资金换算到今天的价值。

1.1.273　相关方　interested party

关注供应链系统的环境绩效或其生命周期结果的评价，或者受其影响的个人或团体。

1.1.274　项目　project

在日常活动的正常流程之外的一项特殊工作，具有特定的目标、时间和预算限制。

1.1.275　销售　sales

商品或服务所有方将所有权转让给需求方的行为，其内涵包括：（1）销售额，出售的商品或服务的价值；（2）角色，负责与客户进行交易的职能部门；（3）业绩，在给定时间段内的客户订单。

1.1.276　效用　utility

经济学术语，指从消费某商品或服务中获得的总体满意度。

1.1.277　协会　association

个人或群体为达到某种目标，通过签

署协议自愿组成的正式组织。

1.1.278 协议 agreement

买卖双方达成的书面共识，具有法律效力。

[来源：《英汉–汉英采购与供应链管理词典》]

1.1.279 胁迫 duress

使用令某人感到恐惧的，或者会对其造成身体或精神伤害的方式，威逼和强迫某人做违背其意愿的事情。

1.1.280 信息 information

用文字、数字、符号、语言、图像等介质来表示事件、事物、现象等的内容、数量或特征，从而向人们（或系统）提供关于现实世界新的事实和知识，作为生产、建设、经营、管理、分析和决策的依据。信息是对不确定性的消除，也是事物及其属性标识的集合。

1.1.281 信息流 information flow

供应链运营过程中信息的双向流动过程，反映供应链各成员、各环节的状态、特征及供需关系，协调各成员有序运作。

1.1.282 信用证 letter of credit；LC

一种向卖方保证在履行销售协议条款时由开证银行支付货款的单据。

1.1.283 行业／工业／产业 industry

不论所有权类型如何，所有国民经济中同性质、用相同方法产生利润的企业群体的总称，例如建筑行业、汽车工业、制药产业等。

1.1.284 修正案 amendment

（1）经双方协议对合同所做的修改（增加、删除或其他变更）。（2）立法机关对于现有法律的修改。（3）模拟联合国对已通过的草案进行修改的文件。

1.1.285 需求 demand

希望得到特定物品、特定数量的意愿，这种意愿可能来自客户订单、预测、企业内部相关部门。

1.1.286 许可证 license

一方（许可方）允许另一方（被许可方）使用自己的财产或行使权利的书面许可，通常与知识产权有关。

1.1.287 宣誓书 affidavit

一方宣誓并经公证人认可的用来收集或陈述事实的书面证明。

1.1.288 样品 sample

用于估计总体特征的部分产品，例如用于确定整个批次适用性的一件或多件产品。

1.1.289 要约 offer

订立合同的提议，通常包含一些表明一方对建立合作关系的兴趣和意愿，且具有约束力的条款。

1.1.290 要约人 offeror

要约的发起人。

1.1.291 义务 obligation

合同的一部分。合同和采购订单代表采购组织对供应商的应付货款义务。

1.1.292 易腐品 perishable

容易腐坏、变质的商品，尤指某些具有易腐特性的食品。

1.1.293 易货 / 物物交换 barter

用一种商品或服务交换另一种商品或服务的行为，与使用货币交易不同。易货贸易是国际贸易中有时会使用的一种对销贸易形式。

1.1.294 银行 bank

一个负责接收、保管、出借（有时是发行）货币的组织，它通过支票等促进资金的流动。

1.1.295 英担 hundredweight; CWT

重量单位，在美国和加拿大常用作短英担，相当于 100 磅（约 45.4 千克）；在英国用作长英担，相当于 112 磅（约 50.8 千克）。

1.1.296 用户 user

在采购体系中，采购组织代表其获得指定商品或服务的个人或组织，现通常使用内部客户或内部业务伙伴来描述存在这种合作、互利工作关系的个人或组织。

1.1.297 佣金 commission

就提供的服务向个人或企业收取的劳务报酬，通常是交易价值的一部分。

1.1.298 优惠券 / 折价券 coupon

广告、凭证或票证的一部分，赋予持有人特定利益，如免费样品、折扣购买价、换取现金或礼品的权益等。

1.1.299 优先股 preferred stock

一种享有优先权的股票，其股息在普通股股息之前支付，在清算时先于普通股。与普通股一样，优先股代表对一个企业的部分所有权，尽管优先股股东不享有普通股股东拥有的任何表决权。与普通股不同的是，优先股股息是固定的，但如果企业缺乏支付这种股息的财力，则可以暂缓支付这种股息。拥有优先股的主要好处是，优先股股东比普通股股东对企业的资产有更大的索取权。优先股股东总是首先得到他们的股息，在企业破产的情况下，优先股股东比普通股股东先得到偿付。一般来说，优先股有 4 种类型：累积优先股、非累积优先股、参与优先股、可转换优先股。

1.1.300 优先权 priority

法律上基于特殊政策性考虑，赋予某些特种债权或其他权利的一种特殊效力，以保障该项权利能够较之普通债权而优先实现。

1.1.301 预测 forecast/forecasting

基于定量（数值）或定性（非数值）数据的科学推测。预测者试图根据事物发展变化的客观过程和内在规律，推测事物未来可能出现的趋势和可能达到的水平。企业可以通过预测来分析销售额、市场份额、供应可得性等因素对自身的影响。

1.1.302 预付款 advance payments

商品或服务的接受方为表明自己履行合同的诚意，愿为对方履行合同提供一定的资金，在对方履行合同前向对方支付的部分款项。

1.1.303 预算 budget

详细说明计划行动和完成行动所需资金水平的财务计划。与供应相关的预算类型包括：直接材料预算、间接材料预算、资本支出预算和各职能部门（如采购、物流等）的运营费用预算。

1.1.304 原材料 raw materials

（1）未加工或已加工的，能够通过制造、加工或合成转化成一种新的有用产品物料的通称。（2）生产某种产品的基本原料。

1.1.305 原告 plaintiff

对被指控的不法行为提起民事诉讼以寻求损害赔偿或其他救济的当事人。

1.1.306 约束力 binding

一种基于法律效力对被约束人产生的制约机能。例如，具有约束力的仲裁、协议在适当的法律授权下获得执行，强制被约束人遵守承诺、履行责任或义务。

1.1.307 越权 ultra vires

拉丁语意为"超越权限"，广义指未经授权而实施行为，通常是指企业或其他实体在其权限或业务范围之外的行为。

1.1.308 运费 carriage/freight/cartage

货物进出企业的成本。购货（从供应商处购买货物）运费通常是一种直接成本；销货（将货物卖给顾客）运费通常被归类为间接成本。

1.1.309 运行率 run-rate

以当前的财务信息为基础，并在当前条件保持不变的前提下，对于当前财务业绩在更长时间范围内的外推。

1.1.310 再中介化 reintermediation

在供应链中重新添加全渠道、数据驱动的电子商务元素，让供应商直接服务消费者的行为，目的是促进信息交换、提升沟通效率和经营收益。再中介化主要应用于需要高接触度的售前和售后服务领域。

1.1.311 责任 liability

（1）对他人因道德约束、法律法规、公序良俗、协议契约等产生的应尽的义务。（2）因没能履行对他人的承诺、契约、道德义务、法律义务等而应承担的强制性后果。（3）一方对另一方的债务，要求偿还货款本金加上利息。

1.1.312 责任投标人 responsible bidder

对投标邀请书或方案征询书做出回应，且经考察有能力履行合同的供应商。

1.1.313 增值税 value-added tax; VAT

（1）欧盟应用的一种税制，功能等同于中国的增值税、澳大利亚的商品与服务税。（2）对纳税人生产经营活动的增值额征收的一种间接税。

1.1.314 赠品 / 酬礼 gratuities

影响买方决策过程的任何重要商品或服务。

1.1.315　债务 debt

债务是民事主体之间因合同、侵权行为、无因管理、不当得利以及法律的其他规定而产生的，特定义务人被权利人请求为或者不为一定行为的义务，是与债权相对的概念。

1.1.316　战术 tactics

为支持组织的战略和业务计划而采取的行动。

1.1.317　召回 recall

生产商收回有问题的商品的过程，以无偿弥补缺陷，提高自身信誉。

1.1.318　折旧 depreciation

在当期将资产价值的一部分作为费用进行分配，表示作为成本的资产价值的下降。作为一种非现金支出，它起到了避税的作用，减少了纳税额。

1.1.319　折扣 discount

卖方对应付金额的调整，旨在鼓励买方立即付款或持续惠顾。

1.1.320　折余价值 / 净值 residual value

租赁期结束，租赁物归还时，预期剩余的价值。

1.1.321　征收 expropriation

（1）向财产所有人无偿或有偿收取不动产的所有权及使用权的行为。（2）向依法纳税人收取赋税的行为。

1.1.322　证词 deposition

当事人以外的第三者做证时的言辞，这是民事诉讼中取证程序的一部分。

1.1.323　政策 policy

一般指国家或社会组织为稳定其内部的公共秩序、确保自身有效运作及长期发展等制定的阶段性或非阶段性的重要措施、人员准则、制度规范和实施方针等。

1.1.324　支出 spend

预算和 / 或花费在某一特定商品或服务上的总额。

1.1.325　知识流 knowledge flow

解决问题、知识扩散、知识吸收和知识扫描的过程。

1.1.326　指导 mentoring

（1）能力较强、技能水平较高或经验较丰富的一方为能力较弱、技能水平较低或经验较缺乏的一方提供专业性的帮助、点拨及培训，以帮助后者增强能力、提高技能水平和积累经验的行为过程。（2）促进供应商和网络伙伴发展的行为过程。

1.1.327　指挥链 chain of command

权力和责任的传递链路，表现为组织的报告和决策结构。

1.1.328　指数 index

一种通常用百分比表示价值、数量或价格的平均变化程度的比率。通常，这些变化是随着时间的推移而进行的，每一项都与某一选定基准期的相应数字进行比较。

1.1.329 制造 manufacturing

将材料加工成大量中间产品或最终产品的计划、管理和执行过程，通常以大批量方式进行。

1.1.330 制造商 manufacturer

用手工或机器制造商品的人或组织，通常规模很大，分工明确。

1.1.331 质量 quality

"一组固有特性满足要求的程度"。质量的内涵丰富，包括：（1）"天生卓越"的同义词；（2）用户用精确和可测量的变量定义的商品或服务的固有特性，因此商品或服务必须具有用户所需要的特性；（3）一次性彻底解决问题；（4）性能很稳定；（5）设计预期与实测数据保持一致且无浪费；（6）性价比较高；（7）在商品的整个生命周期内，在成本可接受或规格一致的基础上，满足或超过客户的要求。

1.1.332 滞胀 / 停滞性通胀 stagflation

经济低迷，失业率及通货膨胀率同时持续升高的经济现象。

1.1.333 中断 disruption

无论属于预期（比如罢工或者飓风）还是非预期（比如大停电或者地震）的事态均会导致与组织目标预计交付的产品或者服务存在计划外的不利偏差。

[来源：GB/T 38299—2019，定义 3.22]

1.1.334 终止 termination

一方根据特定的合同语言而非由于另一方违约而终止合同的行为。

1.1.335 仲裁 arbitration

一种依靠第三方解决当事人争议的制度，其中客观的第三方充当事实调查者与决策的仲裁员或仲裁小组成员。经当事人事先同意，仲裁员或仲裁小组的裁决可能具有约束力，且当事人不得上诉。

1.1.336 众包 crowdsourcing

将任务或问题分发给通常情况下不认识的人，以向其征求意见、想法和解决方案，共同完成任务或解决问题。通常，所有的投入都归为负责众包项目的公司的财产。

1.1.337 众筹 crowdfunding

面向大众或特定人群筹资的一种新型融资模式，利用公众的力量为中小型企业或个人提供创意项目的资金援助。

1.1.338 主合同 prime contract

（1）不需要其他合同即可独立存在的合同。（2）采购组织与供应商签订的合同或采购组织下达的采购订单。供应商作为主承包商，将主合同中的部分业务分包给其他供应商（分包商，通常是较小的企业），同时管理工作流程，并依靠主合同中规定的所得收入向分包商付款。

1.1.339 专利 patent

法律赋予一项发明的首创者制造、使用、销售相关产品的独家权利。

1.1.340 转让 assignment

缔约方（转让人）将合同规定的其合法利益、权利或义务让给另一方（受让人），有时也称为职责委派。

1.1.341　转租　sublease

作为承租人而不是所租赁财产所有人的一方（转租人）将财产租赁给另一方（分租承租人）的合同安排。租期通常比原租赁合同中规定的短。

1.1.342　追认　ratification

委托人在事后批准代理人采取的未经授权的行动。

1.1.343　准合同 / 准契约　quasi contract

与合同相似，但不具备成为有效合同的所有要素的文件。一份准合同可以因为双方的语言和行动而变成具有法律效力的合同。

[来源：《英汉－汉英采购与供应链管理词典》]

1.1.344　资本　capital

用于投入生产的资金和设备的总称。

[来源：《英汉－汉英采购与供应链管理词典》]

1.1.345　资产　asset

有经济价值的东西。有形资产可被触摸，如不动产、设备或现金；无形资产不可触摸，如品牌、商标、版权或专利。

1.1.346　资金流　fund flow

伴随供应链中商务活动的进行而发生的资金往来流动的过程。

1.1.347　自变量　independent variable

某函数中数值可以被任意调控或定义且不受其他变量影响的变量，是影响因变量的直接因素。

1.1.348　自动化　jidoka

日文术语，指在生产过程中自动检测缺陷，并在发现缺陷时停止生产。

1.1.349　自制或外购　make-or-buy

关于企业应该在内部自己生产，还是应该从外部购买的一种决策，重点考察成本和竞争力的变化。

1.1.350　棕地　brown field

有新资本进入的、现存的生产或运营场所。

1.1.351　总代理人　general agent

在指定地点和一定期限内全权代表委托人的代理人，在代理权限范围内有权处理所有有关业务。

1.1.352　租赁　lease

出租人依据事先商定的合同条款将自有资产的使用权出售或有偿转让给承租人的行为。

1.1.353　组件　subassembly

（1）用于构建更高级别程序集的程序集。（2）供组装整台机器的构件或元件的零件组合。

1.2　基础知识

1.2.1　X 支撑　X shoring

（1）在建筑物、船只、桥梁、沟渠、构筑物等大型设施存在倾塌风险或正在维修、改建时作为临时支撑工具的呈 X 形的结构。（2）表示最好的、多重的或不完整的支撑结构。

1.2.2　按现状 / 按货样　as-is

所出售的商品的样式、质量标准等按出售时的商品现状而定，即按现状出售。买方对该商品的质量承担全部风险，只能依靠其自身的检测能力判断商品质量高低，购买后不得提出任何质量问题。卖方不承担任何明示或默示的保证责任。

1.2.3　百万分率　parts per million；PPM

在质量规格书中使用的计量指标，1PPM 就是百万分之一。

1.2.4　保理　factoring

全称保付代理，又称托收保付，卖方将其现在或将来的基于其与买方订立的商品销售 / 服务合同所产生的应收账款转让给保理商（提供保理服务的金融机构），由保理商向其提供资金融通、买方资信评估、销售账户管理、信用风险担保、账款催收等一系列综合性金融服务。

1.2.5　保留条款　reservations clause

税收协定中缔约方保留对本国（地区）居民给予优惠待遇的权利的条文规定。

1.2.6　保留盈余 / 盈余留存　retained earnings

企业从历年实现的净利润中提取或形成的留置于企业内部的积累，包括盈余公积和未分配利润两个组成部分。保留盈余不作为股息支付，而是用来重新投资核心

业务或偿还债务。

1.2.7　保密协议　non-disclosure agreement

限制一方在履行合同的过程中向任何第三方披露某些信息（一般是专有信息）的独立协议或合同条款，该协议对未经授权的披露施加责任。

1.2.8　保险证明书　certificate of insurance

承保人应投保人的要求提供的保险凭证。

1.2.9　保质期　shelf life

某物品在一定的储存环境或储存条件下，能够保障其品质、性能，抑或有效性、可用性的最长期限。

1.2.10　闭口合同　closed contract

合同条款和合同价格在合同有效期内不得更改、双方共同承担风险的合同。

1.2.11　闭锁型公司　closely held corporation

股东人数甚寡，且股权流通性很低的公司。

1.2.12　避免 / 无法履行　avoidance/ impossibility

我国《民法典》中规定的无须补充特定合同条款即可获得的抗辩，类似于不可抗力抗辩，它允许一方因其无法控制的情况而无法履行合同时，被免除履行合同的责任。

1.2.13　边际成本　marginal cost

为增加一单位的产量而造成的总成本的增加量。

1.2.14　边际分析　marginal analysis

一种经济分析方法,将追加的支出与增加的收入相比较,二者相等时为临界点,也就是投入的资金所得到的利益与输出耗费相等时的点。在采购管理中,这是用来确定供应商成本管理水平的措施之一。

1.2.15　边际税率　marginal tax rate

增加一些收入时,增加这部分收入所纳税额同增加的收入之间的比率。

1.2.16　变化指数　change index

一种基于宏观数据,用于表明环境中的主要趋势或预期变化的指标。宏观数据来自国家或区域经济发展报告、统计年鉴等。

1.2.17　标杆对比法　peer benchmarking

将业务实践和结果与具有先进性、示范性和行业代表性的组织进行比较的过程。

1.2.18　标准差 / 均方差　standard deviation

一种测量数据离散程度的方法。标准差的计算方法是找出平均值与每个实际观测值之间的差值,将每个差值平方后相加,除以 $n-1$(其中 n 是实际观测值的数目),然后取结果的平方根。

1.2.19　标准成本　standard cost

制造单个商品单元或提供单个服务单元的预定或计划成本,它代表基于经验分析结果的用于预测成本的目标或基线。

1.2.20　标准费率　standard rates

根据从一地到另一地的最短路线所制定的费率,可以作为运费的标准,相同地点之间的其他路线的费率则根据标准费率设置。

1.2.21　标准分数　z-score

样本与平均值之差除以标准差得到的商。

1.2.22　表见代理权 / 表见授权　apparent authority

没有代理权、超越代理权或代理权终止后的无权代理人,在客观上使第三人相信其有代理权而实施的代理行为。第三人根据其与被代理人的交易情况,或者基于被代理人明知而允许代理人以其名义实施行为的事实,或者由于被代理人的行为表示代理人在其控制之下,从而相信代理人享有代理权。

1.2.23　表外义务 / 表外负债　off balance sheet obligation/off balance sheet liability

未记录或未反映在资产负债表上,但债务人在法律上或现实中依然需要承担的财务义务,例如长期购买协议、租赁协议、职工退休费等。

1.2.24　剥离　divestiture

为达到财政或社会方面的目标,通过销售、清算或其他手段处置资产或投资。

1.2.25 补偿性赔偿 compensatory damages

以实际损害的发生为赔偿的前提，且以实际的损害为赔偿范围的赔偿。

1.2.26 补救措施 remedy

减轻或纠正法律错误的措施。在合同诉讼中，可用的补救措施是要求金钱赔偿或法院发布强制执行的命令。

1.2.27 不道德行为 / 不正当手段 sharp practice

在交易中采用虚假手段或诡计，使交易对象误信，经营者从而获得交易机会的行为。此类行为通常是为了获得短期利益，但会损害基于诚信和尊重建立的良好的长期伙伴关系。

1.2.28 不合格材料 substandard material

未达到质量、工艺、规格、效能、客户要求等方面的相关规定和标准的材料。

1.2.29 不合理合同或条款 unconscionable contract or clause

（1）因对合同一方或双方当事人缺乏公平性或公正性，或者侵害一方或双方当事人权益而全部或部分失去法律效力的合同或条款。（2）占据优势的一方当事人压迫另一方当事人的不公正合同或条款。

1.2.30 不具约束力 nonbinding

不承担正式的法律义务，一般具有以下特征：（1）法律认定无效或予以撤销的；（2）非强制履行或执行的；（3）可以变更的。

1.2.31 不可撤销的要约 / 实盘 firm bid

对对方承诺无期限限制的要约。在对方做出承诺或表示拒绝前一直有效的要约。在采购方面，指原始投标必须是最终投标，并且在任何情况下都不允许修改。

1.2.32 不可强制执行合同 / 无强制执行效力合同 unenforceable contract

本身有效但因存在某些技术缺陷或条件限制而不能得到强制执行的合同。

1.2.33 不完全竞争 imperfect competition

一些生产者和 / 或消费者足以通过他们的行为影响供应价格和市场竞争环境。他们因此面对的是向下倾斜的需求曲线（或供给曲线）。

1.2.34 不正当竞争 unfair competition

经营者违反我国《反不正当竞争法》的规定，做出的扰乱市场竞争秩序，损害其他经营者或消费者的合法权益的行为。

1.2.35 不正当行为 impropriety

不诚实、不专业或不为社会所接受的行为。

1.2.36 部分显名的本人 partially disclosed principal

第三方并不知道对方所代理的本人的身份，但知道或有理由知道对方是在代表或可能代表他人行事。

1.2.37 部分支付租赁 partial payout lease

一种融资租赁，承租人在租赁期结束后获得租赁项目的剩余价值，但需支付原始购买价格和转售价值之间的差额及利息。

1.2.38　财务年度 / 会计年度 fiscal year；FIY/FY

以年为单位进行会计核算的时间区间，是反映组织财务状况、核算经营成果的时间界限。

1.2.39　财务责任 financial responsibility

对财务事项和交易行为应负的责任。

1.2.40　财政政策 fiscal policy

国家根据一定时期政治、经济、社会发展的任务制定的财政工作的指导原则，国家通过财政支出与税收政策来调节总需求。

1.2.41　采购经理认证 certified purchasing manager；CPM

美国供应管理协会（the institute for supply management，ISM）于 1974 年推出的职业资格认证项目，侧重于考核采购经理的实际运用能力。目前，国内推行供应链管理专家（supply chain management professionals，SCMP）认证项目，着重提高供应链管理人员的管理和领导技能，提高其职业能力。

1.2.42　采购经理指数 purchasing managers index；PMI

通过对企业采购经理的月度调查结果进行统计汇总而得出，它涵盖了企业采购、生产、流通等各个环节，涉及制造业和非制造业领域，是国际上通用的监测宏观经济走势的先行性指数之一，具有较强的预测、预警作用。PMI 通常以 50% 作为经济强弱的分界点：PMI 高于 50% 时，反映经济总体扩张；PMI 低于 50% 时，则反映经济总体收缩。

1.2.43　采用率曲线 adoption curve

描述新商品、服务或流程采用率的图。

1.2.44　测试能力 testing capability

一个组织用来定义和评估产品、服务质量的能力。

1.2.45　差价 differential rate

因商品或业务差异而产生的与标准价格之间的差值。

1.2.46　差距分析 gap analysis

企业使用的一种改进方法，用于帮助企业定义需求、刻画当前进程、识别需求与当前进程之间的差距，以及制定和实施解决方案以填补这一差距。

1.2.47　差异报告 discrepancy reports

描述研究对象的实际情况与预期存在差异的报告，用于确定差异发生的时间、地点和方式，从而帮助组织及时更正和预防。

1.2.48　差异延迟 / 延期 delayed differentiation/postponement

在获得客户个性化定制需求前，制造和运输通用产品，而将产品个性化制造在供应链中尽可能延后的策略。

1.2.49　产品差异化 product differentiation

为将自身产品与想获得相同客户群体的竞争对手的产品区分开而做的特定的努力。

1.2.50　产品供应链　product supply chain

一类给最终消费者带来有价值的产品的供应链。从初级生产直到消费的各环节和操作的顺序涉及产品及其辅料的生产、加工、分销、储存和处理，其范围涵盖原材料生产商、产品生产制造商、运输和仓储服务提供商、转包商、零售商和其他相关组织，如设备和包装材料生产商、添加剂和配料生产商。

1.2.51　产品生命周期　product life cycle; PLC

产品的市场寿命，即一种产品从进入市场到被市场淘汰的整个过程，通常包括设计、引进、成长、成熟和衰退 5 个阶段。

1.2.52　产品责任　product liability

由于产品的缺陷对产品的消费者、使用者或其他第三者造成了人身伤害或财产损失，依法应由产品的生产者或销售者分别或共同负责赔偿的一种法律责任。

1.2.53　产权转让契约　quitclaim deed

用于财产转让的文件，无须对授予人的所有权、权益或转让所有权的权利有效性做声明，被授予人得到授予人的所有权益。

1.2.54　产权转移 / 所有权转移　passage of title

在双方无特殊规定的情况下，将货物所有权及损失风险同时从卖方转移到买方的过程。

1.2.55　偿付能力　solvency

偿还所有债务和履行所有财务责任的能力。

1.2.56　偿付能力充足率　solvency ratio

用于判断企业负债的安全性和其短期负债偿还能力的比率，其表达式一般为自有资本除以偿付能力资本要求或实际资本除以最低资本要求。

1.2.57　偿付能力资本要求　solvency capital requirement; SCR

为应对重大不可预见损失，保证对保单持有人的赔付而持有的资本。

1.2.58　偿付行 / 清算行　reimbursing bank/clearing bank

接受开证银行在信用证上的委托，代其向议付行或付款行清偿垫款的银行。

1.2.59　长久有效条款　evergreen clause

（1）一种可以（按月或按年）延长初始合同期限的合同条款，直至合同中的一方要求终止该合同。（2）在银行业务中，防止信用证到期且无须签发人同意的条款。

1.2.60　长期负债　long-term liability

无法在一年内偿还的所有欠债，包括长期借款、应付债券、长期应付款等，通常因企业开展业务活动而产生。

1.2.61　长期合同　long-term contract

需一年以上才能完成合同任务或在合同任务完成后仍须保持合同关系的合同。

1.2.62　长期合同制 long-term contracting

与供应商签订长期协议而不是进行一次性交易的决定。

1.2.63　长期债务 long-term debt

与一年以上到期的未偿还贷款相关的义务，通常带有利息。

1.2.64　长途承运人 long-haul carrier

专门从事长距离货物运输的承运人。"长途"是由地理位置、交通状态、服务时间和贸易常规等因素定义的。

1.2.65　成本比率法 cost-ratio method

（1）根据需要依法进行进项税额转出的货物成本占该批货物总成本或产成品、半成品、某项目总成本的比例，确定实际应转出的进项税额。（2）一种供应商绩效评估方法，将每个供应商的质量、交付和服务成本除以在此供应商处的总采购额得到的成本比率，用于选择更具成本优势的供应商。

1.2.66　成就动机 achievement motivation

人们希望从事有意义、有挑战性的活动，并以优异的成绩超越他人的动机。

1.2.67　成文法 / 制定法 statutory law

美国立法机构按照特定程序制定并以法典形式颁布的法律体系，指源于成文法，而非宪法或法院判决的法律总称。

1.2.68　惩罚条款 penalty clause

明确在违约情况下违约方应支付违约金额或承担责任的惩罚性条款。我国承认惩罚条款的法律效力，但对于不合理部分，允许法院根据法律要求进行酌减。

1.2.69　惩罚性损害赔偿 punitive damages

损害赔偿中，超过被侵权人或合同的守约一方遭受的实际损失范围的额外赔偿。

1.2.70　持续改进 continuous improvement; CI

随着时间的推移，组织根据几种标准，特别是质量标准，提高绩效的过程。

1.2.71　冲击强度 impact strength

物体抵抗所受破坏性力量的能力。

1.2.72　冲突规则 conflicts rules

由国内法或国际公约规定的，指明某一涉外民商法律关系应适用何种法律的规则。

1.2.73　冲突矿产 conflict minerals

在发生人权侵害或武装冲突的地方开采的矿物，包括黄金、锡石、铌钽铁矿和黑钨矿及其衍生物等。

1.2.74　抽样 sampling

（1）用总体的部分研究对象或目标代表所有研究对象或目标的方法。（2）通过从一批数量庞大的材料中抽取一定或所需数量的材料进行质量调查、检测、研究和分析，从而评估整批材料质量的方法。

1.2.75 初步认定 prima facie

法律上的规定，属于基本的逻辑推理，除非证明证据失真或存在问题，否则将直接影响判决。

1.2.76 处置效应 disposition effect

投资人在处置股票时，倾向卖出赚钱的股票、继续持有赔钱的股票，也就是所谓的"出赢保亏"效应。

1.2.77 传统业务 brick(s) and mortar

传统的实体企业的运作模式，它们拥有厂房、仓库、店面等相关设施，与之相对应的则是新型的互联网企业的运作模式，还有一些组织同时拥有这两种类型的运作模式。

1.2.78 创新性产品 innovative product

企业通过式样或技术创新推出的可激发消费者购买欲望的产品，能使企业获得高边际利润，其需求通常不可预测，生命周期较短。

1.2.79 垂直移动 going vertical

投资和执行以前由外部供应商完成的活动。

1.2.80 从农田到餐桌 from farm to fork

（1）购买本地农产品以减少对环境的影响，因为运输线路更短，更能满足绿色环保要求。（2）设计构建一个有效集成食品安全政策的公平、健康和环境友好型食品系统，以全程可追溯保障食品安全。

1.2.81 从摇篮到坟墓 cradle-to-grave

物品从被创造到最终被处置的整个过程。

1.2.82 从摇篮到摇篮 cradle-to-cradle

一种基于循环经济和可持续发展理念的商品或服务的设计原则，其目标是为所有组件建立一个高效且没有浪费的生命周期。该原则包含技术或生物成分的投入与产出，其显著特点是将商品或服务的组件通过回收、再利用、分解等方式重新投入使用。

1.2.83 代理商 resellers

中介，如分销商、批发商和零售商，它们的最终目标都是使货物更加快速安全地抵达客户手中。

1.2.84 待履行合同 executory contract

双方当事人的义务尚未完全履行的可强制执行的协议。

1.2.85 担保合同 suretyship contract

一方同意为另一方的债务承担主要责任的合同。

1.2.86 担保交易 secured transaction

（1）债权人对债务人持有的财产享有担保权益的交易，债权人可以根据担保权益来清偿债务。（2）债权人或另一方获得担保人承诺的权益的过程。

1.2.87 担保契据 / 担保书 warranty deed

出让人用以保证货物所有权明确和完整的文书，它通常明确载有有关被转让货物品质的约定。

1.2.88　担保受权人　secured party

（1）对他人拥有的财产（抵押品）享有非所有权权益的人。（2）对破产人的特定财产享有担保权利的权利人，对该特定财产享有优先受偿的权利。

1.2.89　担保权益　security interest

对债务进行担保后产生的担保人享有的对方财产（抵押品）的非所有权权益，目的是保证债务偿还。

1.2.90　担保协议　security agreement

在特定的财产或不动产上形成担保权益（保证债务偿还）的合同。

1.2.91　单位总成本　unit total cost

单位商品或服务的总成本，即单位商品或服务的采购价格加上全生命周期成本的所有成本之和，包括直接成本和间接成本。

1.2.92　单务合同 / 单方合同　unilateral contract

一方只享有权利而不尽义务，另一方只尽义务而不享有权利的合同。例如根据供应商绩效接受相应报价（通常是买方的）的合同，这在购买交易中很常见，除非需要确认书或其他书面文件。

1.2.93　单元过程　unit process

进行生命周期评价时从中收集数据的商品系统的最基本的组成部分。

1.2.94　道德风险　moral hazard

合同一方所面临的对方可能改变行为而损害本方利益的风险。

1.2.95　地方含量法　local content laws

要求在进口国内生产进口货物的规定部分，从而在进口国内创造一定比例的货物价值的法律。

1.2.96　抵押权　hypotheca

债权人对于债务人或第三人提供的、不移转占有而作为债务履行担保的财产，在债务人不履行债务或发生当事人约定的实现抵押权的情形时，可就该财产折价或者就拍卖、变卖该财产的价款优先受偿的权利。

1.2.97　第三方偿付　third-party reimbursement

由另一方代表该方支付应偿还的款项。

1.2.98　第三方认证机构　third-party certification organizations

已满足特定验证类型或类别要求的独立实体，具有可靠的执行认证制度的能力，以及客观、公正、独立从事认证活动的能力。

1.2.99　第三方托管　escrow

双方约定在独立的第三方处临时存放货款。当某些约定的条件达成时，所托管的存款就会被解除。

1.2.100　第三方支付　third-party payment

具有一定实力和信誉保障的独立机构，通过对接网银或网联而促使交易双方达成交易的网络支付模式。

1.2.101 缔约方 party

参加缔结某项协议的个人或组织。

1.2.102 调查取证 discovery

使诉讼当事人在审判前尽可能多地了解案件事实，是民事诉讼中规定的程序。

1.2.103 订单集合 / 装运集合 order set / shipping set

给定交易的一套完整数据集，包括订单、订单拣货指令、提单、库存状态更新等。

1.2.104 订货提前期 order lead-time

客户从发出订货单到收到货物的时间间隔。

[来源：GB/T 18354—2021，定义 4.60]

1.2.105 订约能力 capacity to contract

个人订立具有法律效力的合同的法律要求，包括：（1）成年（通常为年满 18 周岁）；（2）心智健全（有基本的理解能力）；（3）行为能力（有代表个人或他人行事的意志能力）。有时也称为缔约能力。

1.2.106 定价策略 pricing strategy

综合考虑市场环境、市场划分、偿付能力、竞争者心理和行为、消费者心理和行为、成本投入、贸易差额等各项因素后制定和调整商品或服务价格的方法，其中包含渗透定价法、撇脂定价法、组合定价法、价格歧视定价法、消费者定价法等。

1.2.107 定量研究 quantitative research

以统计和数学工具为特征的研究方法，用于研究变量之间的关系。

1.2.108 定期航线 liner

为公众运输货物的固定航线。

1.2.109 定性研究 qualitative research

对事物本质属性的研究，常采用观察、访谈、焦点小组等方式进行，以系统地记录研究对象的态度和行为。

1.2.110 东道国 host country

除母国外，跨国企业开展业务的其他国家。

1.2.111 独立承包人 independent contractor

完全依靠自身的生产能力、技术装备、资金，且具有承包业务的相关资质，不用再进行分包的承包人，可以是个人、团体或企业。

1.2.112 独立承运人 / 独立运输业者 independent carrier

为他人提供长途运输服务的车主或卡车司机。

1.2.113 独资企业 sole proprietorship

个人出资经营、归个人所有和控制、由个人承担经营风险和享有全部经营收益的企业。

1.2.114 端到端解决方案 end-to-end solution/E2E solution

一个全面支持价值链实现节点间价值增长，提供所需流程、信息、商品、服务和资源来解决实际问题的架构。例如，在制造业端到端解决方案中，一家公司可能作为另一家公司的服务提供商，负责管理设计和生产的所有方面；技术端到端解决方案可能涉及应用程序或系统供应商，由其提供所有硬件、软件等资源以满足客户的要求，无须其他供应商参与；电子商务端到端解决方案可以连接交易对象，消除中间商。

1.2.115　短途承运人 short-haul carrier

专门从事短距离货物运输的承运人，有货运需求的企业可以根据地理位置、拥挤状况、服务时间和贸易习惯来选择承运人。

1.2.116　对照标准 control

用于验证或检查测量结果的比较标准。

1.2.117　多边条约 multilateral treaty

3 个及以上国家（地区）或组织团体达成的条约。

1.2.118　多边协定 multilateral agreement

3 个及以上国家（地区）或组织团体共同签订的协议。

1.2.119　多层事务处理 multi-tier-transaction processing

一些系统允许在组织或供应链的多个层级内进行事务处理。

1.2.120　多头市场 / 牛市 bull market

投资价格上涨速度快于历史平均水平的一段较长时期。牛市是经济复苏、经济繁荣或投资者心理作用的结果，是与熊市相对的概念。

1.2.121　多样性和包容性：劳动力 diversity and inclusiveness—workforce

组织雇用不同背景和类型的劳动力。

1.2.122　多样性和包容性：供应群体 / 多元化供应商 diversity and inclusiveness—supply base/diverse supplier

组织将不同类别的供应商纳入其采购流程和供应群体，以应对多变的环境所带来的机遇和挑战。

1.2.123　多元技术 multivariate techniques

用于评价过程或商品的技术，通常包含两个或两个以上变量。

1.2.124　多重相关 multiple correlation

一个变量和一组关联预测变量之间关系的测度。

1.2.125　多重折扣 multiple discount

由一系列单一折扣叠加形成的交易折扣。

1.2.126　发布合同 / 合同发布订单 call-off contract/call-off order

针对长期合同创建的采购订单，也叫随需交货订单或分订单，一定数量的物料或服务根据合同被发布（取消）。

1.2.127　发展中国家 developing country

经济、技术、人民生活水平相对较低的国家。

1.2.128 法定货币 / 法偿货币 legal tender

国家在法律上赋予强制流通能力的货币，当用它来偿还公、私债务时，债权人不得拒绝。

1.2.129 法定人数 quorum

决策主体采取行动所需的过半人数或其他既定人数。

1.2.130 法规遵从性 regulatory compliance

（1）组织对适用于业务的法律、法规和规范的遵守。（2）组织必须遵循的一组规则，以保护敏感信息和人员安全。

1.2.131 法律敏感度 legal acumen

（1）通过完善公司内部的法律服务来管理商品、服务和技术的采购，监督投标过程，确保正确起草合同和遵守相关法律并控制法务成本等行为所保持的法律敏感性。（2）监督和保障合同规定的落实，禁止任何违规和擅自修改条例的行为。

1.2.132 法律上的当然过失 negligence perse

法律，尤其是制定法律或条例，明确规定被告对原告应承担的义务，而被告却违反规定并对原告造成损害，这种情况即属于无可争议的过失。

1.2.133 法律选择 / 法律适用 choice of law/governing law

（1）在不同法律体系或不同法律规则之间发生冲突时，如何确定应当适用哪种法律或规则的问题。（2）合同中常见的条款，旨在明确合同受何处法律管辖，从而保证在发生由合同引起或与合同相关的争议时能妥善解决。

1.2.134 法人团体 corporation

独立于创始人且依法独立享有民事权利和承担民事义务的法律实体。

1.2.135 反垄断法 antitrust laws

规制垄断行为，维护市场竞争秩序的基础性法律规范，常被称为"经济宪法"。

1.2.136 反诉 counterclaim

被告针对本诉的原告所提起的独立的反请求。实际上，本诉中的被告成为反诉中的原告。

1.2.137 反向市场 / 现货溢价 inverted market/backwardation

在期货市场中，现货价格高于期货价格的情况。期货溢价与之相反，指期货价格高于现货价格的情况。

1.2.138 反要约 counter offer

（1）以不同于最初提议的条款进行交易的要约。（2）受要约人将原要约的内容加以扩张、限制或变更后而予以接受的行为。

1.2.139 返还原物之诉 / 动产占有恢复之诉 replevin

（1）要求追还被非法扣押或取走的财物的诉讼。（2）一种临时性措施，即在诉讼进行阶段，原告可在判决前自被告处取走并保留争议的财物。

1.2.140　防止欺诈法　statute of frauds

源于英国的美国法律，要求某些合同必须采用书面形式来防止欺诈行为和证据伪造。合同包括售价 500 美元及以上的货物销售合同、售价 1,000 美元及以上的货物租赁合同、无法在一年内履行的服务合约以及房地产交易合同等。

1.2.141　仿冒商品　counterfeit merchandise

未经注册商标所有人的许可，在商品本体或包装上伪造、模仿与该注册商标相同或相似的商标，生产以次充好的商品，借此蒙骗消费者的违法、犯罪行为。

1.2.142　放射性物质　radioactive material

能自然地向外辐射能量、发出射线的物质，是自发发射电离辐射的任何材料或材料组合，其比活性大于每克 0.002 微居里。

1.2.143　非独立需求　dependent demand

源于或取决于对另一部件或成品的需求，例如对汽车组装中所用车轴的需求取决于对成品汽车的需求。

1.2.144　非关键受控约束 / 非关键控制约束　non-critical controlled constraint

约束理论中的术语，用于确定在时间方面对系统的影响小于关键受控约束（critical controlled constraint）的元素或活动。因关键受控约束控制系统的运行时间，所以任何想通过非关键受控约束来减少时间的努力都是徒劳的。

1.2.145　非耐用品　nondurable goods

需要经常性采购并在短时间内使用的商品。

1.2.146　非政府组织　nongovernmental organization；NGO

常用于定义一个专注于完成特定目标或任务而非营利性、与政府关联较少的团体。

1.2.147　分层抽样　stratified sampling

将目标研究对象群体根据其共有的特征（例如性别、种族、受教育程度等）分成几个不同层级的子研究对象群体，然后再通过随机抽样来调查和分析不同层级的子研究对象群体的抽样方法。

1.2.148　分层审核　layered audit

一种由组织中各级人员按照预先计划的频次定期参与并回顾整改的标准化的评审过程，用以确保制造过程受控并加强精益制造理念。

1.2.149　分解建模　decomposition modeling

一种预测方法，其思想是，如果可以分别识别和预测数据模式的潜在影响因素，那么预测结果就可以改进。将数据分为多个组成部分称为分解。通过分别考虑每个组成部分，然后将它们组合在一起以实现更精准的预测。

1.2.150　分配谈判　distributive bargaining

零和条件下非赢即输谈判，即以谈判的一方获得收益而另一方付出代价为前提。

1.2.151　分散式供应链 decentralized supply chain

划分不同的区域及子公司、分公司等相互独立的业务单元，完全授权其管理的供应链。

1.2.152　分项预算 / 明细支出预算 line-item budget

一种预算，在预算编制期间单独列出每个明细项目（如薪金、设备等）的支出，而不将这些支出与广泛的计划或目标联系起来。

1.2.153　丰田生产系统 Toyota production system；TPS

由丰田汽车公司开发并创立，秉持准时制和自动化的生产观念，用于管理和监督设备应用、材料消耗以及员工操作等各个环节，以保障安全高效的工作环境的一体化生产系统，其目标是减少资源浪费、提升生产质量和整体效率。

1.2.154　风险登记簿 risk register

一份记载风险的来源、种类、级别、应对手段和风险报告的文档，也可以包含历史风险数据和资料，是风险事件和风险信息文档化的记载工具。

1.2.155　风险投资 venture capitalist；VC

外部的投资者为初创公司提供资金支持并取得该公司股份的一种融资方式，期望获得高于平均水平的回报率的具有高风险的投资。

1.2.156　服务供应链 service supply chain

一类给终端客户带来有价值的服务的供应链。以客户需求为出发点，将复杂服务或集成后的服务包作为一系列的服务过程，通过对不同服务实体进行重组、优化，建立的能满足客户需求的服务网络。

1.2.157　服务商标 / 服务标记 service mark

服务提供者为区别自己与他人提供的服务而使用的标志。

1.2.158　附带损害 incidental damages

与违约直接相关的损害，如被买方正当拒收的货物在检验、接收、运输和保管过程中产生的合理费用。

1.2.159　附合合同 adhesion contract

由一方当事人以"接受或不接受"为基础，规定合同条款而不需要与另一方协商的合同关系，另一方只能选择接受或不接受。

1.2.160　附加税 supplemental taxes

（1）按照一定比例加征的税，如城市维护建设税、教育费附加、地方教育费附加。（2）某些政府实体对该国（地区）境内进口、购买或交易的货物和服务征收的额外税款。不同的附加税可能适用于不同地区或不同商品。

1.2.161　附加值 / 增加值 value-added

商品或服务在其生产和分销的每个阶段的附加值等于该阶段使商品或服务增加的价值。从精益思维的角度来看，当客户愿意在这个阶段付费时，商品或服务的价值就会增加，并且不存在浪费。客户付费还能积极地改变商品质量和服务水平。

1.2.162　复利率　compound rate

当每一计息周期产生的利息为上一计息周期产生的本利和乘以固定或浮动还款利率的所得时，该还款利率就是复利率。

1.2.163　副产品　byproduct

在生产过程的副作用下产生的材料，一般具有价值，可以回收、出售或用于其他活动。

1.2.164　甘特图　gantt chart

项目管理中用以描述项目活动计划和实际进度的水平条形图。

1.2.165　干租赁 / 干租　dry lease

任何通过协议，由出租人（可能是航空运营人、银行或租机公司）向承租人（航空运营人）仅提供运输设备而不提供燃料或机组人员等资源的租赁。干租赁通常由承租人承担运行控制责任，承担燃料成本、设备维护成本和人工成本。

1.2.166　港务局　port authority

由国家或政府授权建造或管理港口设施的部门，拥有辖区内港务、航务的执行和经营权。

1.2.167　杠杆租赁　leveraged lease

由出租人（租赁公司或银行）拿出部分资金，然后加上贷款人提供的资金，以购买承租人所欲使用的资产，并将资产交由承租人使用。承租人使用租赁资产后，

应定期支付租赁费用。

1.2.168　隔离 / 检疫　quarantine

（1）在完成所有要求的质量测试并通过一致性认证之前，将物品的可用性保留以供使用和销售。（2）阻止混乘，以防止顾客接触病菌。

1.2.169　个人责任　personal liability

（1）责任人以其个人财产承担的责任。（2）附属于人身的个人责任，并非通过执行财产即可免除。

1.2.170　根本原因　root cause

可能导致其他问题的核心问题或缺陷。

1.2.171　跟单托收　documentary collection

银行收到客户提交的出口托收项下的全套单据后，对单据进行审核、缮制面函、寄单索汇、收汇入账的一种国际结算业务。

1.2.172　工业生产指数　industrial production index；IPI

用加权算术平均数编制的工业产品实物量指数，普遍用来计算和反映工业发展速度，也是景气分析的首选指标。

1.2.173　工作中心　work center

能够完成相似的加工操作的一组机器设备或人员，属于能力的范畴，即计划的范畴，会被能力需求计划视作一个单元来考虑。

1.2.174　公共承运人　common carrier

为一般公众在特定地点之间有偿运送

货物或旅客的承运人。公共承运人对所运货物的损失承担绝对责任，除非该损失是由于托运人的行为或过错、敌国的行为或货物本身的缺陷造成的。从事旅客运输的公共承运人仅承担过失责任。

1.2.175 公开市场价格 open-market price

股票、房产、金融衍生品等资产，在交易日、估价时点等相关事件发生时，在竞争性公开市场上出售的价格或评估出的货币对价。

1.2.176 公司章程 articles of incorporation

公司依法制定的规定公司名称、住所、经营范围、经营管理制度等重大事项的基本文件，也是公司必备的规定公司活动基本规则的书面文件。

1.2.177 公司自由现金流 free cash flow to the firm；FCFF

公司在扣除折旧费用、税收、营运资金和投资后剩余的现金流量。在不影响公司持续发展的前提下，自由现金流量是可供公司股东和债权人分配的最大现金额，是用来比较和分析公司财务状况的众多指标之一。

1.2.178 公私合作伙伴关系 public-private partnership；PPP

私营企业、民营资本与政府进行合作，参与公共基础设施建设，承担技术、运营和财务风险，以换取营业利润，二者之间的关系就是公私合作伙伴关系。

1.2.179 功能产品 functional product

为满足消费者基本日常需要而推出的产品，需求稳定且可以预测，生命周期长。但是稳定性会引起竞争，从而导致边际利润降低。生产这种产品的公司致力于使生产成本最小化。

1.2.180 功能单位 functional unit

在生命周期评价研究中，用来作为基准单位的量化的商品系统性能。

1.2.181 供应链管理专家认证 certified in supply chain management professionals；SCMP

中国物流与采购联合会采购与供应链管理专业委员会自主研发的一套供应链管理知识体系，兼具国际视野和本土特色、理论知识和实操案例，是国内供应链领域唯一的本土化职业认证项目。

1.2.182 供应链金融 supply chain finance

以核心企业为依托，以企业信用或交易标的为担保，锁定资金用途及还款来源，对供应链各环节参与企业提供融资、结算、资金管理等服务的业务和业态。

[来源：GB/T 18354—2021，定义4.58]

1.2.183 供应链行业 supply chain industry

围绕核心企业，通过对信息流、物流、资金流的控制，所形成的对计划、采购、生产、物流、销售各环节进行系统化管理的组织结构体系，主要包括供应商、制造商、分销商、零售商及最终客户等主体。

1.2.184 供应商多元化认证专家 certified professionals in supplier diversity；CPSD

ISM 于 2011 年推出的专业资格认证项目，CPSD 的职责是促进供应商多元化，并得到各种多元化组织的支持。

1.2.185 共生产品 co-product

同一个单元过程或产品系统中产出的两种或两种以上的产品。

[来源：GB/T 24040—2008，定义 3.10]

1.2.186 共同愿景 shared vision

组织在共同的价值观基础上将愿景、使命、价值观和目标融为一体，从而形成的全体员工发自内心的对组织未来的共同愿望和追求。

1.2.187 购买价金担保权 purchase money security interest；PMSI

债权人在动产之上取得的、用于担保因购买该动产所产生的价金给付义务的担保权。

1.2.188 购买选择权 purchase option

在合同中，在约定的期限内购买某物的权利。

1.2.189 股东权益 stockholder equity

股份公司的所有者权益，等于总资产减去总负债。

1.2.190 固定资产 fixed assets

企业为生产产品、提供劳务、出租或者经营管理而持有的、使用时间超过 12 个月的、价值达到一定标准的非货币性资产，包括房屋、建筑物、机器、机械、运输工具以及其他与生产经营活动有关的设备、器具、工具等。

1.2.191 雇主责任 respondeat superior

一种法律原则，它规定雇主对雇员在职务范围内和执行职务过程中的行为应承担责任，独立承包商的行为一般不适用这一原则。

1.2.192 关联公司 affiliated company

通过拥有或被拥有，共同管理或长期租赁资产，或其他控制手段，与其他公司相互关联的公司。

1.2.193 关联图 affinity diagram

（1）一种用于分析事物之间原因与结果、目的与手段等复杂关系的图，能够帮助人们从事物之间的逻辑关系中寻找解决问题的办法。（2）在全面质量管理（total quality management，TQM）体系中，是一种帮助团队成员各自对数据进行排序以寻找关联关系的工具，通过排序，团队成员可以确定发现的关联、关键环节和出现的问题。

1.2.194 管理方法 governance

一组用于优化期望结果和限制（或消除）非期望结果的流程或规则，通常嵌在管理实践中。

1.2.195　管理幅度 span of management

管理者直接领导的下级人数。

1.2.196　光船租赁 bareboat charter

拥有一段时间的船舶使用权的租赁形式，承租人必须自己配备船员和船舶管理人员。也称为船壳租赁。

1.2.197　规模经济 economies of scale

通过扩大生产规模而引起平均单位成本减少、经济效益增加的现象。它反映了生产要素的集中程度同经济效益之间的关系。

1.2.198　国际贸易 / 通商 international trade

跨越国境的货品和服务交易，一般由进口贸易和出口贸易所组成，也称进出口贸易。

1.2.199　国际收支 balance of payments

一定时期内一个经济体（通常指一个国家或地区）与世界其他经济体之间发生的各项经济活动的货币价值之和，是衡量一个经济体资金流动差异的指标。

1.2.200　国际组织 international organization

两个以上国家或其政府、人民、民间团体基于特定目的，依据缔结的条约或其他正式的法律文件而建立的各种常设性机构。

1.2.201　国家行为原则 act of state doctrine

一个国家的司法当局不能对另一个公认主权国家的行动提出疑问的法律原则。

1.2.202　国民生产总值 gross national product；GNP

一个国家所有国民在一定时期内（通常是一个日历年）生产的所有最终商品和服务的总价值，包括发生在境外的生产活动产值，是国家总产值的一种衡量指标。

1.2.203　国民生产总值平减指数 GNP deflator

按当年价格计算的国民生产总值与按不变价格计算的国民生产总值的比率。它可以反映全部生产资料价格、消费品价格和劳务费用的变动。

1.2.204　国内生产总值 gross domestic product；GDP

一个国家所有常住单位在一定时期内（通常是一个日历年）生产的所有成品和劳务的总价值，可以作为其经济健康状况的综合评估指标。

1.2.205　过程能量 process energy

单元过程中用于运行该过程或其中的设备所需的能量输入，不包括用于生产或输送这部分能量的能量。

1.2.206　过去对价 past consideration

在订立合同之前发生的价值交换。一般而言，过去对价不支持强制性契约。

1.2.207　合并误差方差 pooled error variance

在六西格玛理论中，通过集中（汇集）增加的因素数量来估计过程产出的波动量。

1.2.208　合理期限 / 合理时限 reasonable time

在未指定确切时间的情况下，采取某项行动的适当时间范围取决于在类似情况下可能被认为是合理的时间范围。

1.2.209　合理人标准 reasonable person standard

根据合理人在类似情况下的行为方式来确定诉讼的可接受性的法律标准。

1.2.210　合同变更 modification of contract

合同成立后，当事人在原合同的基础上对合同的内容进行修改或者补充。

1.2.211　合同承运人 contract carrier

根据合同协议向选定的托运人提供运输和 / 或相关服务的承运人。合同运价不适用于合同运输服务，一般低于普通承运人运价。

1.2.212　合同相对性 privity of contract

合同关系仅存在于缔约方之间，指合同当事人之间存在的联系或关系。

1.2.213　合同相互性 mutuality of contract

创建有效合同的法律要求，在该合同下，订立双方均拟受其条款约束。通常反映在要约与承诺中，有时也称达成共识。

1.2.214　合作风险 cooperation risk

因合作关系不稳定、不可靠而可能发生损失的风险。

1.2.215　合作竞争 coopetition/co-opetition

两家经营同类商品或技术、互相竞争的公司意识到双方合作会获得更多收益后转竞争为合作形成的一种关系，双方销售额都会因此有所增加。

1.2.216　和解和清偿 accord and satisfaction

一种双方当事人重新签订的，将原先签订的合同中的部分内容，例如一方或双方的责任及义务进行变更的法律合同。特指解除债务的一种方法。

1.2.217　和解协议 consent decree

一种允许当事人自己协商制定解决纠纷的方案并由法官批准和签发的法律文件，使双方之间的协议正式化。

1.2.218　核心竞争力 core competency

（1）在企业内，员工被期望有效表现出来的知识、行为和技能，一类不易被竞争对手效仿且具有持续竞争优势的、独特的能力组合。（2）能够为企业带来比较优势的资源，以及资源的配置与整合方式。

1.2.219　核心通货膨胀率 core inflation rate

在实际通货膨胀率的基础上，剔除食品价格波动和能源价格波动后的通货膨胀率。

1.2.220　后继条件 / 解除条件 condition subsequent

在双方都受合同约束的情况下发生的事件，如果其发生，将终止一方的义务或终止合同。

1.2.221 后进先出 last-in-first-out; LIFO

假定最后购买的物品最先售出。由于这些物品在通货膨胀或资产增值时的价值可能较高，所以剩余的存货按旧价格计价，这样可使组织在其资产负债表上的剩余存货价值较低。

1.2.222 回赎权 right of redemption

所有权保留买卖中出卖人对标的物行使取回权后，在一定期间内买受人履行支付价金义务或完成其他条件后享有的重新占有标的物的权利。

1.2.223 混合经济 mixed economy

各种不同因素在一定社会制度下混合的经济运行体制，亦指国有企业和民营企业混合经营的经济。

1.2.224 货币的时间价值 / 资金时间价值 time value of money；TVM

当前持有的一定量的货币比未来获得的等量货币具有更高的价值。

1.2.225 货币市场 money market

短期金融市场，是指期限为一年或一年以内的金融资产交易的市场，这些资产包括银行承兑汇票、商业票据、可转让存单，以及期限为一年或一年以内、通常为30天或更短的国债。该市场通常适用于临时现金存储或短期投资。

1.2.226 机会成本 opportunity cost

当决策过程中面临多项选择时，当中被放弃的价值最高的选择。

1.2.227 基本储备 floor stocks

用于生产环节的价格低廉的零部件，企业应保持一定的储备量，工人可以根据生产需要直接领取。

1.2.228 基于能力的学习 competency-based learning

一种依据个人特质制定合适的培训课程并依据其独特需求对课程进行调整的学习模式。

1.2.229 集中趋势 central tendency

一种定义概率分布平均值的统计概念，一般可使用均值、中位数或众数来衡量。

1.2.230 集中趋势测量 measure of central tendency

测量集中趋势的方法包括测量平均值、中位数、众数和中列数等，集中趋势表示概率分布的中间值，用于反映数据集中趋势的程度。

1.2.231 集中式供应链 centralized supply chain

基于供应链成员一体化的原则，实现整个供应链的管理策略、运行机制的确定以及战略的执行均统一规划、统一协调的一类供应链。

1.2.232 既定市场价格 established market price

在买卖双方自由交易过程中产生的且独立于买卖双方的当前价格，买卖双方都只能是价格的接受者，都无法对市场价格施加任何可见的影响。

1.2.233 加速条款 acceleration clause

允许在一段时间内欠款的人在特定情况下偿还所有未结清款项的合同条款。

1.2.234 加速折旧 accelerated depreciation

在固定资产使用年限的初期提列较多折旧的方式，主要有两种方法，即年数总和法和余额递减法。这两种方法都允许更快的冲销并提供更高的税盾效应，都假设资产在使用的最初几年内损失了大部分价值。

1.2.235 假冒伪劣产品 counterfeit and shoddy products

含有一种或多种可以导致消费者误认的不真实因素的产品。

1.2.236 价格弹性 price elasticity

表示需求量对价格变动的反应程度的指标。

1.2.237 价格平减指数 price deflator

一个用于对一段时间的数据与基准期进行比较的数字。价格平减指数是衡量通货膨胀的一种指标，是在计算一个国家的实际产出变化时用来消除价格变化的一个系数。

1.2.238 价值创造 value creation

为提高商品、服务或系统的价值、相关性或重要性而采取的有见地的主动行动。

1.2.239 价值工程 value engineering

在商品开发过程的设计阶段进行的价值分析。

1.2.240 间接材料 / 间接货物 indirect materials/indirect goods

企业生产某种商品时用到的但不成为成品的一部分的材料，如给某件器具涂油漆前用到的抛光工具。

1.2.241 减轻损害 / 减轻损失 mitigation of damages

受害方有义务采取一切合理措施将其损失降至最低。

1.2.242 简单移动平均线 simple moving average; SMA

将一个指定的时间段（包含一定数量的周期）内的股票价格（一般指收盘价）相加，除以该时间段内的周期个数得出的平均值，由这些平均值所形成的线，即简单移动平均线。

1.2.243 建立共识 consensus building

通过理智的讨论、谈判和参与，建立或形成一致的意见。

1.2.244 渐进投资 incremental funding

随工作进展分阶段对合同和项目投入资金，而不是一次付清。

[来源：《英汉－汉英采购与供应链管理词典》]

1.2.245 交易习惯 course of dealing

（1）在美国合同法中，相同当事人之

间与此次合同交易相类似的合同的交易过程。（2）缔约方在过去签订一系列合同时惯有的做法或行为，这些合同（多为明确的合同条款）为解释其行为提供了共性依据。在我国《民法典》中，当事人双方经常使用的习惯做法，即当事人之间的交易习惯。

1.2.246　焦点小组　focus group

一种定性研究方法，通常是由一个训练有素的主持者将相关人员聚集到一起，让他们就某一特定主题或活动提供反馈，以获得可能影响决策的意见和观点。

1.2.247　节点组织 / 节点企业　node organization/node enterprise

供应链网链结构上的组织就是节点组织（企业），节点组织（企业）之间是一种需求与供应的关系。供应链节点组织（企业）有供应商、制造商、物流服务提供商、物流配送中心、分销商、批发商等。

1.2.248　结果性损害 / 衍生损害　consequential damages

在欧美国家的法律中，受害方受到的损失或伤害不是由一方的行为直接造成的，而是与该行为产生的连锁反应有关，如利润降低、收入减少、人身伤害、财产损失。

1.2.249　金融衍生工具 / 金融衍生产品　derivative

建立在基础产品或基础变量之上，其价格随基础金融产品的价格（或数值）变动的派生金融产品。

1.2.250　尽职调查　due diligence

在企业的兼并收购、公开发行和其他投融资活动中，有以下两种情况：（1）投资人在与目标企业达成初步合作意向后，经协商一致，对目标企业的相关事项进行调查、资料分析的一系列活动；（2）法律尽职调查则侧重于风险发现，对目标企业的合法性存续、经营资质、资产和负债、对外担保、重大合同、关联关系、纳税、环保、劳动关系等一系列法律问题的调查。

1.2.251　禁反言　estoppel

一种法律原则，防止一个人主张与他以前的行为不一致的立场。

1.2.252　经济寿命　economic life

投资完成后的可运营期限，即某供应链项目从建设完成到其在经济上不宜再继续运营之间的时间，也包括固定资产在经济上的可用时间。

1.2.253　经济衰退　recession

实际国内生产总值持续下降时间达到或超过 6 个月。

1.2.254　经济体系 / 经济制度　economic system

某一特定的社会内部或其子系统间商品和服务的生产、流通和消费的相互作用关系。

1.2.255　经济责任　economic responsibility

责任人在经济方面应尽的职责和应承担的过失。

1.2.256 经济增加值 economic value added; EVA

一个经济实体在某一时期内所增加的货币价值总量；对企业来说，即从税后净营业利润中扣除包括股权和债务在内的全部投入资本成本后的所得。

1.2.257 经济指标 economic indicators

反映一定社会经济现象数量特征的名称及具体数值，是经济研究、分析、计划和统计以及其他经济工作所通用的工具，是金融及经济数据的一部分。

1.2.258 经济指数 economic indexing

对比经济因素与其他指标变化，根据一定的标准反映社会经济现象的一种工具，如国内生产总值（GDP）、工业生产者出厂价格指数（PPI）、居民消费价格指数（CPI）等。

1.2.259 经营租赁 operating lease

为满足承租人临时使用的需要而安排的租赁活动，泛指融资租赁以外的其他租赁形式。

1.2.260 净现值 net present value; NPV

一项投资所产生的未来现金流的折现值与项目投资成本之间的差值。通常，考虑通货膨胀和投入回报，如果预期项目净现值为正，则接受；反之，则该项目可能会被拒绝，因为此时净现值为负数。

1.2.261 净营运资本 / 净营运资金 net working capital

流动资产减去流动负债后的余额。

1.2.262 净资产收益率 / 股东权益报酬率 return on equity; ROE

一项衡量企业将营业收入转化为股东税后收入的能力的指标，计算方式是净利润除以股东权益。

1.2.263 竞争情报 competitive intelligence; CI

关于竞争环境、竞争对手、竞争态势和竞争策略的信息收集、分析与研究，它既是一个过程（收集和分析信息的过程），也是一种商品（包括由此形成的信息或策略）。

1.2.264 镜像规则 / 完全一致规则 mirror image rule/ribbon matching rule

要求要约的内容和承诺的内容必须在所有重要方面完全一致的规则。

1.2.265 酒店行业 hospitality industry

为消费者提供住宿、餐饮、娱乐、购物、会议等服务及相关设施的服务部门。

1.2.266 局部乘数 local multiplier

货币离开外部供应商以及商品离开本地经销商之前，在本地经济中流通和再流通的次数。

1.2.267 拒绝履约 repudiation

一方当事人明确表示其不履行合同的意图。与合同终止相反，拒绝履约一般构成违约，另一方当事人有权要求损害赔偿。

1.2.268　绝对优势　absolute advantage

相比于竞争对手，国家或企业在单位时间内生产更多商品，或者生产同等数量的商品，投入的时间更少，即效率更高。

1.2.269　军用计时 /24 小时制　military time

在报告实际人工或机器工作时间或指定交货时间时，使用 24 小时制（与 12 小时制相区别）。

1.2.270　均方误差　mean squared error；MSE

反映估计量与被估计量之间差异程度的一种度量，用样本观测值减去估计值所得的平方和除以样本总量得到。

1.2.271　卡特尔　cartel

（1）试图控制商品市场的垄断组织形式之一，其代表是试图控制原油价格的石油输出国组织。（2）一种国际性的正式的串谋行为。

1.2.272　开发成本　development cost

企业创造新商品或新服务所产生的费用。

1.2.273　开放式创新　open innovation

一种现代化的业务战略和创新理念，集聚各种创新能力和创新资源，共同打造解决方案。

1.2.274　开放型公司　publicly held corporation

股东人数众多，且股权具有高度流通性的公司。

1.2.275　开口合同　open-end contract

允许买方在规定的时间内以特定价格和特定条款购买商品的合同，通常双方在签订合同时用的是预算，等到合同履行完成后再做结算。

1.2.276　开庭地点　venue/place of arbitration

当事人因便利性、成本等因素可自由选择的实际进行仲裁活动的地点。

1.2.277　看跌期权　put option

期权的购买者拥有在期权合约有效期内按执行价格卖出一定数量标的物的权利，但不负担必须卖出的义务。

1.2.278　可变性　variability

数据集在样本或总体中相对聚集或分散的性质。可变性越小，围绕中心值聚集的数据就越紧密。

1.2.279　可撤销合同　revocable contract/voidable contract

（1）因合同订立方式存在某些缺陷或具有非法性，可能会应一方当事人请求而宣告无效的协议。（2）因意思表达不真实，当事人未能达成合意，享有撤销权的当事人可通过行使撤销权，使已经生效的合同归于无效，这种合同就是可撤销合同。

1.2.280　可持续性 sustainability

一种可以长期持续的过程或状态。在不影响后代在应对经济、环境和社会挑战方面的能力的情况下满足自身当前需要的能力。

1.2.281　可分割性 severability

将合约中一项或多项不可强制执行的条款与其他可执行部分分开的可能性。

1.2.282　可靠性 reliability

（1）产品在使用期间内正常运行不发生故障的性质。（2）规范中的一项要求，是定义产品能否稳定运行的设计标准。

1.2.283　可扩展性 scalability

处理更大规模的业务的能力，如按照需求扩大或减少 / 收缩产量的能力。

1.2.284　可信度声明 credibility statement

使顾客对商品、服务、组织、个人等方面产生信任感的描述。

1.2.285　可追溯定价 retroactive pricing

在合同规定的部分或全部工作完成后，合约双方根据对绩效和所记录的成本数据的审查协商定价。

1.2.286　空头市场 / 熊市 bear market

市场中的投资品价格持续下跌的一段较长时期，伴随着普遍的悲观情绪。熊市通常发生在经济衰退、失业率高企或通货膨胀率迅速上升的时候。其与牛市相对。

1.2.287　口头合同 / 口头合约 parol contract/oral contract

非书面或只有部分内容以书面形式呈现的合同。（1）口头而非书面的协议。（2）就要式合同而言，可指未盖印的书面合同。

1.2.288　口头证据规则 parol evidence rule

限制采用口头证词来改变书面合同条款的法律规则，它规定合同的各个方面以及在合同执行之前发生的一切都被写入书面文件。

1.2.289　扣押（财产） attachment

伴随诉讼进行的法律程序。通过该程序，原告可获得被告的财产留置权，作为被告履行其可能得到的任何判决结果的担保。

1.2.290　跨职能团队 cross-functional teams

一群来自不同职能部门的人聚集在一起形成的团队，以实现清晰、有价值和令人信服的目标，而这些目标在没有跨职能团队的情况下是无法实现的。团队合作利用了组织资源，同时也利用了团队成员的专业知识。

1.2.291　跨组织团队 cross-organizational teams

由来自多个组织的个人共同组成的团队，他们为实现相同、明确、有价值和令人信服的目标互相合作、共同奋斗。跨组织团队拥有交叉优势，即跨组织团队成员具备各自领域的专业知识。

1.2.292 框架合同/框架协议 framework contract/framework agreement

当事人就合作规则、责任、主要内容达成签约意向而订立的合同，框架合同的内容会逐步细化，进而形成正式的合同。

1.2.293 扩散指数 diffusion index

（1）用于衡量样本中某种变化扩散、传播程度的指数。（2）扩散指数法是编制经济景气指数的一种方法，其核心思想是计算处于扩张状态的经济指标占比。

1.2.294 扩展条款 extension clause

一种包含在合同中的允许延期付款的条款。

1.2.295 扩展型企业/延伸型企业 extended enterprise

一个概念性的组织单元或系统，包括一个企业和若干供应商，彼此紧密合作以实现竞争优势最大化。扩展型企业是供应链管理视角下在业务外包基础上产生的一种新型企业形式，是供应链伙伴间形成的一种非正式组织。

1.2.296 离散程度 measure of dispersion

分布曲线范围的度量指标，用于刻画数据集中的数值向平均值聚集的紧密程度，或者各个数值之间的差异程度。

1.2.297 利息保障倍数/已获利息倍数 times interest earned

用于衡量一个组织的信誉、长期偿债能力的指标，等于息税前利润与利息费用的比率。

1.2.298 利息偿付倍数 interest cover

总收益与利息费用的比率，一般以年为单位进行计算，是衡量企业偿债能力的指标之一。

1.2.299 利益冲突 conflict of interest

（1）个体代表的公共利益与私人利益之间的冲突，涉及经济利益、专业利益、个人声誉等。（2）个体既有个人利益又有工作责任，二者可能发生冲突。个体的行为可能受到其个人利益需求的影响，从而不利于其有效履行工作责任，例如，从家庭成员拥有的公司处采购物资就可能引发利益冲突。

1.2.300 利益相关者 stakeholder

可以从某事的决策中获得利益的人，包括企业内部员工、股东、供应商、客户等，他们可能因某一特定决策获得或失去利益。

1.2.301 利益相关者参与 stakeholder engagement

在做出某项决定之前，收集将受到影响的人员的需求和想法的过程。

1.2.302 连带责任 joint and several liability

依据法律规定或者当事人的约定，由两名或两名以上当事人对共同产生的不履行民事义务的后果承担全部责任，当事人之间会因此存在内部债务关系，这种责任形式称为连带责任。

1.2.303　联合部署工程 / 共置工程　co-located engineering

（1）将工程师实际安置在其设计职责区域或附近的过程，如制造、生产、测试等。（2）通常由网络服务提供商为其客户提供的托管服务，组织将一些网络设备（例如 Web 服务器）放置在网络服务提供商或电信公司处或直接放在客户处，以使客户能够更快地连接到网络。

1.2.304　联合抵制　group boycott

来自多个企业的购买方不与某一特定卖方进行贸易往来，是反垄断法禁止的一种行为。

1.2.305　联合体　consortium

多个组织为了实现共同目标而聚集在一起形成的团体，常用于工程承包业务。在供应链领域，两个或两个以上的组织希望提高购买力和降低成本时，就可能会成立一个采购联合体。

1.2.306　链式消费者价格指数　chained consumer price index

一个来自美国的度量标准，被认为是一种比 CPI 更准确的通胀指标。两者都用于衡量"一篮子商品"（指一套固定的消费品和服务，按年计算价值）的价格，但链式消费者价格指数考虑的是商品的可替代性和消费者可能随时间改变的行为。

1.2.307　谅解备忘录　memorandum of understanding；MOU

一份非正式协议，以更广泛而非具体的条款概述各方的期望、承诺和长期目标。谅解备忘录的语言可能决定其对任何一方是否具有法律约束力。

1.2.308　零基定价　zero-based pricing

一种以零为基础进行成本分析和商品或服务定价的方法，基于对所有成本要素的审查，随后与内部客户和供应商合作，以减少采购材料、设备、劳动力和服务的总成本。

1.2.309　零基预算　zero-based budgeting

一种以零为基础编制计划和预算的方法，每个管理人员在每个预算期开始时没有预先确定的拨款，并且必须证明所有拟议的支出是合理的。

1.2.310　领导者信誉　leadership credibility

帮助领导者赢得利益相关者认同和信任的个人品德和魅力。

1.2.311　留置　retention

核查所有交付货物时，在确定其符合要求前，保留一部分供应商货款的行为。

1.2.312　留置权　lien

为保证债务偿还而提出在债权清偿前留置对方财产（抵押品）的合法要求。

1.2.313　流程基准　process benchmarking

业务流程设计参照的标准流程，通常以国际公认的行业领导者的业务流程作为参照标准。

1.2.314 流动比率 current ratio；CR

流动资产与流动负债的比率，用来衡量企业流动资产在短期债务到期以前，变为现金用于偿还负债的能力。

1.2.315 流动负债 current liabilities

资产负债表中，需要在一年内或超过一年的一个营业周期（以指定流动资产为准）内偿还的债务，即应付账款、应付票据、工资和短期债务。

1.2.316 流动资产 current assets

在一个会计年度内变现或运用的资产，根据成本价和市场价的较低值计算价值，其流动性低于速动资产，常被转换为速动资产偿还流动负债，如被转换为现金、库存和应收账款等。

1.2.317 流动资产比率/现金比率 liquidity ratio/cash ratio

现金和有价证券的总价值除以流动负债。流动资产比率用于衡量一个组织快速变现资产和支付短期负债的能力。

1.2.318 流通票据 negotiable instrument

由出票人签发的有价证券，约定自己或委托付款人无条件地承诺，按要求或在确定的时间点向持票人或指定的人支付特定的金额，如支票。

1.2.319 履约过程 course of performance

（1）合同当事人履行合同的过程。
（2）合同当事人在一项合同（如分期付款合同）中重复履行的惯例或行为。

1.2.320 轮辐系统 hub and spoke

集线器将辐条末端较少使用的外围端口的流量合并并重新路由的系统。常用于金融企业的组网部署，以保证所有支行的数据都需要经过总行交换；在物流配送网络的设计领域也会被用到，以保证货物先由各节点运至枢纽中心站，再依据目的站进行集中运输，降低单位运输成本，在网络干线上形成规模效应，提高资源利用率。

1.2.321 买方寡头垄断 oligopsony

一种只存在少数买家而卖家数量很多的市场类型。

1.2.322 买方垄断 monopsony

以只有一个买家为特征的市场类型，购买量由买方垄断者的边际价值和边际费用决定。

1.2.323 买方市场 buyer's market

一种竞争性的市场条件，在这种条件下，供应超过需求，商业经济力量导致价格接近买方的价值估计。

1.2.324 卖方垄断/寡头垄断 oligopoly

一个由少数卖家提供可互换商品或服务的市场。

1.2.325 卖方市场 seller's market

一种竞争性的市场条件，在这种条件下，需求超过供给，商业经济力量使卖方在市场上占上风。

1.2.326 毛利润 gross margin/gross profit

销售额与所售商品成本的差值。

1.2.327 没收 confiscation

（1）东道国政府扣押外国资产（无补偿）。（2）没收私有财产供国家或主权使用的行为。

1.2.328 每股收益 / 每股利润 / 每股盈余 earnings per share；EPS

税后利润与股份数的比值。它是测定股票投资价值的重要指标之一，是综合反映企业盈利能力的重要指标，也是企业某一时期净利润与股份数的比值。

1.2.329 免责保存 / 免责协定 save h-armless/hold harmless

赔偿义务的一部分，要求赔偿方保护受偿方免受自身的行为或不作为造成的任何损害。

1.2.330 免责声明 disclaimer

法律明文规定的当事人对其在不履行合同的情况下不承担违约责任的声明，合同条款可能包括卖方的免责声明。

1.2.331 民法典 the civil code

在采用成文法的国家中，用以规范平等主体之间司法关系的法典。

1.2.332 民法典法律体系 civil code law system

一套完整的全面规范法律关系的法律体系，是世界各地（除英国和曾经是大英帝国的一部分的国家外）都遵循的民法体系。

1.2.333 民族优越感 ethnocentrism

认为自己的种族、民族或文化优于他人的态度、信念。

1.2.334 民族志 ethnography

对特定民族及其文化进行科学描述和系统记录的研究方法，也是特定民族及其文化展示的过程与结果。

1.2.335 民族主义 nationalism

以维护国家或民族利益、尊严为出发点，认为国家利益、安全等高于一切的信念。

1.2.336 名义上损害赔偿 / 象征性损害赔偿 nominal damages

在民事诉讼中，法院判给原告的损害赔偿金最低标准，原告没有因被告的不当行为而遭受实际损失。

1.2.337 明示担保 express warranty

卖方以书面或口头形式对所售商品或服务的性能、质量或性质做出的具体保证。明示担保的形式可以是对事实或样品的肯定。

1.2.338 明示合同 express contract

当事人通过口头或书面形式明确同意具体条款而建立的合同。

1.2.339 明示授权 / 明示权限 express authority

委托人给予代理人的实际权力的一部分，并由委托人具体说明。有时被称为"工作描述权力"。

1.2.340 陌拜电话 cold calling

未经预约直接跟潜在客户联系的电话，其目的是自我推销，挖掘可能成功的机会。

1.2.341 默示担保 implied warranty

法律规定的保证，作为合同关系的一部分自动存在，没有明确列入合同。默示担保包括商销性默示担保和适合特定用途的默示担保。

1.2.342 默示合同 implied contract

由当事人的行为而不是他们的明确协议产生的合同。

1.2.343 默示授权 / 默示权限 implied authority

委托人给予代理人的实际权力的一部分。当委托人对所给予的实际权力的描述不够全面时，法律就会基于某些公认的准则而推定其为授权的意思表示。

1.2.344 拇指规则 rule of thumb

指非常简单的、依靠经验而非原理所得出结论的原则。

1.2.345 目的的合法性 legality of purpose

建立有效合同的法律要求，合同的目的和内容都不得违反法律或损害社会公共利益。

1.2.346 目的落空 frustration of purpose

对违约的抗辩，指出合同的原始目的已不复存在，因此合同无效。

1.2.347 内部供应链 internal supply chain

供应链成员企业完全拥有并实施控制的部分，指企业内部商品生产和流通过程中所涉及的采购、生产、仓储、销售等部门组成的供需网络。

1.2.348 内部收益率 internal rate of return；IRR

一项投资期望达到的报酬率，使未来现金流的现值加上投资或商业机会的最终市场价值等于投资或商业机会的当前市场价值的回报率。

1.2.349 内股公司 close corporation

股票不对外公开发行而由有限数量股东持有的法人实体。

1.2.350 内生风险 endogenous risks

可控风险，与之相对的是外生风险（不可控风险）。

1.2.351 内在动机 intrinsic motivation

行为的目标导向，强调需求、渴望和欲望等内在力量，一种促进学习和发展的自然力量。

1.2.352 内在奖励 / 内部报酬 intrinsic rewards

源自内部的行为强化因素，包括做好工作所产生的成就感和自我满意情绪等。

1.2.353 泥浆 slurry

由不溶性物质组成的水状混合物。

1.2.354 逆向创新 reverse innovation

沿用逆向工程、逆向思维的一种创新模式。（1）西方跨国公司在发展中经济体进行产品或商业模式的创新，再反向输出到发达经济体市场。（2）精简现有商品或服务，将削减下来的成本和资源提供给其他地方使用。

1.2.355 逆向工程 reverse engineering

一种商品设计技术再现过程。分析一个商品以确定该商品的组成部分及相互关系，从而演绎并得出该商品的设计要素，以制作出功能相近，但又不完全相同的商品。

1.2.356 逆向拍卖 / 反向拍卖 reverse auction

一种存在一个买方和许多潜在卖方的拍卖形式。由单一买方主办的固定期限的招标活动，多个通过资格预审和被邀请的供应商在其中竞争。供应商的价格对竞争对手来说是可见的，这通常会导致价格不断降低。

1.2.357 年利率 / 年度百分比利率 annual percentage rate；APR

一年后赚得的单利，即没有考虑复利效应的利息额，年度百分比利率通常小于有效年利率。

1.2.358 牛鞭效应 bullwhip effect

由供应链下游需求的小变动引发的供应链上游需求变动逐级放大的现象。

[来源：GB/T 18354—2021，定义 7.33]

1.2.359 欧洲结构规范 eurocodes

欧盟委员会制定的一套统一的建筑工程技术标准。欧洲结构规范是全球广泛认可的先进结构设计规范，其灵活性使其适用于欧洲乃至全球各地。

1.2.360 帕累托图 pareto chart

一个显示事件发生频率的图表，事件按发生频率递减的顺序排列。它被用来对问题进行排序，以帮助组织将资源首先用于解决具有最大潜在回报的问题。

1.2.361 赔偿条款 indemnification/ indemnity clause

规定一方（赔偿方）对另一方（被赔偿方）所遭受的损失或损害履行赔偿义务的条款。这项义务可能要求赔偿方在法律诉讼中为被赔偿方辩护并承担法律诉讼费用。

1.2.362 啤酒游戏 beer game

20 世纪 60 年代，美国麻省理工学院斯隆管理学院发明的一种类似于"大富翁"的策略游戏，用于揭示牛鞭效应产生的原因。

1.2.363 频率分布 frequency distribution

在统计小组按一定顺序排列的基础上，以图表显示一个变量在每一个小组出现频率的方法。

1.2.364 平均故障间隔 mean time between failures；MTBF

相邻两次故障之间正常工作的平均时间，也称为平均无故障工作时间。亦指新产品投用后首次出现故障之前正常工作的平均时间。

1.2.365　平均绝对偏差 mean absolute deviation；MAD

先计算各数据与平均值的离差的绝对值的和，再取平均值，所得即为平均绝对误差。

1.2.366　平均绝对误差百分比 mean absolute percentage error；MAPE

每个时间段的绝对预测误差除以实际值得到的比率的平均值，通常以百分比表示。

1.2.367　平均值标准差 standard error of the mean

正态分布中，以统计总体的标准差除以样本容量的平方根得到的数值，用来衡量数据值偏离算术平均值的程度。

1.2.368　期货合约 futures contract

交易双方约定在未来的某一确定时间，按照事先商定的价格（如汇率、利率或股票价格等），以预先确定的方式买卖一定数量的某种标的物的合约，主要作为应对市场价格波动或不可预见的供应短缺的工具。

1.2.369　期货市场 futures market

按照达成的协议交易并按预定日期交割的金融市场，使用标准化期货交易合同买卖某种东西（通常是在特定时期内以特定价格购买或出售商品）。

1.2.370　期货溢价 contango

期货市场中，期货价格高于现货价格或者远期期货价格超过近期期货价格的情况。用来形容一种特殊的市场状态，当某个商品的期货合约比近期合约要贵时，即称之为期货溢价。

1.2.371　期权合约 option contract

要约人在特定时期内持有要约的协议，表明在特定时期内以特定价格买卖一定数量交易品种的权利。

1.2.372　欺骗性广告 deceptive advertising

各国（地区）政府所禁止的通过虚假信息或遗漏相关信息来误导消费者的行为。

1.2.373　弃权与禁止反言 waiver and estoppel

合同一方放弃其在保险合同中可以主张的某种权利，将来不得再向他方主张这种权利。

1.2.374　契约风险 contract risk

因合作契约不完整或不完美而可能发生损失的风险。

1.2.375　千兆字节 gigabyte；GB

计算机存储容量的单位，是兆字节（MB）的 1,024 倍，即 1GB=1,024MB。

1.2.376　签核权限 signing limit

购买者有权签署或承诺给供应商的每份采购订单的最大金额。

1.2.377　强制履行 / 实际履行 specific performance

当事人一方不履行合同时，另一方可向法院申请强制违约方按合同规定履行义务的形式。

1.2.378　侵权行为　tort

存在违反合同规定以外的民事过错的行为，如诽谤、诋毁、疏忽。

1.2.379　情绪智力 / 情绪商数　emotional intelligence；EI/emotional quotient；EQ

一种自我情绪控制能力的指数，即辨别、评估和管理自己、他人和群体情绪的意识和能力。简称情商。

1.2.380　权益账面价值　equity book value

以普通股或优先股形式持有的公司权益。也指总资产减去总负债得到的结果，此时被称为股东权益、净值或账面价值。

1.2.381　权益资本　equity capital

投资者所投入的资本金减去负债后的余额，总资产超过总负债的价值。

1.2.382　权责发生制会计　accrual accounting

将收入和支出以交易和事项是否实际发生为确认基础，而不考虑实际收取或支付的时间的记账方法。例如，当发票被提交时，即使对方尚未支付，金额也会被添加到企业收入中。

1.2.383　全部条款　entirety clause

书面合同中规定的将原有相关协议全部纳入当前合同的条款。因为之前的协议（无论是口头的还是书面的）被视为合并或整合到最终书面文件中，所以全部条款

也称为合并或整合条款。这样的条款严格限制了在发生法律纠纷时从书面合同之外引入书面或口头证据。

1.2.384　全程供应链　full lifecycle supply chain

通过对信息流、物流、资金流的控制，从采购原材料开始，制成中间产品以及最终产品，最后由销售网络把产品送到消费者手中，将供应商、制造商、分销商、零售商直到最终用户连成一个整体的功能网链结构。

[来源：GB/T 35121—2017，定义 2.1.5]

1.2.385　全额支付租赁　full payout lease

融资租赁的一种，承租人支付全部购买费用，加上利息及维护、保险和管理费用。

1.2.386　全球化公民　global citizenship

在世界范围内以全球化意识组织社会、政治、环境和经济行动的个人或社区。

1.2.387　缺货博弈　shortage gaming

客户在供应短缺期间订购的货物数量超过实际需要的策略，其希望收到的部分货物足以满足实际需要。

1.2.388　缺货成本 / 亏空成本　shortage cost/stock-out cost

存货供应中断额外造成的费用的损失，包括材料供应中断造成的停工损失，成品库存不足造成的延迟发货损失和丧失销售机会的损失，以及需要主观估计的商业信誉损失，等等。

1.2.389　群体思维　groupthink

高内聚力的群体决策时的倾向性思维方式。例如，小组成员不加批判地评价彼此的想法和建议，从而达成共识。这个共识建立过程将导致一个糟糕的决定。

1.2.390　燃料附加费　bunker surcharge

通过单独收费收回燃料成本，燃料附加费能够反映燃料价格的变化。

1.2.391　人工饲养处理认证　certified humane raised and handled

一种消费者认证和标识程序，表明鸡蛋、乳制品、肉类或其他家禽商品是在考虑到农场动物福利的情况下生产的。贴有该标签的食品被证明来自符合精确、客观的农场动物待遇标准的设施。

1.2.392　人类发展指数　human development index；HDI

由联合国开发计划署在1990年的《人类发展报告》中提出的，用以衡量联合国各成员经济社会发展水平的指标。

1.2.393　认同　comity

一个州的法院承认或接受另一州的法律。如果双方事先同意，则此规则也适用于国际合同。

1.2.394　融资声明　financing statement

（1）载明担保权利人对被担保物享有担保权益的文件。该文件旨在公示担保权益的存在，以使潜在的担保物买受人或贷款人周知债务人财产随附有可供执行的担保权益。（2）根据美国《统一商法典》第9-502节的定义，融资声明是一种公开提交的文件，用以证明当事人对抵押品的担保权益。

1.2.395　融资租赁　financial lease

国际上最普遍、最基本的非银行金融形式，涉及出租人、承租人（用户）、第三方（供货商）的租赁和买卖关系。在设备全生命周期或接近全生命周期内进行的租赁，相关的租赁合同通常是出于财务考虑而签订的，此时承租人寻求获得财务杠杆和相关的长期财务利益。融资租赁主要有直接融资租赁、售后回租、杠杆租赁等类型。

1.2.396　弱势企业　disadvantaged business

主要由社会或经济弱势主体拥有和控制的企业，不同国家或地区的规定有所不同。

1.2.397　散点图　scatter diagram

将两个变量的值分别表示在直角坐标系中，形成包含一个个离散的点的图表，这就是散点图。它是反映两个变量之间的规律和联系的一种将数据可视化的工具，多用于统计学的回归分析。

1.2.398　闪点　flash point

液态或固态物质释放蒸汽形成可燃的空气－蒸汽混合物的最低温度。

1.2.399　商会　chamber of commerce

一个由商界人士依法组建的，以维护会员合法权益、促进工商业繁荣为宗旨的非政府组织，范围涵盖地方、区域、国家或国际级别。

1.2.400　商品和服务税 goods and services tax；GST

根据商品或服务生产或分销的每个阶段的增值所征收的税。与销售税的不同之处在于其具有非累积性，经常在出口时退还；当仅针对商品而言时，它被称为增值税。

1.2.401　商品毛利回报率 gross margin return on investment；GMROI

一种评估库存盈利能力的比率，即毛利额除以平均库存额所得的结果，用于分析企业将库存转化为现金的能力，也称存货投资毛利收益率。

1.2.402　商销性默示担保 / 商销性 implied warranty of merchantability/merchantability

制造商或销售商应保证其所生产或销售的商品符合生产和销售该商品的一般目的，至少具有平均质量水平，适用于预期的用途。

1.2.403　商业敏锐度 business insight

具有敏锐的意识、洞察力和较强的业务分析判断能力，对正式和非正式的组织结构有独到的理解，能够灵活适应各种政策。

1.2.404　商业票据 commercial paper

公司或银行为满足其短期信贷需求而发行的无担保债务凭证。商业票据有多种面额，可以贴现或计息。商业票据通常由信用评级较高的机构发行，投资风险相对较低。

1.2.405　商业周期 business cycle

一个国家（地区）的国民总产出、总收入和总就业情况随时间而波动，由经济繁荣、衰退、萧条与复苏组成的一种周而复始的现象。

1.2.406　上市时间 time-to-market

商品从构思、设计、生产到最终进入市场所用的时间。

1.2.407　少数民族企业 minority business enterprise；MBE

任何由少数民族所拥有和控制，从事商业交易的合法组织或实体。

1.2.408　设计规格 design specification

对商品的完整性描述，包括原材料及成分、形状、尺寸、保养方法等信息。

1.2.409　设计要求 design requirements

商品开发过程中，满足供应链各成员及消费者结构性期望和需求的要素。

1.2.410　社会福利企业 social welfare enterprise

为解决残疾人员就业问题而兴办的具有社会福利性质的特殊企业。

1.2.411　工业生产者出厂价格指数 producer price index；PPI

衡量工业企业产品出厂价格变动趋势和变动程度的指数，反映某一时期生产领域价格变动情况的重要经济指标，也是制定有关经济政策和进行国民经济核算的重要依据。与居民消费价格指数相比，PPI

能够更早地反映生产和销售过程中的通货膨胀现象。

1.2.412 生活成本调整 / 生活费用调整 cost-of-living adjustment；COLA

以居民消费价格指数来衡量的年度工资调整，以抵消购买力的变化（通常是损失）。之所以使用居民消费价格指数而不是 PPI，是因为其目的是抵消消费者而非生产者所经历的通货膨胀。

1.2.413 生命周期 life cycle

对于产品管理，指新产品从设计、完善、成熟到衰落，最后到退出市场的全部时间；对于固定资产设备，指某一设备提供有效服务的时间。

1.2.414 生物仿生 biomimicry

一种通过自然设计、系统或流程来寻找问题解决方案的方法，例如从蜘蛛丝中寻找坚固的材料，或通过研究粘在毛皮上的种子获得提高黏性的方法。

1.2.415 施工留置权 / 技工留置权 mechanic's lien

向法律规定的不动产建筑商、承包商和建筑公司提供的付款保证，以保证其能支付在该财产上进行建造或修理建筑物时产生的劳动或材料款项。

1.2.416 湿租赁 / 温租 wet lease

任何通过协议，由出租人（可能是航空运营人、银行或租机公司）向承租人（航空运营人）提供运输设备以及燃料或机组人员等资源的租赁。湿租赁通常只经营使用设备并支付租金，不单独核算设备融资成本、燃料成本、设备维护成本和人工成本。

1.2.417 时间压缩 time compression

分析供应链或供应链流程，旨在减少所需的特定时间，提高供应链效率。

1.2.418 时间与材料合同 time and materials contract

通常要求按固定小时费率支付费用的合同，包括：（1）按时间计算的工资、间接费用、管理费用以及利润；（2）按成本计算的材料费用，包括材料搬运费用。

1.2.419 时间重要性 time is of the essence

合同条款规定，在特定时间或特定期限内履行合同，对确保合同的可执行性至关重要。

1.2.420 实际权力 actual authority

委托人明示或默示赋予代理人的权力。

1.2.421 实际税率 effective tax rate；ETR

实际税额与实际收益额的比例，实征税额是应征税额扣除减免税额以后缴纳的税额。

1.2.422 实践共同体 community of practice；CoP

通常是一个非正式的网络群组或论坛，对某个主题或问题有共同兴趣的人可以在其中合作学习、获取知识、分享想法、寻找解决方案并进行创新。

1.2.423　实质性条款　material terms

对协议具有重大意义的具体合同条款，不遵守这些条款即构成违约，在这种情况下，守约方可取消合同。

1.2.424　使命宣言　mission statement

关于组织性质和目的的陈述，用于向员工、客户和供应商等利益相关者传达组织的价值观、目标、方向和实现目标的方法。

1.2.425　始发承运人　originating carrier

在原产地取得货物所有权的承运人（如汽车承运人、航运公司或其他从事运输业务的企业等）。

1.2.426　示范性赔偿　exemplary damages

损害赔偿中，超过被侵权人或者合同的守约一方遭受的实际损失范围的额外赔偿，即在赔偿了实际损失之后，再加罚一定数额的赔偿金，以示对被告的惩罚。

1.2.427　世界咖啡馆　world café

一种不同文化、不同利益主体之间的对话和交流机制，是一种能产生群体智慧的跨界会议模式。

1.2.428　市场溢价　market premium

（1）企业的商品或服务受特定市场环境影响而获得的超额利润。（2）企业的风险资产的收益率超过无风险资产收益率的部分。

1.2.429　事故发生制保单　occurrence insurance policy

无论何时索赔，只要引起索赔的事件是发生在保险期间，则保险人都应赔偿被保险人损失，相关保单为事故发生制保单。

1.2.430　适应竞争抗辩　meeting competition defense

在美国反垄断法律制度中，指具有市场支配地位的经营者，为应对竞争对手低价格竞争行为而采取的适应竞争降价行为，此时该经营者对造成的价格差别待遇行为所使用的辩护词，用来证明给予一个或多个客户较低的价格是合理的。我国反垄断法律制度中并未提及适应竞争抗辩，仅笼统赋予具有正当理由的价格差别待遇行为以合法性。

1.2.431　收益递减律　law of diminishing returns

实际净利润或产量会随着每单位额外成本的增加而降低的现象或定律。

1.2.432　收益定价　yield pricing

收益管理中的一种定价策略。定期审查已经提供和未来将要提供的商品或服务的交易，以收益最大化为目标，根据预测的市场需求制定商品或服务的价格。一般包括 3 种情况：（1）客户早期采购时为其提供一定折扣；（2）客户后期采购时制定较高价格；（3）以低价出售临期库存。

1.2.433 收益增加 revenue enhancement

总收入和总成本之间的差额正向增加的过程或现象。

1.2.434 首次公开募股 initial public offering；IPO

一家公司从私人持股转为上市公司时，首次向投资者发行股票。

1.2.435 首次合格率 first time quality；FTQ

用不合格件数与试件总数的比率来表示的一种衡量质量的标准，以实现首次和每一次的零缺陷目标。

1.2.436 首次销售原则/权利耗尽原则 first sale right exhaustion doctrine /IP right exhaustion doctrine

受知识产权保护的产品经专利权人本人同意售出后，专利权人不得再就该产品后续的使用或流转主张权利，即专利权人的权利已耗尽。专利权人对合法投放市场的专利产品，不再具有销售或使用的控制权或支配权。

1.2.437 首席财务官 chief financial officer；CFO

企业中负责管理财务、会计、投资、融资、投资关系和法律纠纷等事务的最高行政职位。

1.2.438 首席采购官 chief procurement officer；CPO

企业中领导采购部门全面开展工作，负责管理从物资采购计划的制订、执行到完成的全流程事务的最高行政职位。

1.2.439 首席执行官 chief executive officer；CEO

企业中负责管理日常事务的最高行政职位。

1.2.440 寿命终止设计 design for end-of-life

针对商品不再被使用或不再被需要时的设计，通常侧重于拆卸设计和回收设计。

1.2.441 受监管材料 regulated materials

受国家或地方政府机构监管的材料，例如《中国严格限制的有毒化学品名录》和《重点管控新污染物清单（2023年版）》上的材料。

1.2.442 受控承运人豁免 controlled carrier exemption

属于反垄断豁免对象类型中的行为豁免，是对市场行为主体的部分行为予以豁免，具体而言是全部或部分免除受控承运人在受控承运人制度下的义务，但是受控承运人的身份并不改变。

1.2.443 受益第三人/第三人受益 third-party beneficiary

虽非合同直接当事人，但能从合同履行中获得利益甚至享有合同规定权利的人。

1.2.444 售后回租 sale and leaseback

将资产的所有权出售给购买者，然后再从购买者手里租入已售出的资产的行为，是一种可以快速增加流动资产、提高资产变现能力的方式。

1.2.445　数据管理者 data administrator

负责管理企业级数据库的个人或组织。

1.2.446　数学建模 mathematical modeling

应用知识从实际客体中提炼数学模型的过程。

1.2.447　数学模型 mathematical model

一种应用数学符号、计算机程序、图形等对实际客体本质属性的抽象描述，以最优策略解释客观现象、预测演化规律、控制发展趋势等。

1.2.448　双方意见表示一致 / 合意 mutual assent

合同订立的要求，即缔约当事人就合同签订相互为意思表示并达成一致，通常通过交换要约和承诺来证明。

1.2.449　双务合同 / 双方合同 bilateral contract

双方当事人互相承担义务和享有权利的合同。在等价交换的商品经济关系中，绝大多数的合同都是双务合同。

1.2.450　双重边际效应 double marginalization

供应链成员为了谋求各自收益最大化，在商品定价决策时确定的价格高于其边际成本而使整个供应链出现双重加价的现象。

1.2.451　税收抵免 tax credit

准许纳税人将其某些合乎规定的特殊支出，按一定比例或全部从其纳税额中扣除，以减轻其税务负担，常见的有投资抵免和国外税收抵免两类。

1.2.452　私营承运人 private carrier

（1）航运业中用来指那些服务非大众化，一般通过与特定的人单独洽谈之后签订运输合同，承运特定物品的自然人和法人。（2）拥有或租赁车辆并为其他组织提供运输服务的承运人。

1.2.453　私营交易平台 private exchange

由单一机构运营的在线市场，旨在促进其与贸易伙伴的沟通交流。

1.2.454　思维领袖 thought-leadership

在专业领域积极促进讨论与同行有关的想法的个人或组织，使人们改变对市场和社会问题的看法，他们正在向现代智库转变。

1.2.455　诉讼时效 statute of limitations

受害方可采取法律行动、提起诉讼的时限。

1.2.456　速动比 / 酸性测试比 quick ratio/acid test ratio

现金、有价证券价值以及往来应收账款与流动负债的比值，用以衡量流动资产的变现能力。

1.2.457　速动资产 liquid assets

流动资产的一部分，可以在不影响正

常业务的情况下随时转换为现金或已属于现金形式的资产。

1.2.458 算术平均值 arithmetic mean /arithmetic average

所有观测数据值之和除以其数量得到的平均值。

1.2.459 损害赔偿 / 损害赔偿金 damages/cover damages

一方因另一方的作为或不作为而遭受损失或伤害时获得的赔偿。在另一方违反合同规定的情况下，一方可以得到补偿性而不是惩罚性或惩戒性的损害赔偿金。例如买方由于卖方违约而从市场上获得同等替代性商品或服务的成本与商定的合同价格之间的差额。

1.2.460 损失风险 risk of loss

承运人、借款人、保险公司或财产及货物使用者在财产、货物等损坏或损失发生时赔偿的责任。通常与货物相关，根据所使用的交货条件或合同的其他条款，损失风险可以从卖方转移到买方。

1.2.461 损益表 income statement/ profit and loss statement

记录企业在某年内收入、支出以及由此产生的净收益的财务报表。

1.2.462 所有权成本 / 总拥有成本 cost of ownership/total cost of ownership; TCO

商品或服务的购买或购置价格与商品或服务交付前后产生的额外成本的总和。

成本通常分为交易前成本、交易成本和交易后成本，或分为收购价格和内部成本。要想通过总拥有成本分析来降低成本，有必要识别和分析成本驱动因素以寻找任何可避免的成本。

1.2.463 所在国 / 归属国 home country

跨国公司总部所在国。

[来源：《英汉 – 汉英采购与供应链管理词典》]

1.2.464 索赔提出制保单 claims-made insurance policy/claims-made policy

要求在生效期间索赔的保险单。与之相对应的事故发生制保单则要求事故或损害必须在其生效期间发生，但在此期间可能不需要索赔。

1.2.465 谈判策略 negotiation strategy

谈判的计划和方向，以有效的措施和手段实现组织的整体目标。谈判策略的选择取决于谈判理念、谈判者的专业知识与谈判技能、供应商的相对实力，以及谈判者的个性。3 种实用的策略是：不透露任何立场；仅透露乐观的立场；透露乐观的立场，然后立即提出目标立场。

1.2.466 谈判敏锐度 negotiation acumen

谈判中运用巧妙技能的能力。通常反映在规划、准备和执行谈判中个人和团队的谈判表现。谈判敏锐度会影响个人和团队的谈判结果。

1.2.467　谈判团队 negotiation team

为进行特定谈判而组成的团队。团队成员通常代表谈判过程中涉及的职能领域，在采购合同谈判中采购成员通常领导团队。

1.2.468　谈判协议的最佳替代方案 best alternative to a negotiated agreement; BATNA

谈判者在选择不继续谈判或谈判失败的情况下，所要追求的次优选择。

1.2.469　谈判战略 negotiation strategies

从战略层面规划和选择替代方案以实现预期结果，如实现组织目标或解决一个问题。

1.2.470　谈判战术 negotiation tactics

供应管理专业人员用来将谈判计划付诸行动的过程和手法。具体战术会因各方的谈判理念、谈判者的相对地位和谈判者的个性的不同而有所不同。

1.2.471　套期保值 / 对冲贸易 hedging

为了平衡已经进行的或根据合同进行的买卖而进行的"期货"买卖，以抵消潜在市场价格波动的影响。

1.2.472　特别代理人 special agent

代理权受到特别限制，仅限于执行特定任务的代理人。此类代理人在决定如何履行职责时拥有有限的自由裁量权。

1.2.473　适合特定用途 / 预定用途的默示担保 implied warranty of fitness for particular purpose/implied warranty of fitness for intended purpose

法律根据某些事实提供的默示担保之一，相关要求如下：（1）卖方必须知道买方对货物的预期用途；（2）买方必须依赖卖方的专业知识来选择货物，这意味着卖方要保证这些货物适合买方的预期用途。

1.2.474　特殊商品承运人 special commodities carrier

有权运输特殊商品的承运人，特殊商品包括药品、石油产品和有害物质等。危险化学品承运人必须获得经营许可证。

1.2.475　特许经营 franchising

通过签订合同，特许人有权将自己使用的商标、商号、经营模式等经营资源授予被特许人使用，被特许人按照合同约定在统一经营体系下从事经营活动，并向特许人支付特许经营费。

1.2.476　提前材料申请 advance materials request

在新产品投入生产前所提交的材料订单，通常是为了规避较长的提前期带来的风险。

1.2.477　替代性纠纷解决 / 替代性冲突解决 alternative dispute resolution; ADR

在司法系统之外解决合同纠纷的方法，如谈判、调解、调停、事实调查、非约束性仲裁和约束性仲裁。

1.2.478　条款和条件　terms and conditions；TS&CS

合同中对缔约方提出的各种要求，其中条款是一个整体的概念，无条件就是条款中的一部分。

1.2.479　贴现现金流　discounted cash flow；DCF

一种通过估计未来现金流并考虑货币时间价值来评估投资回报的方法。

1.2.480　停止条件 / 延缓条件 / 先决条件 condition precedent

在合同规定的任何权利、赔偿、义务或利益产生之前必须满足的条件或发生的事件。

1.2.481　通货紧缩　deflation

在现行价格条件下，由于货币供应量的减少，商品和劳务的供给超过需求，致使市场上出现银根趋紧、货币流通速度转慢、货币价值高估、物价水平下跌的现象。

1.2.482　通货膨胀　inflation

在纸币流通条件下，因货币供给大于货币实际需求，也即现实购买力大于产出供给，导致货币贬值，从而引起一段时间内物价持续而普遍上涨的现象。

1.2.483　通用描述、发现和集成　universal description, discovery and integration；UDDI

一种基于 XML（extensible markup language，可扩展标记语言）的协议，组织用它在互联网上列出自己的规范。

1.2.484　通用语　lingua franca

（1）一种由说不同语言的人为了方便交流而使用的通用语言。（2）任何在母语之外，被广泛传播和使用的语言。

1.2.485　同步工程　simultaneous engineering

一个团队同时设计一个商品及其配套生产流程的过程。

1.2.486　同步指标 / 重合指标　coincident indicator

用于对与商业周期同时变化的经济活动进行测度的指标，如国内生产总值、工业总产值、社会消费品零售总额等。

1.2.487　同步指数　coincident index

一种基于同步指标（工业生产指数、制造业和贸易销售额、非农业就业人口以及扣除转移支付后的个人收入）组合的经济活动度量指数。

1.2.488　统计抽样　statistical sampling

利用对项目样本的参数进行检验的结果来推断、预测总体的过程。

1.2.489　统一记名提单 uniform straight bill of lading

卡车、火车或轮船使用的托运人在提单收货栏内填写具体收货人名称的统一提单。

1.2.490 投资回报率 return on investment; ROI

年营业收入与投资于企业的总资本之比，用于评估投资效率或比较许多不同投资的效率。

1.2.491 投资回收 investment recovery

企业对剩余、过时的设备和材料进行系统、集中管理以及开展废料回收、销售、处置活动，以尽可能多地回收原始资本投资。

1.2.492 投资回收期 payback period

商品或项目获得的收益累积至与开发成本相等所需的时间。

1.2.493 投资者责任 / 信托责任 fiduciary duty

代理人为选定的利益相关者提供利益最大化服务的义务，尤指在代理关系中其雇主或委托人的利益。

1.2.494 突破性改善 kaikaku

日文术语，彻底改进一项活动以消除浪费，创造更多的价值。

1.2.495 图形用户界面 graphical user interface; GUI

以图形显示的计算机用户操作界面。

1.2.496 外部供应链 external supply chain

企业资产权限之外的供应链部分，由与企业相关的商品生产和流通过程中涉及的原材料供应商、制造商、分销商、零售商以及最终消费者组成的供需网络。

1.2.497 外在奖励 / 外部报酬 extrinsic rewards

在等价交换的基础上，从他人那里获得的自己想得到的经济（如奖金）和非经济（如认可）等形式的报酬。

1.2.498 外资公司 foreign corporation

在他国注册但在本国开展业务的企业实体。

1.2.499 完全共享服务 full shared service

在整个实体环境（一般指企业的所有部门）中统一使用的服务，是一项可以实现更高附加值的服务。

1.2.500 完全竞争 perfect competition

一种不受阻碍和干扰的市场结构，指那些不存在足以影响价格的企业或消费者的竞争性市场，其中有许多公买公卖的购买者和销售者。价格由供应和需求驱动。

1.2.501 完全履行规则 perfect tender rule

要求卖方的所有履约行为必须完全符合合同条款。

1.2.502 网络货运 network freight

一种由无车承运人演进而来的连接托运人与承运人的无运输工具承运的模式。

1.2.503 微型听审 mini-trial

在合同争议解决过程中，一方通常通过其律师向有权解决问题的另一方高级管理层提出其法律论据；如果双方无法达成和解协议，独立第三方可能会在场并进行干预。

1.2.504 违背/违约/违反保证 breach/breach of contract/breach of warranty

无法履行合同条款中包含的某一义务，例如商品未能达到供应商保证的质量或其他规格要求。

1.2.505 维护、维修和运营用品 maintenance, repair and operating supplies；MRO

具有高重复性、高交易性、低单位成本的不属于成品的材料或供应品。

1.2.506 未履约 default

通常与"违反合同"交替使用，但未履约通常要求履约方发出通知，给予未履约方纠正的机会，以避免合同被取消。

1.2.507 文化借鉴 cultural borrowing

将另一种文化的一些元素与自身文化融合。

1.2.508 文化敏感性 cultural sensitivity

了解母文化与其他文化的细微差别，以及这些文化特点对自身和他人言行举止的影响的能力。

1.2.509 文化适应 acculturation/cultural adaptation

随时间的推移，接触不同社会导致的文化变化。一般来说，文化适应指来自外国或少数民族文化环境的人学习并掌握标准或主流文化的语言、习惯和价值观以适应环境变化的过程。

1.2.510 无车承运人 non-truck operating carrier；NTOC

不拥有货运车辆，以承运人身份与托运人签订运输合同、承担承运人责任和义务，并委托实际承运人完成运输服务的道路货物运输经营者。

[来源：GB/T 18354—2021，定义 4.6]

1.2.511 无船承运人 non-vessel operating carrier；NVOC

不拥有、不经营船舶，但以承运人的身份接受托运人委托，签发自己的提单或其他运输单证，向托运人收取运费并承担承运人责任，通过与有船承运人签订运输合同，完成海上货物运输经营活动的经营者。

[来源：GB/T 18354—2021，定义 4.7]

1.2.512 无弹性需求 inelastic demand

需求价格弹性绝对值小于 1 的情况。如果商品价格下跌导致企业总收入下降，那么该商品的需求就没有弹性，这意味着消费者没有增加购买量，因而企业无法抵消较低价格带来的负面影响。

1.2.513 无关成本 irrelevant costs

对未来经营没有影响、与决策结果无关的成本，包括沉没成本。

1.2.514 无价值增加 non-value-added；NVA

对商品、服务或流程没有任何价值的活动，常用于价值分析。

1.2.515 无效合同 void contract

不具有法律效力或法律约束力的合同，例如包含非法行为的合同。

1.2.516 无效投标 nonresponsive bid

不符合招标基本要求的投标。

1.2.517 无形财产 / 无形资产 intangible property/intangible asset

没有实体、不能实际看到或触摸到的但有价值的资产，例如知识产权、企业商誉、特许经营权。

1.2.518 无形成本 intangible costs

难以用市场价格直接表现的成本，由特定行动、决策或原因导致的不可估量的成本。例如，由于劣质的商品或服务而失去商誉、信任和损害企业形象。

1.2.519 无纸化办公 paperless office

不用纸或大大减少用纸的工作环境，通常通过将纸质文件转换成数字形式来实现。

1.2.520 物价指数 price index

对某一特定日期一定组合的商品或劳务价格的一种计量方式，是一个衡量市场上物价总水平变动情况的指数。

1.2.521 物流行业 logistics industry

提供运输、储存、装卸、搬运、包装、流通加工、配送、信息处理等基本功能及相关设施的组织或个体的集合，由物流资源产业化而形成的一种复合型或聚合型产业。

1.2.522 物权凭证 document of title

证明持有人货物所有权的书面凭证或单据，如仓库收据、提单等。

1.2.523 息税前利润 earnings before interest and taxes；EBIT

度量一个企业在持续经营中的盈利能力的指标，等于扣除利息和所得税之前的利润。

1.2.524 息税折旧摊销前利润 earnings before interest, taxes, depreciation and amortization；EBITA

一项不包括利息、税项、折旧及摊销利润的计量指标，通常用于收购或公募，而不用于持续的财务业绩评估。EBITA 是经营利润的衡量标准，不包括与融资、延期纳税和其他非经营活动的执行相关的成本项目。

1.2.525 稀释每股盈余 fully diluted earnings per share

如果所有可转换证券（如可转换优先股、可转换债券、股票期权、认股权证等）转换为普通股，将产生的每股普通股收益。

1.2.526 先进先出 first-in-first-out；FIFO

假设先购买的商品也先领用或先发出，例如电子部件存货将以先进先出的原则销售。

1.2.527 先行指标 / 领先指标 / 领先经济指标 leading indicator/leading economic indicator

衡量经济活动的指标，它在商业周期

开始之前发生变化，表明未来经济发展的方向。例如，债券收益率通常表明股市的发展方向。

1.2.528 显名的本人 disclosed principal

与代理人打交道的第三方知道被代理人的存在及其身份。

1.2.529 现金流量表 cash flow statement

显示一个组织现金流入和流出的时间和数量的财务报表。

1.2.530 现金流量周期 cash to cash cycle; CCC

一项反映企业运营周期的指标，可测度从企业取得存货到收回该存货销售的应收账款的时间跨度（以天计算），它等于平均库存时间加上平均应收账款时间再减去平均应付账款时间。

1.2.531 现金流预算 / 现金预算 cash flow budgets/cash budgets

对企业在特定时间段内的现金流进行预测的方法，将每个预算期间的预算支出与预算收入挂钩，在此预算期间内的支出金额是收入金额的函数。

1.2.532 现金周转期 cash-to-cash cycle

一项衡量从初始现金流出（向供应商支付）到从客户处收到货款的时间的财务指标。

1.2.533 现状流程图 as-is process map

显示从流程开始到流程结束各个员工或部门所采取行动的步骤。

1.2.534 限定价值费率 released value rate

根据公布的价值计算的费率。承运人承担低于货物原本价值的责任，作为回报，其提供一个根据原本价值折算出来的较低的运输费率。

1.2.535 限额进货预算 open-to-buy budget

零售业常用的术语，一种根据期初和期末库存、当期的销量和计划的降价等补充库存资金的财务计划（财务预算）编制方法。

1.2.536 限价协议 / 价格垄断协议 price-fixing agreement

竞争者在商品或服务价格上达成一致意见共同限定价格水平或范围的行为，是反垄断法禁止的一种行为。

1.2.537 限制驱导式排程法 / 鼓点 - 缓冲 - 绳子 drum-buffer-rope; DBR

基于约束理论解决生产制造问题的系统和流程控制的方法，通过控制最受约束项目在系统中运行的最快速率来控制工作流的速率。

1.2.538 相对强度指数 relative strength index; RSI

技术分析中使用的度量标准，通过比

较一段时期内的平均收盘涨数和平均收盘跌数来分析市场买沽盘的意向和实力，用于衡量股市价格安全的涨跌幅度。

1.2.539　相对优势　comparative advantage

一个国家具有的能够以比另一个国家更低的机会成本生产一种商品或服务的竞争优势。如果一个国家专门生产自己相对优势较大的商品或服务，并通过国际贸易换取自己不具有相对优势的商品或服务，就能获得利益。

1.2.540　相关成本　relevant costs

受经营决策影响的成本。

1.2.541　相关性分析　correlation analysis

测量两个数据序列之间的统计关系（非因果）的方法，用于衡量两个数据序列的相关密切程度。

1.2.542　相互依存条件　concurrent conditions

两个或更多的合同条款相互配合、相互依赖的情形。在这些相互依赖的关系形成之前，其他合同义务都不能履行。

1.2.543　项目编号　item number

每个物料的唯一标志，该标志包含在物料清单中或存货清单中。

1.2.544　消费者价格指数 / 居民消费价格指数　consumer price index；CPI

反映一定时期内城乡居民所购买的生活消费品和服务项目价格变动趋势和程度的相对指数，同居民生活密切相关，在整个国民经济价格体系中占有极为重要的地位。

1.2.545　小型企业　small business

生产规模小、设备数量少、资产数额低的企业。

1.2.546　小型微利企业　small low-profit enterprises

（1）通常指自我雇佣（包括不付薪酬的家庭雇员）、盈利能力较弱的、个体经营的小型企业。（2）从事国家非限制或禁止行业，且同时满足从业人数不超过300人、年应纳税所得额不超过300万元、资产总额不超过5,000万元等条件的企业。

1.2.547　协同商务　collaborative commerce

企业将具有共同商业利益的合作伙伴整合起来，通过整个商业周期的信息共享，满足不断增长的客户需求，同时也满足自身未来发展的能力需求。

1.2.548　协同效应　synergy effects

"1+1>2"的效应。多个实体合作时能够取得的成果超出了各自单独努力所能取得的成果总和。

1.2.549　信函合同　letter contract

授权承包商立即开始执行所要求的制造或服务任务的初步书面合同文书。信函合同之后通常是一份确定的合同文件。

1.2.550　信息风险　information risk

信息不对称和严重的信息污染导致信

息不准确、不及时等不良后果的风险。

1.2.551　刑法　criminal law

规定犯罪和刑罚的法律，是掌握政权的统治阶级为维护阶级的利益，以国家的名义根据自己的意志，规定哪些行为是犯罪并给予何种刑罚的法律规范的总称。

1.2.552　行业标准　industry standards

在特定行业中被经营组织广泛认可和共享的规范，例如木材等级、线材厚度、铁轨宽度等。

1.2.553　行业惯例 / 商业惯例　usage of trade

在美国合同法中，类似的合同当事人在订立和履行类似的合同的过程中遵循的惯例，是行业中的实践标准。如果存在行业惯例，则意味着人们期望该行业中的特定交易都遵循该惯例，这类似于我国《民法典》中的行业习惯。

1.2.554　行政法　administrative law/ executive law

有关行政组织的职权，其行使职权的方式、程序，以及对其行使职权的监督等的法律规范的总称。

1.2.555　行政法官　administrative law judge; ALJ

行政机构中，主持听证会并做出初步裁决的官员。

1.2.556　行政机构　administrative agency

依法建立、享有行政权力、担负行政

职能的政府机构。

1.2.557　形式发票 / 估价单　proforma invoice

在销售前准备的，用于证明最终发票形式和发票金额的文件。

1.2.558　性能标准　performance standard

在产品规格书中描述产品质量的一种方式，它描述了供应商所提供材料的具体用途、用法，以及最终产品的功能，而不具体规定如何实现其功能。

1.2.559　性能规格　performance specification

关于特定材料或最终产品的性能标准的详细规范，例如维度和性能阈值。

1.2.560　虚假需求　phantom demand

因缺少商品或服务而无法满足的客户需求，也称为影子需求或失去的需求。

1.2.561　虚拟公司　virtual corporation

利用高科技通信和流通技术组建的不受地域和时空限制的经营性组织。

1.2.562　虚拟供应链　virtual supply chain

为了满足企业相互连接、共同获利、调整战略等特定需求，临时组建的专门提供短期服务的供应链虚拟联盟。

1.2.563　虚拟企业 / 动态联盟　virtual enterprise

当市场出现新机遇时，具有不同资源

与优势的企业以共同开拓市场、共同应对其他竞争者为目的，在信息网络的基础上组织建立的一种共享信息和技术、分担费用、联合开发、互惠互利的联盟。

1.2.564 虚拟团队 virtual team

处于不同地域、空间的个人通过技术组建的团队。

1.2.565 虚实结合 / 线上线下结合 click-and-mortar

一种既包括线下门店（如实体店），也包括线上业务（如电子商务网站）的商业经营模式，也称为"鼠标和砖块"。

1.2.566 需求弹性 demand elasticity

需求对价格变化的敏感性。

1.2.567 许可协议 licensing agreement

两个组织之间签署的允许一个组织在一段时间内出售另一个组织的商品或服务，或将无形资产的使用权授予另一个组织，以换取一次性付款或持续特许权使用费的合同；或是授予某人使用有专利的、受版权保护的或有商标的商品等合法权利的合同。

1.2.568 学习曲线 / 经验曲线 / 改进曲线 learning curve/experience curve/ improvement curve

表示生产的产品数量和生产它们所需劳动时间之间的经验关系的曲线。每次累积产量增加一倍，生产第 n 种产品所需的劳动时间就会按一定百分比下降。学习曲线最适用于重复生产的复杂产品。购买者可以使用学习曲线分析学习经验对单位成本的影响，而生产经理可以使用它确定人员配备和调度要求。

1.2.569 学习型组织 learning organization

通过培养弥漫于整个组织中的学习气氛、充分发挥员工的创造性思维能力，而建立起来的一种有机的、高度柔性的、扁平化的、符合人性的、可持续发展的组织。

1.2.570 压力加注 pressure fill

采用压力而非重力的方式将产品转移到容器中的罐装方式，产品在容器中达到指定水平并置换出空气。

1.2.571 亚马逊效应 Amazon effect

用来形容零售业出现的市场份额的显著变化，特别是大型商场、百货公司等实体店出现的业绩下滑现象，商场倒闭和就业岗位减少只是其中最明显的例子。

1.2.572 烟囱管式 stovepipe

用于描述一个企业针对一项业务的一个部分做出的决策，没有考虑该决策对该项业务其他部分的潜在影响的现象。

1.2.573 严格责任 strict liability

责任人只要违反了合约并给对方造成了损害，就应该承担责任，继续履行合约。严格责任通常适用于涉及固有危险商品或有缺陷商品的商品责任案件。

1.2.574 研究与开发 research and development; R&D

发现有关商品、工艺和服务的新知识，

然后运用这些知识创造新的和改进旧的商品、工艺和服务的过程，以满足当前的或未来的市场需要。

1.2.575 衍生需求 / 派生需求 / 引致需求 derived demand

经济学术语，对生产要素的需求取决于对供应链下游商品的需求，即对特定投入的需求源自对使用该投入生产的商品或服务的需求。

1.2.576 验收测试 acceptance testing

在正式接受新的或更新后的商品、工艺或系统前进行的测试。例如，可以通过仅检查批次的一部分或样品来确定给定批次的整体状况。对于软件系统，买方和卖方同意并执行用户验收测试计划，然后买方和卖方将结果与预先建立的严重性阈值进行比较，以确定纠正措施。

1.2.577 验收抽样 / 验收取样 acceptance sampling

一种通过测量一个批次的随机样本以确定整个批次的可接受性的统计程序。可以根据样本的测量结果选择接受或拒绝整个批次，因为样本被认为是总体的代表。

1.2.578 样板文件 / 未定案 boilerplate

（1）通常用于描述预印在采购订单或其他表格上的条款和条件。（2）标准化的文本、文件、方法或过程，可以重复使用，而无须对原始文本进行重大更改。

1.2.579 要约撤销 revocation of offer

要约人撤回要约的行为，通常在受要约人收到撤销通知时生效。

1.2.580 业务内包 / 自行开发 insourcing

将已在企业外部开展的业务（外包）引入企业内部的行为。

1.2.581 业务战略 business strategy

组织为谋求长期发展、实现经营目标而由各业务部门制订的经营管理计划。

1.2.582 一般商品承运人 general commodities carrier

运输一般商品或运输的商品未被列入特殊商品名录的普通承运人。

1.2.583 一次性付款 lump sum

一次付清全部费用。

1.2.584 一级分包商 first-tier subcontractor

与主承包商签订业务合同的分包商。

1.2.585 移动平均法 / 移动平均 / 滑动平均 moving average

计算当前 n 个周期的平均值。每次重新计算时，都会添加最新周期的数据，并删除最旧的数据。

1.2.586 已履行的合同 executed contract

双方已履行各自全部义务的合同。

1.2.587 已占用资本回报率 return on capital employed; ROCE

衡量资本投资效益的指标，显示组织资本投资效益及盈利能力的比率。ROCE的计算方法是息税前利润除以占用资本（即总资产和流动负债之差），所得比率代表利用资本创造收益的效率。

1.2.588　异常变化 abnormal variation

通常由系统外部因素引发的超出系统正常控制范围的变化。

1.2.589　银行承兑汇票 bank's acceptance bill

商业汇票的一种。指由在承兑银行开立存款账户的存款人签发，向开户银行申请并经银行审查同意承兑的，保证在指定日期无条件支付确定的金额给收款人或持票人的票据。

1.2.590　意向书 letter of intent; LoI

表示缔结协议的意向，并经另一方同意的文书，该文书对双方均无约束力。

1.2.591　因循前例 / 遵循先例 stare decisis

英美法中的一个原则，意为遵照执行已决之事项。在以往的法律案件中法庭的判决条例、原则及结果可以在未来类似案件的审理中作为判决的依据和尺度。

1.2.592　隐藏工厂 hidden factory

在标准工作流程外发生的不受控制的，或制造过程中降低操作质量或效率的，或未经授权的操作、步骤、过程或流程，这种活动或过程称为"隐藏工厂"。

1.2.593　隐名代理的本人 undisclosed principal

身份被代理人隐藏的被代理人。如果代理人以隐名代理方式与第三人订立合同，则隐名委托人与代理人均须对合同承担责任。

1.2.594　隐私法 privacy act

限制访问某些信息的法律。

1.2.595　应付账款 accounts payable; AP

企业在经营过程中因购买商品、接受服务等应向卖方支付的款项，包括应承担税金、卖方垫付的各种费用等。

1.2.596　应收账款 accounts receivable; AR

企业在经营过程中因销售商品、提供服务等应向买方收取的款项，包括应由买方承担的税金、替买方垫付的各种费用等。

1.2.597　应用服务供应商 / 应用服务提供商 application service provider; ASP

通过互联网为企业、个人提供配置、租赁和管理应用等外包服务的专业化服务公司。

1.2.598　营运资金 working capital

可用来履行支付义务的流动资产（现金、有价证券、存货和应收账款之和）减去流动负债（短期债务）所得的结果，用于衡量一个组织的短期偿债能力。

1.2.599　影响范围 span of influence

无论处在某环境或组织的内部还是外部，非可控制的某人在与他人互动时影响他人的程度。

1.2.600　影子汇率／计算汇率／调整汇率 shadow exchange rate；SER

单位外币用国内货币表示的影子价格，反映外币的真实价值，即非贸易商品及服务与贸易商品及服务的交换比率。

1.2.601　用户画像 user persona/user profile

（1）通过调研获得的典型用户模型，用于商品需求挖掘与交互设计。（2）利用现有数据了解用户需求、用户偏好的分析方法。

1.2.602　优先认购权 pre-emption rights

公司发行新股或可转换债券时老股东按原先持有的股份数量的一定比例优先进行认购的权利。

1.2.603　邮筒规则 mailbox rule

英美合同法中关于承诺生效时间的规则，也称发信主义，即承诺以邮件或类似方式做出，只要该邮件的接收地址填写完好，并且贴足邮票，当该邮件寄出时，合同即成立。

1.2.604　有机产品认证 certified organic

认证机构按照有机产品相关国家标准和《有机产品认证管理办法》及《有机产品认证实施规则》的规定对有机产品生产和加工过程进行评价的活动，表示产品在种植、加工等处理过程中达到认证机构制定的相关标准的标识程序。

1.2.605　有机的 organic

（1）以生物为基础或具有生物相似特性的，属于、包含或来自动植物的。（2）用来描述注重使用可再生资源或环境友好技术，限制合成材料或添加剂使用的生产过程。

1.2.606　有条件要约 conditional offer

以某些事件的发生为前提的合同要约。如果事件未发生，则不存在可执行的合同。

1.2.607　有限责任 limitation of liability

限制违约时可获得的救济或损害赔偿金额的合同条款。此类条款通常由卖方发起，可限制合同中的总体责任或某些类别的责任，或可排除某些类型的损害赔偿责任，例如间接损害赔偿。

1.2.608　有限责任公司 limited liability company；LLC

一种依据法律规定，由不超过一定数量的股东出资组建的商业组织。股东以其认缴的出资额承担有限责任，有限责任公司以股东认缴资本和自身经营所得资产承担全部责任。

1.2.609　有限责任合伙 limited liability partnership；LLP

一种结合了有限责任和合伙经营特征的新型合伙形式，其管理权一般为普通合伙人所有，合伙人的责任仅限于他们在合伙企业中的投资。

1.2.610　有限责任有限合伙 limited liability limited partnership；LLLP

有限责任合伙的一种特殊形式，其中普通合伙人的责任与有限合伙人的责任一样，仅限于其在合伙企业中的投资。

1.2.611　有效年利率 effective annual percentage rate/effective APR

在按照给定的计息期利率和每年复利次数计算利息时，能够产生相同结果的每年复利一次的年利率。

1.2.612　有形财产 tangible property

本质上有形的、可触碰的物质实体资产，如资金、设备、商品等。

1.2.613　有形资产 tangible asset

占据物理空间，以具体物质形态存在的资产，如土地、建筑物等。

1.2.614　与有过失 / 混合过失 contributory negligence

损害赔偿中，如果受害方的疏忽在导致其权益受损方面起了一定作用，那么受害方自身也将承担一定责任，从而减少甚至免除对方的责任。

1.2.615　预防措施过程 preventive action process

为避免可能发生的问题主动采取措施的行为过程。

1.2.616　预防性维护 / 定时维护 preventative maintenance

故障发生或发展为重大缺陷之前，对设备和设施进行保养和维护，使其维持正常的运行状态。以时间为依据的维护策略，有助于减少事故、延长设备和设施的使用寿命。

1.2.617　预付费用 / 预付款项 advanced charges/prepaid expense

（1）在实际收到商品或接受服务之前支付或垫付的费用，如运费。（2）企业已经支付费用，但此部分费用所转换成的资产或资产的使用权尚未取得收益，如杂志订阅费。

1.2.618　预付收入 prepaid revenue

顾客为商家能够如期交付货物或提供服务而预先支付的款项。

1.2.619　预期存货 anticipation inventories

为确定的未来需求而积累的库存，它不同于缓冲（安全）库存，旨在保障特定的未来计划顺利实施。

1.2.620　预期定价 prospective pricing

基于价格比较、成本估算、过去成本分析或这些因素的组合分析，在商品上市前给出的价格。

1.2.621　预期拒绝 anticipatory repudiation

在合同履行期限到来之前，一方以言辞或行为向另一方表示拒绝履行合同。

1.2.622　预期违约 anticipatory breach

在合同履行期限到来之前，一方以言辞或行为向另一方表示不能履行合同。

1.2.623　预算赤字 budget deficit

一个组织或国家的年度预算中的资金短缺。

1.2.624 预先安排 advance arrangement

对于某些特殊物品，如贵金属、活体动物、高危材料等的运送，需要提前通知承运人做好相关准备，一般用于航空运输领域。

1.2.625 元趋势 metatrend

在一个时间范围或规律内的一组趋势。

1.2.626 员工持股计划 employee stock ownership plans；ESOP

允许员工以低于市场价的价格购买企业股票的福利。股票期权可以根据员工的表现或工作年限授予员工。

1.2.627 原产国 country of origin

生产商品的国家。

1.2.628 原始品牌制造商 original brand manufacturer；OBM

能够生产自有品牌的商品的制造商。

1.2.629 原始设备制造商 original equipment manufacturer；OEM

购买和装配其他供应商的产品成为自己产品的制造商。品牌生产者不直接生产产品，而是利用自己掌握的关键的核心技术负责设计和开发新产品，控制销售渠道，具体的加工任务通过合同订购的方式委托同类产品的其他厂家生产，之后将所订产品低价买断，并直接贴上自己的品牌商标。

1.2.630 原始设计制造商 original design manufacturer；ODM

承接设计制造业务的制造商。制造商受采购商委托提供从商品研发、设计到生产、后期维护的全部服务。采购商通常将商品直接贴牌后销售。

1.2.631 原则式谈判/价值型谈判 principled negotiation

一种基于双赢、聚焦利益的合作式谈判方法，旨在寻找双方利益共同点、合作价值点。

1.2.632 远期合同 forward contract

类似于期货合约，但它是由双方在受监管的交易所范围之外订立的协议。

1.2.633 允诺禁反言 promissory estoppel

一种英美法律原则，强调允诺后不得自食其言。该原则规定即使可能不满足订立合同的要求，一方做出的已使另一方对其产生合理信赖的承诺仍将得到执行。

1.2.634 运行绩效参数 operational performance indicator；OPI

衡量组织在经济、社会和环境领域运行绩效的参数，如传达组织运行环境绩效信息的环境绩效参数。

1.2.635 运行图 run chart

一种显示属性随时间变化的图表。x 轴是时间，y 轴是被测量的属性。有了足够的数据就可以统计推导出控制上限和下限，这将表明未来的数据点是处于控制状态还是失控状态。

1.2.636 责任敞口 liability exposure

在金融活动中承担法律约束和义务的

环节及其大小，例如并购一个组织时所承担的连带责任，包括资产的使用、资产源头及有害物质处理等。

1.2.637 增值代理商 / 增值分销商 value-added reseller；VAR

从原始设备制造商处购买商品，并在对商品进行改进后将其卖给另一个组织的代理商（分销商）。

1.2.638 增值网络 value-added network；VAN

将制造业、批发业、物流业、零售业等行业的信息，通过计算机服务网络相互交换的系统。

1.2.639 债务股本比 / 债务权益比 debt-to-equity ratio；D/E

反映企业的融资结构，是企业负债总额与所有者权益（股东权益）之比。如果该比率太大，则表明短期内企业难以获得债务融资。

1.2.640 账面价值 book value

资产在首次投入使用时的经济价值扣除累计折旧、耗损、摊销等费用后在某一时间点的资产净值。

1.2.641 招标前会议 / 预案会议 pre-bid conference/pre-proposal conference

开标之前与投标方进行的会议，用于阐明投标规则、条例规范和注意事项等，并以公平、公正、公开的方式解答所有参会的投标方的提问。

1.2.642 争议解决条款 settlement of disputes/dispute resolution

合同中的一个必要条款。合同当事人在签订合同时，针对合同可能发生的争议提前约定处理方式的合同条款，常见的争议解决方式有友好协商、仲裁（有约束力或无约束力）、调解、诉讼等。

1.2.643 挣值 / 实现价值 earned value；EV

已完成工作的预算成本或已完成工作的价值。

1.2.644 整合谈判 integrated negotiation

能取得双赢结果的谈判，即这种谈判的前提是至少有一种办法可能实现双赢。

1.2.645 整合条款 / 完整条款 integration clause/merge clause/entirety clause

一种规定双方的全部协议应反映在特定书面文件中的合同条款，并取代与合同标的有关的所有非正式协议。

1.2.646 支出分类 categorize spend

将支出进行分组的活动，是通过分析支出组合来确定资源如何合理分配的关键步骤。

1.2.647 知识产权 intellectual property；IP

具有内在商业价值并受法律保护的个人或组织所拥有的无形资产的所有权，这类资产包括著作、商标、发明、商业机密等。

1.2.648 知识工作者 knowledge worker

应用心智技术从事脑力劳动而非体力劳动的工作人员。

1.2.649 执行工作说明书 performance statement of work

定义合同要求的文件，特别是服务方面的要求，包括要达到的结果。

1.2.650 直接材料 direct materials

可追溯至某一生产单位的材料投入，如原材料和零部件。

1.2.651 直接产品收益 direct product profitability；DPP

属于特定产品或产品线的净利润贡献。产品从进入仓库到被顾客买入期间获取的净利润，计算公式为：直接产品收益 = 总收入 − 直接产品成本（包括产品的储存和运输成本以及生产制造费用等）。

1.2.652 直接服务 direct services

可追溯至某一生产单位的服务投入。

1.2.653 直接人工 direct labor

可追溯至某一生产单位的劳动力或所耗费的人工成本。

1.2.654 直线折旧 straight line depreciation

固定资产的简单折旧方法，指固定资产初始价值随着使用周期（年限）的增加规律性递减，直到其价值等同于残值，具体计算公式为：每年折旧费 =（固定资产初始价值 − 预期净残值）/ 预期使用周期数。

1.2.655 职能战略 functional strategy

承接组织的总体战略和业务战略，由各职能部门制订的有效运营计划。

1.2.656 职责委托 delegation of duties

将某人在承诺、合同、契约等任何具有法律约束力的文件中的履约义务或权利全部或部分转移给另一人。

1.2.657 制造商代表 / 制造代理商 manufacturer's representative

为一家或多家制造商担任销售代理的独立企业。制造商代表通常不购买制造商的商品，很少储备库存，按照制造商规定的价格销售商品。

1.2.658 质询书 interrogatories

民事诉讼中，一方就某些其认为存疑或不合理的事物或行为等以书面形式向另一方提出疑问形成的法律文件，另一方有义务同样以书面形式回答一方的疑问。

1.2.659 滞后指标 lagging indicator

一种通常在整体经济状况改变后才发生变化的经济活动衡量指标，例如失业率、商业库存增加额。

1.2.660 中位数 / 中值 median

一组按由小到大的顺序排列的奇数个数值中位于中间的数值，偶数个数值中位于中间的两个数值的平均值。

1.2.661　中小型企业　small and medium-sized enterprise；SME

（1）经营规模较小或中等，且处于初期或中期发展阶段的企业。（2）所拥有的员工不超过 250 人的欧盟企业，或按不同行业定义（如批发业中从业人员 200 人以下、交通运输业中从业人员 1,000 人以下）的中国企业。

1.2.662　中央银行　central bank

由一国政府建立并直接监管的，负责货币发行、货币政策制定、宏观经济调控和金融环境监管，以及为政府和其他商业银行提供服务的银行。

1.2.663　终端用户　end user

信息技术的最终使用者或消费者。

1.2.664　终值 / 未来值　future value；FV

当前货币在未来某一时刻的价值，通过按规定利率计算现金流的价值来确定。

1.2.665　终止回赎权　foreclosure

（1）终止抵押物回赎权诉讼表示抵押人未在规定期限内清偿抵押债务时，抵押权人有权起诉，请求终止抵押人对抵押物的回赎权。（2）依法执行留置权、信托合同或抵押权。

1.2.666　钟形曲线 / 正态曲线　bell curve

对正态分布数据的图形化描述，也称正态曲线。这些数据大多集中接近平均值，

较少分布于曲线的两端。

1.2.667　仲裁地 / 法庭选择条款　choice of forum clause

法庭中申请仲裁的双方当事人在仲裁合同中指定仲裁地的条款。按我们国家法律，仲裁需要向被执行人住所地或者被执行的财产所在地的中级人民法院提交管辖申请。

1.2.668　主查　shusa

日文术语，即总工程师，负责设计和策划新产品并将其投入生产，是一个团队的领导者。

1.2.669　主服务协议　master service agreement；MSA

根据谈判的条件结果议定的框架性服务协议，可包含一定时期内的多个具体服务项目子协议。

[来源：《英汉 - 汉英采购与供应链管理词典》]

1.2.670　主价格协议　master price agreement

一个组织为持续满足其需要而建立的，并打算在整个组织范围内使用的契约。它规定了用于确定具体项目成本的定价基础。报价是根据主价格协议的持有者在主价格协议中为每个项目设定的价格和条款获得的。

1.2.671　主要的　primary

（1）第一等级的、重要的或有价值的。（2）直接即时的，而不是间接的。

1.2.672 主要兴趣 primary interest
对某事或某人的直接即时的关切。

1.2.673 主租赁/灵活租赁 master lease；ML
（1）对某些类别的设备使用预先商定的条款和条件的租赁，承租方在以后需要更多资产时不需要重新谈判、签订新合同。（2）在集装箱租赁合同有效期内，承租方可以在出租方指定的地点灵活地进行提、还箱的租赁。

1.2.674 专利赔偿条款 patent indemnity clause
一种在采购合同和采购订单中，以保护组织免受专利侵权诉讼后果的条款。

1.2.675 专用能力 dedicated capacity
专门用于保障客户需求的生产设施、人员或设备。例如，当托运人需要时，承运人的资产可用于满足其需求。

1.2.676 专有信息 proprietary information
对组织及其商业利益具有内在价值的信息，如商业秘密、客户名单、营销计划等，通常受到保密协议的保护。

1.2.677 转让同意书 assignment consent
赋予各方批准或不批准转让请求的权利的文件，涉及股权转让、债权转让等。

1.2.678 准时制 just-in-time；JIT
在供应链运营过程中保持物流与信息流同步的理念，以实现在合适的时间、合适的地点交付合适数量物料的目标。

1.2.679 资本成本 cost of capital
企业为筹集和使用资金而付出的代价。

1.2.680 资本化率 capitalization ratio
将资本投入不动产所带来的收益率。

1.2.681 资产净现值/资产净值 net asset value；NAV
总资产减去总负债所得的结果，又称所有者权益、股东权益或净值。

1.2.682 资本设备 capital equipment
一个组织为提高其生产潜力而使用的设备，其购置成本超过预先设定的阈值（非普通设备），且随着时间的推移而降低。

1.2.683 资本预算 capital budget
一种资本支出计划，详细说明了在厂房和设备上花费的资金数额。资本预算对象是建筑物、设备和其他用于企业运作的长期资产。资本预算编制的主要目的是对购置设施/设备的未来计划提供正式的概要。根据资本预算和可用的资金可确定采购的最佳渠道。

1.2.684 资本支出 capital expenditure；CapEx
为取得长期资产而花费的资金，预计将产生一系列的未来收益。

1.2.685 资本资产 capital asset
在税法中被界定为资本资产的一部分

财产，如不动产、机器、设备、船舶、飞机、股票和债券投资等。资本资产在一段时间内可升值或贬值。

1.2.686 资本租赁 capital lease

承租人于支付租金后便可取得其租赁物之所有权，而于租赁期间届满后，可无条件拥有优惠承购租赁物的权利。例如一种涵盖设备全生命周期的租赁，双方通常出于财务考虑签订租赁合同。

1.2.687 资不抵债 / 债务超过 insolvent

（1）债务人名下全部资产不足以清偿其全部债务而造成债权人损失的财务困境。（2）债务人在正常业务过程中停止偿还债务，或在债务到期时仍不能偿还债务，或因提出破产申请不能偿还债务而造成的财务困境。

1.2.688 资产负债表 balance sheet

一个组织关于资产、负债和股东权益的财务状况表。

1.2.689 资产负债率 debt-to-assets ratio

计算方法是总负债除以总资产，计算时通常会同时考虑流动和非流动的债务和资产。资产负债率显示了组织债务融资资产占总资产的比例。如果资产负债率小于1，表明组织的大部分资产通过股权融资；如果资产负债率大于1，表明组织的大部分资产通过债务融资。组织的高资产负债率亦称为"高杠杆率"，如果债权人此时要求偿还债务，那么组织可能会面临危机。

1.2.690 资产管理效率 assets management efficiency

以资产周转率来衡量的资产使用的完整性和有效性，反映了企业投入与产出之间的关系。

1.2.691 资产回报率 / 资产收益率 return on assets；ROA

一项用来衡量组织的资产运作能力和盈利能力的指标，其计算方法是净收入除以总资产。

1.2.692 资产销售比 asset-to-sales ratio；ASR

总资产除以总销售额所得的结果，反映公司产生每单位销售额所需要投入的资产数量，是公司资产周转率的倒数。

1.2.693 资产周转率 asset turnover

总销售额除以总资产所得的结果，用于衡量资产运营效率的一项重要指标。总销售额不包括销售过程中产生的费用，净销售额是总销售额减去扣税、折扣、退货等费用后的销售额。

1.2.694 自然资本 natural capital

资本（资源）概念的扩展，包括自然产生的材料，如树木和矿物。

1.2.695 自上而下的预测 bottom-up forecasting

一种从分析最底层数据开始的预测方法，对于上层数据则使用底层数据预测的结果逐层加和得到。在管理学中，这种预测方法强调汇集一线员工的知识、技能和数据，来实现对组织未来业务情况的预测。

1.2.696 自始无效 void ab initio

契约从签订时开始就无法执行或无效。

1.2.697 自由流通股 free float; FF

上市公司的股票。可以没有限制地公开交易，换言之，自由流通股用于描述可以在二级市场公开交易的股票。

1.2.698 自由雇佣 employment at will

不论是否有理由，用人单位或劳动者可以随时终止劳动关系。

1.2.699 自由牧场 free range

通常用来描述允许家畜和家禽自由寻找食物，而不是被限制在饲养场。

1.2.700 自由现金流 free cash flow; FCF

经营现金流减去资本投资支出所得的结果，是财务实力的衡量标准。这是对财务信息公开的供应商能力的一种常见衡量标准。

1.2.701 综合价格换算系数 implicit price deflator

一种在计算国家实际产出变化时用于消除价格变化的影响的系数。

1.2.702 综合扩散指数 composite diffusion index

综合指数是以标准化方式将一组股票、生产、就业等因素组合在一起，用以衡量整个市场或行业随时间推移的表现的指标。扩散指数是衡量某事物的变化在特定群体中分散或传播的程度的指标。综合扩散指数是一种汇集各种来源数据的经济衡量指标，具有先行指标和汇总指标的属性，显示变化的主要方向和范围。

1.2.703 综合性承运人 integrated carrier

同时拥有空中和地面交通工具或拥有其他交通工具组合的承运人。综合性承运人通常比普通承运人具有更强的运输能力，更能提供多样化的服务。

1.2.704 综合指数 composite indices

将先行、同步、滞后等特征指标各自的变化幅度进行加权平均后得到的指数，用以预测经济周期的波动情况。

1.2.705 总收入增长／顶线增长 topline revenue growth

（1）某个人或某个社会组织的损益表中第一行所表示的在某一段时间内销售总额或总收入的增长。（2）企业创新、业务转型升级等方面的收入增长。

1.2.706 总指数 aggregate index numbers

描述一组相关物品价格随时间的变化。例如 PPI，用于衡量在给定时间段内销售的商品平均价格的变化。

1.2.707 总装 final assembly

（1）向客户发送商品之前的最高级别组装步骤（也是最后一步）。（2）上述活动产生的物品。

1.2.708　总资产报酬率 return on total assets；ROTA

息税前利润与平均资产总额的比值，用于确定组织内部如何才能有效利用资产产生收入，即一项用于衡量企业盈利能力的重要指标。

1.2.709　纵向关系 vertical relationship

人与人之间的特定联系，其中权威和从属的相对地位不平等。通常是指内部指挥链或供应链关系。

1.2.710　纵向型市场社区 vertical market community

在同一纵向型市场上，由一组从事在线交易信息、商品和服务等工作的专业人士和公司所形成的组织。

1.2.711　租赁购买 lease to purchase

承租人按照租赁合同租用出租人的财产，并在约定租期结束后或在指定期限之前拥有的选择是否按照所租财产的剩余价值将其买下的权利。

1.2.712　租赁或购买决策 lease or buy decision

如果所需要的资产可以采用租赁或购买两种方式获得，就需要按照一定的方法对这两种获得方式进行决策。

1.2.713　租赁协议 lease agreement

规定一方当事人（出租人）可以将其指定财产的使用权有偿转让给另一方当事人（承租人）的法定合同。

1.2.714　组织参与度 organization involvement

衡量组织参与某项活动意愿的指标，例如供应链成员实施绿色供应链管理的意愿，主要通过供应链范围内实施绿色供应链管理的组织的数量与全部组织数量的比值来反映。

1.2.715　组织核心竞争力 organizational core competence

能够给组织在市场上带来差异化身份、比较优势的属性、人才和商品等，使组织形成的取胜于竞争对手的不可复制的能力集合。

1.2.716　组织机构 organization

将各种类型的输入转换为所选客户的输出的实体。与"公司""企业""商行"等相比，"组织机构"一词不仅包括营利性实体，还包括非营利机构和政府机构。

1.2.717　组织绩效 organizational performance

组织在某一时期内所完成任务的数量、质量、效率和盈利情况。

1.2.718　组织利益冲突 organizational conflict of interest；OCI

不同组织的成员因为相关利益，如利润、声誉等，采取的可能造成抵触、争执或攻击的行为。

1.2.719　组织目标 organizational goals

组织在努力实现愿景和完成使命的过

程中对预期关键成果的期望值。

1.2.720 组织使命 organizational mission

组织为谋求自身发展所确定的任务，既反映了外界社会对组织的要求，又体现了组织的创始人和高层领导的追求和抱负。

1.2.721 组织协同度 organizational coordination

不同组织之间在完成同一目标任务的过程中协调一致的程度，如供应链成员协同度，即实施供应链管理的各组织间实现系统覆盖、信息共享、高效协同的程度。

1.2.722 组织战略 / 公司战略 organizational strategy/corporate strategy

组织为实现愿景和完成使命，根据自身发展环境、资源与实力、整体经营战略而进行的全局性、长远性、纲领性的整体谋划和决策。

1.2.723 最高管理层 c-level

一个行业术语，指组织中最高级别的执行官。诸如首席执行官（chief executive officer，CEO）、首席财务官（chief financial officer，CFO）、首席信息官（chief information officer，CIO）、首席运营官（chief operations officer，COO）、首席隐私官（chief privacy officer，CPO）、首席采购官（chief procurement officer，CPO）、首席安全官（chief security officer，CSO）、首席技术官（chief technology officer，CTO）。

1.2.724 最后交易日 last trading day

在某个交货月交易可能发生的截止日期，所有未兑现的承诺都必须在此之前兑现。

1.2.725 最佳实践 best practice

一种创新和成功实施的前沿活动、操作或过程，提供了一种更高效、更有效的开展业务的方法，可以帮助组织降低成本、提高质量和服务水平。

1.2.726 最优惠利率 / 基本利率 prime rate

商业银行为最重要或信用质素最佳的借款人（例如大公司）设置的基本贷款利率。最优惠利率是一个滞后指标。

1.3 基础理论

1.3.1 "80/20" 法则 / 帕累托法则 80/20 rule/pareto rule

20% 的因素或事物的组成部分会占有 80% 的权重或造成 80% 的影响或后果的法则，例如 20% 的库存项目成本却占库存总成本的 80%。

1.3.2 ABC 分类法 ABC classification

将库存物品按照设定的分类标准和要求分为特别重要的库存（A 类）、一般重要的库存（B 类）和不重要的库存（C 类）三个等级，然后针对不同等级分别进行控制的管理方法。

[来源：GB/T 18354—2021，定义 7.1]

1.3.3　Box-Jenkins 模型　Box-Jenkins model

由博克斯（Box）和詹金斯（Jenkins）提出来的一种时间序列预测方法。Box-Jenkins 模型同时使用自回归移动平均预测模型和自回归综合移动平均预测模型。

1.3.4　CAGE 框架　CAGE framework

由文化（cultural）、行政（administrative）、地理（geographic）、经济（economic）4 个维度构成的框架，用于分析评估国家（地区）贸易的风险与挑战以及开拓新市场的可行性。

1.3.5　ERG 理论　ERG theory

美国心理学家克莱顿·奥尔德弗（Clayton Alderfer）提出的包含生存（existence）、相互关系（relatedness）和成长（growth）3 种核心需要的理论。

1.3.6　KT 理性过程分析 / KT 决策法　Kepner-Tregoe rational process analysis/ Kepner-Tregoe decision method

由查尔斯·凯普纳（Charles Kepner）和本杰明·特里戈（Benjamin Tregoe）开发的系统性问题分析模型，将批判性思维应用于信息、数据和经验处理，针对事情各自的程序明确区分发生问题和未发生问题的情形，由此找出原因和办法，以解决问题、做出决策、预测未来问题和评估情况。

1.3.7　Lafley and Martin's 5 步战略模型　Lafley and Martin's five-step strategy model

由艾伦 G.雷富礼（Alan G. Lafley）和罗杰·马丁（Roger Martin）开发的战略模型，在制定供应链战略时必须考虑 5 个问题：为什么要成功？在哪个领域竞争？如何才能取胜？必须具备哪些制胜的能力？需要哪些管理制度支持决策？

1.3.8　PESTEL 分析模型　PESTEL analysis model

PESTEL 由 political（政治）、economic（经济）、sociocultural（社会文化）、technological（技术）、environmental（环境）和 legal（法律）6 个英文单词的首字母组成，分析宏观环境的有效工具，不仅能够用于分析外部环境，而且能够用于识别一切对组织有冲击作用的力量。

1.3.9　SCP 模型 / 结构 - 行为 - 绩效模型　SCP model

由美国学者乔·贝恩（Joe Bain）和谢勒（Scherer）等人创建，由结构（structure）、行为（conduct）和绩效（performance）组成的产业分析框架模型，用于分析行业或企业受到外部冲击时可能的战略调整和行为变化。

1.3.10　SFB 模型 / 结构 - 功能 - 行为模型　SFB model

物流系统控制论中的基本模型，由结构（structure）、功能（function）和行为（behavior）组成，用于刻画物流系统的基本结构，描述在内外部环境变化和系统控制绩效提高的双重压力驱动下的物流系统控制状况。

1.3.11 SMART 原则 SMART principle

具体的（specific）、可衡量的（measurable）、可实现的（attainable）、相关的（relevant）、有时限的（time-based）原则，用于指导科学、合理地制订目标计划。

1.3.12 STEEPLED 分析 STEEPLED analysis

STEEPLED 由 social（社会）、technological（技术）、economic（经济）、environmental（环境）、political（政治）、legal（法律）、ethical（伦理道德）、demographics（人口结构）8 个英文单词的首字母组成，由 PEST、SLEPT、PESTLE、STEEPLE 逐步发展进化而来的宏观环境分析工具。

1.3.13 报童模型 newsvendor model

用来解决报童问题的经典商品采购模型。报童问题，即需求不确定的环境下销售利润最大化问题。报童每天需要进购报纸然后零售，如果报纸售出，报童就可以赚取差价，但是如果报纸没有售出，报童就要以低于进价的价格处理报纸。

1.3.14 布莱克－莫顿管理方格理论 Blake-Mouton's management grid theory

由美国行为科学家罗伯特·布莱克（Robert Blake）和简·穆顿（Jane Mouton）开发的研究企业领导方式及其有效性的理论，该理论倡导用方格图表示和研究领导方式。

1.3.15 层次分析法 analytic hierarchy process；AHP

将与决策相关的元素分解成目标、准则、方案等层次进行定性和定量分析的决策方法。

1.3.16 产业链二元悖论 industry chain dicarboxylic paradox

一国在某个产业链领域具有较强的全球竞争力、影响力，以及该国对这个产业链完全自主可控、不依赖于进口，两个方面难以兼得。

1.3.17 场景创造 creation of scenario

结合现实生活情景和未来发展趋势，通过设想和推理描述未来新场景的方法，用于商业模式、运营模式和营销模式等新型模式创新。

1.3.18 车辆路径问题 vehicle routing problem；VRP

组织调用一定数量的车辆，安排适当的行车路线，使车辆有序通过发货点和收货点，在满足指定的约束条件（如货物的需求量与发货量、交货和发货时间、车辆容量限制、行驶里程限制、行驶时间限制等）的前提下，实现一定的目标（如车辆空驶总里程最短、运输总费用最低、车辆在一定时间内到达、使用的车辆最少等）。

1.3.19 成本定价法 cost-based pricing

以单位产品可变成本，加上一定比例的固定成本和单位产品利润确定商品价格的方法。

1.3.20 成就动机理论 achievement motivation theory

美国学者戴维·麦克莱兰（David McClelland）在研究人的需求和动机的基础上提出来的理论，该理论将人的高层次需求归纳为对成就、权力和亲和的需求。

1.3.21 德尔菲法 Delphi method

一种预测方法，专家组以书面形式进行反复调查，以形成对未来环境状况的共识。

1.3.22 多元回归 multiple regression

使用两个或两个以上已知变量来预测一个未知变量的回归分析方法。

1.3.23 方差分析 analysis of variance；ANOVA

一种分析数据的统计技术，将总差异细分为与特定差异来源相关的有意义的成分，以估计总差异的成分或检验假设。

1.3.24 方针管理 hoshin kanri

由日本学者赤尾洋二推广的用来确保和推动某社会组织的战略目标与其内部不同的个人目标相结合并得以贯彻实施的管理方法，包括7个步骤：（1）建立未来愿景，评估当前状态；（2）设立突破性目标；（3）确立年度目标；（4）级联整

个组织内部的不同工作目标；（5）执行年度计划；（6）进行月度回顾或审查；（7）进行年度回顾或审查。

1.3.25 费希尔模型 Fisher model

由美国学者马歇尔·费希尔（Marshall Fisher）开发的供应链管理模型，认为产品类型应与供应链类型相匹配，即功能性产品与效率型供应链、创新性产品与反应型供应链相匹配。

1.3.26 费用分摊法 cost-sharing law

在保证费用支出最少的前提下，采用一定的方法使费用摊入成本时实现最大化，以达到最大限度地避税的目的。

1.3.27 封闭式经济 closed economy

很少或没有对外贸易或者不允许与外界进行交易的经济体系。

1.3.28 服务补救悖论 service recovery paradox；SRP

服务失败后服务商采取的补救措施，旨在使顾客满意度超过服务失败前的满意度。

1.3.29 工效学 ergonomics

研究人在生产和工作中如何合理地、适度地劳动的问题，是一门将技术、工作环境和个人需求联系起来的学科。

1.3.30 供给经济学 supply-side economics

研究现代市场经济尤其是社会主义市场经济运行中有效供应的产生、发展及其运行规律的一门学科，主张当生产壁垒（税收、法规、贸易壁垒等）减少或消除时，

经济增长才能达到最佳状态。

1.3.31 关键路径法 critical path method

一种用于安排项目活动序列的基于数学的算法，可以体现计划活动到项目结束的最长路径，以及在不推迟项目完成时间的情况下，每项活动开始和结束的最早和最迟时间。应用关键路径法建立的关键路径模型，包括活动列表或工作分解结构、每项活动耗时以及各项活动间的依赖关系。

1.3.32 过程成本法 process costing

用于确定执行特定流程的成本的方法。过程成本既包括直接成本，如直接人工费用和直接材料费用，也包括间接成本，如一般管理费用。

1.3.33 宏观经济学 macroeconomics

研究总体层面上的经济结构、绩效、行为和决策，而不是特定的亚群体或个体层面上的经济结构、绩效、行为和决策。例如，宏观经济学家可能会考虑工业部门、服务部门或农业部门整体，但不会考虑这些部门中的任何具体部分。

1.3.34 回归分析 regression analysis

用于确定两种及两种以上变量之间的定量关系的一种统计分析方法。

1.3.35 霍尔特－温特斯模型 Holt-Winters model

采用指数平滑法建立的根据趋势和季节调整的一种预测模型，分为加法模型和乘法模型。

1.3.36 机器人学 robotics

关于机器人设计、制造和应用的一门学科，研究机器人在没有人类干预的情况下使用机器完成手工操作的科学。

1.3.37 计划经济 planned economy

又称指令型经济，是对生产、资源分配以及商品消费事先进行计划的经济体制。

1.3.38 计量经济模型 econometric model

通过数学模型描述各经济因素间的相互作用关系，并预测某些经济因素的变化将对未来经济现象产生的影响。如果一个计量经济模型包含预测模型中所有变量的数值，那么它就是一个完整模型。

1.3.39 加权移动平均法 weighted moving average

一种基于时间为每个观测值赋予不同权重的分析方法。它对最近的周期给予更多的重视，而对较久远的周期给予较少的重视。

1.3.40 价值链分析方法 value chain analysis

企业价值链涵盖将输入转化成输出的活动序列集合，每一项活动都有可能使输出商品增值，从而增强企业竞争力。价值链分析方法就是运用系统性方法考察企业各项活动及其相互关系，从而寻找具有竞争优势的资源，描述每一项活动对输出商品增值的贡献度的一种方法。

1.3.41　交替损益 / 效益悖反　trade-off

两个相互排斥而又被认为是同样正确的命题之间的矛盾，也称为二律背反效应或成本效益背反规律。

1.3.42　交易成本理论　transaction cost theory

用比较制度分析方法研究组织制度的理论，即围绕交易费用节约这一中心，以交易作为分析单位，致力于寻找能够区分不同交易的特征因素，用以分析什么样的交易应该用什么样的组织制度来协调，从而更好地控制交易成本。

1.3.43　结构化系统开发方法　structured system development methodology；SSDM

运用系统科学的思想和系统工程的方法，按照用户至上的原则自顶向下地进行结构化分析和模块化设计的系统开发方法。

1.3.44　经济订货批量　economic ordering quantity；EOQ

通过平衡采购进货成本和保管仓储成本核算，以实现总库存成本最低的最佳订货量。

[来源：GB/T 18354—2021，定义 7.5]

1.3.45　经济学　economics

社会科学的一个分支，研究商品和服务的生产、分配、消费及管理。

1.3.46　精益思想　lean thinking

一种思维方式和组织文化，其特征是组织及其供应链中的每个人（领导、管理人员、运营人员）都为识别和消除浪费做出全面努力。减少浪费和提高质量的实践是精益思想的工具。精益思想涉及时间、材料、各种形式的浪费、人员、资金、设施、质量、时间安排、政策、客户、运输和物流。

1.3.47　聚类分析 / 群分析　cluster analysis

一种根据"物以类聚"的道理将类似变量或因子组合在一起进行分析的方法。

1.3.48　均摊成本法　dollar averaging

库存管理中用于确定库存价值的一种方法，是将在一段时间内购买某商品所支付的不同费用进行平均，以确定每件商品的"平均"价格的方法。

1.3.49　卡拉杰克矩阵　Kraljic matrix

一个评估采购组合价值的工具，基于市场风险（X 轴）相对于收益的影响（Y 轴）建立的一个 2×2 矩阵，矩阵包括 4 个象限，即非关键——低风险、低价值项目，关键或瓶颈——高风险、低价值项目，杠杆——低风险、高价值项目，战略——高风险、高价值项目。

1.3.50　开放式经济　open economy

允许与外部世界进行交易并积极参与国际贸易的经济体系，通常包含产品市场开放、资本市场开放、要素市场开放 3 个层次。

1.3.51 科尔尼战略寻源7步法 Kearney's seven-step strategic sourcing model

由科尔尼公司开发的战略寻源方法，主要包含分析品类支出、确定商业需求、评估供应市场、制定寻源策略、执行寻源策略、实施与整合、持续改善7个步骤。

1.3.52 肯定式探询 appreciative inquiry; AI

一种着眼于什么是有效的或者什么是"可能的"的变革管理方法论，以识别新机会并在当前成功的基础上再接再厉。通常与关注什么不起作用以及为什么不起作用的问题的解决方法相对应。

1.3.53 量本利分析法/本量利分析法 volume cost profit analysis; VCP analysis / cost volume profit analysis; CVP analysis

通过分析生产成本、销售利润和商品数量三者的关系，掌握盈亏变化的规律，指导企业选择能够以最小的成本生产最多商品并可使企业获得最大利润的经营方案。

1.3.54 临界值分析 critical-value analysis

两种状态转换的关键点分析方法，以库存管理为例，库存量过大、过小都会影响企业正常运营，可以应用临界值分析，为每个库存项目分配一个主观的临界值，将库存量控制在一个合理的区间。

1.3.55 灵敏度分析 sensitivity analysis

研究与分析一个系统（或模型）的状态或输出变化对系统参数或周围条件变化的敏感程度的方法，以此建立用于评估不同变量对结果的影响的数学模型。

1.3.56 零和博弈 zero-sum game

一种市场竞争策略，即总利润一定，一方利润的增加以另一方利润的减少为前提。

[来源：GB/T 25103—2010，定义3.1.14]

1.3.57 伦理学 ethics

对人类道德生活进行系统思考和研究的学科，一种道德准则或行为规范的体系。通常认为道德行为和商业行为是影响个人、企业、供应商、政府关系的关键因素。

1.3.58 麦肯锡7S模型 McKinsey 7S model

麦肯锡公司设计的企业在发展过程中必须全面考虑的7个要素，即结构（structure）、制度（system）、风格（style）、员工（staff）、技能（skill）、战略（strategy）、共同价值观（shared values）。其中战略、结构和制度是企业成功经营的"硬件"，风格、员工、技能和共同价值观为企业成功经营的"软件"。

1.3.59 麦肯锡7步分析法 McKinsey seven steps

麦肯锡公司提出来的解决问题的7个步骤，涵盖定义问题、分解问题、优先级排序、计划分析、执行分析、整理分析结果、提出解决方案。

1.3.60　蒙特卡罗方法　Monte Carlo method

利用随机或抽样数据来发现问题解决方法的数值模拟过程。

1.3.61　描述性统计　descriptive statistics

用于总结或描述一组数字的多种方法，这些方法可能涉及计算或图形分析。

1.3.62　帕累托分析　pareto analysis

确定导致某一特定影响的少数群体的过程，也即从引起问题的诸多琐碎原因中分离出那些至关重要的几个原因的过程。例如，在库存管理中，20% 的 A 类库存项目通常占总资金的 80%。

1.3.63　批次策略　lotting strategy

逆向拍卖或在线竞价中使用的一种策略，即基于所需的功能或某些标准，将所需的 SKU 或项目进行分组以针对特定的供应商的过程。当有大量商品或服务需要竞价时，可以在传统渠道和电商渠道集成应用批次策略，以降低成本。

1.3.64　品类管理　category management

一种战略方法和实践。通过识别和监测总支出和消费，紧跟市场变化、新的替代物或发明，预测市场供求，持续评估供应商绩效，以降低成本，提高供应商绩效，应对不断变化的业务需求，或提高利益相关者的满意度，从而监督和最大化一组相关商品或服务的财务和运营价值的过程。

1.3.65　平均成本定价法　average cost pricing

（1）在保持企业收支平衡的情况下，政府根据各类需求的相对弹性和企业的长期平均成本曲线制定差别价格，是以经济福利最大化为目标的一种定价方法。（2）根据每单位的平均生产成本加上一定的加价来设定产品的价格。

1.3.66　平均成本法　dollar-cost averaging；DCA

一种把一定本金平均分为多份，再以定期定额的方式投资或累积资产（包括股票及基金）的方法。通过定期投资固定数额的资金来对冲在市场高位买入的风险。

1.3.67　平均成本计价法　average costing

在有存货的情况下，按平均成本为每个项目分配存货价值的方法。

1.3.68　人口统计学 / 人口统计　demography /demographics

（1）一门从"量"的方面研究人口现象的状态、变动过程及其与社会经济发展关系的学科。（2）通常用于市场研究或社会学分析的人口特征（如年龄、性别、收入等）。

1.3.69　商业伦理　business ethic

一门关于商业与伦理学的交叉学科，是商业与社会关系的基础，也是一种被认为在企业中至关重要的道德准则和行为规范。

1.3.70 生命周期成本法 life-cycle costing

一种计算发生在生命周期内的全部成本的方法，通常理解为产品生命周期成本法，用于量化产品生命周期内的所有成本。

1.3.71 生命周期分析 / 生命周期评估 life-cycle analysis/life-cycle assessment; LCA

对产品或服务"从摇篮到坟墓"全过程的有形和无形特征对环境的影响的综合检验，以确定产品或服务在成本、价格和环保等方面的评级。对环保等方面进行评估（涉及能耗、材料和排放等方面）有助于确定产品、工序或服务的寿命效应。

1.3.72 失效模式与影响分析 failure mode and effects analysis; FMEA

为了在新产品或新工艺设计、开发阶段识别和消除潜在的问题，预先采取必要的措施，从而提高产品或工艺质量和可靠性的一种系统化的活动。

1.3.73 石川 6 步工艺改进法 Ishikawa's six steps for process improvement

由"计划—执行—检查—行动"循环法改进而来，主要包括确定目标、确定方法、参与培训、开展工作、评估效果和采取适当的行动这 6 个步骤。

1.3.74 时间序列分析 time series analysis

研究影响数据序列随时间变化的因素的方法。这些因素包括增减变化的趋势、周期性变化、季节性波动和随机影响。

1.3.75 双因素理论 / 激励 - 保健理论 two factor theory/motivation-hygiene theory

由美国心理学家弗雷德里克·赫茨伯格（Fredrick Herzberg）提出，将影响员工绩效的主要因素分为满意因素和不满意因素，即激励因素和保健因素。

1.3.76 田口方法 Taguchi methods

由日本学者田口玄一开发的质量控制方法，在开发周期中的产品设计和生产工艺设计阶段使用，侧重于系统、参数和公差的设计，目的是在商品开发过程中通过减少商品关键参数的变化来减少质量损失。田口方法是一种低成本、高效益的质量工程方法，它强调商品质量的提高不是通过检验，而是通过设计实现的。

1.3.77 统计过程控制 statistical process control; SPC

一种应用统计控制图测量和分析加工操作中的变化的技术，通过过程监测确定外部影响是否导致过程"失去控制"，目的是在缺陷商品产生之前识别和纠正这种影响，从而保持过程"在控制之中"。

1.3.78 统计学 statistics

数学的一个分支，通过搜索、整理、分析、描述数据等手段，以推断所测对象的本质，甚至预测对象的未来的一门综合性学科。

1.3.79　统计质量控制 statistical quality control；SQC

一种应用统计技术来控制质量的方法。统计质量控制包括统计过程控制和验收抽样。

1.3.80　头脑风暴 brainstorming

一个创造性的思维过程，通过无拘无束的思想交流来开发替代解决方案。在头脑风暴期间，对任何想法都不做价值判断。所有想法都应被记录下来，供以后评估和参考。

1.3.81　托马斯 – 基尔曼冲突模型 Thomas-Kilmann's conflict model

由美国行为科学家肯尼思·托马斯（Kenneth Thomas）和拉尔夫·基尔曼（Ralph Kilmann）开发的冲突模式选择工具，在冲突情况下选择行动方案时，它确定了自信和合作 2 个维度，以及回避、顺应、妥协、竞争、合作 5 种冲突处理模式。

1.3.82　微观经济学 microeconomics

研究单个经济单位（如个人、家庭、企业等）行为的经济学说，属于现代经济学的分支，是一种自下而上的经济观。

1.3.83　委托代理理论 principal-agent theory

一种倡导所有权与经营权相分离的理论，即企业所有者保留剩余索取权而让渡经营权，主要涉及企业资源提供者与资源使用者之间的契约关系。

1.3.84　物流系统博弈论 game theory of logistics system

以物流系统各主体的竞争与合作关系为对象，以使物流系统达到效用最大化均衡状态为目标，提供了一种专注于分析描述各主体策略之间相互制约、相互作用和相互依存的竞争与合作关系的方法。

1.3.85　物流系统控制论 / 控制论物流学 control theory of logistics system/ cybernetic logistics

其核心思想来自控制论，即借助物流系统结构完善、功能优化和行为规范过程，构建一个观察物流、信息流和资金流流动的可视化窗口，使物流系统内部、物流系统与相关系统之间实现协作、协调和协同。

1.3.86　项目列举法 categorical method

一种按照特定评价标准，例如正负等级标准，对供应商的预期或实际业绩进行评级的方法。

1.3.87　象限分析 quadrant analysis

将两个维度，如价值和风险或支出百分比和重要性，作为分析的依据进行关联分析，以找出问题解决方案的一种方法。以年度支出分析为例，将每个主要支出类别分别分配到 4 个象限中，然后根据商品在 4 个象限内的具体位置制定采购策略。

1.3.88　需求层次理论 hierarchical theory of needs

美国心理学家亚伯拉罕·马斯洛（Maslow

ＡＨ）从人类动机的角度提出的理论，强调人的动机是由人的需求决定的，将人的需求从低到高依次分为生理需求、安全需求、社交需求、尊重需求和自我实现需求。

1.3.89　鱼骨图 / 石川图　fishbone chart/ fishbone diagram/Ishikawa diagram

一种形状类似于鱼的骨架的因果关系图。该图通过列出所有可能的原因来显示它们与问题（结果）之间的关系。

1.3.90　约束理论　theory of constraints；ToC

由以色列学者戈德拉特（Goldratt）提出的，帮助企业识别并消除实现目标的过程中存在的制约因素（即约束）的管理理念和原则。根据约束理论，任何系统都存在一种限制产出的约束，系统中的每个实体都是一种约束，但只有一个实体可以被定义为关键约束资源（critical constrained resource，CCR），所有其他实体都是非关键约束资源（noncritical constrained resource，NCCR）。

1.3.91　战略地位与行动评价矩阵 /SPA CE 矩阵 strategic position and action evaluation matrix/SPACE matrix

在 SWOT 分析的基础上形成的简化的数学模型。SPACE 矩阵由竞争优势（competitive advantage，CA）、财务优势（financial strength，FS）、产业优势（industry strength，IS）、环境稳定性（environmental stability，ES）4 个维度，以及防御、进攻、保守和竞争 4 种战略构

成，用于分析企业外部环境及应该采取的战略组合。

1.3.92　指数平滑法　exponential smoothing

一种特殊的加权移动平均法，该方法将近期的历史数据进行加权，权数依时间顺序由近及远按指数规律递减，并以前一期的预测值作为当前预测的基础。

1.3.93　质量功能部署　quality function deployment；QFD

一种分析并满足客户需求的结构化商品开发和流程设计方法，使用连续的"什么 / 如何"矩阵，将用户需求转化为详细的设计规范。QFD 将客户（最终用户）的需求与设计、开发、工艺、制造和服务功能联系起来。它帮助组织寻找客户说出的和未说出的需求，将这些需求转化为行动和设计，并将各种业务功能聚焦于客户需求。目的是使商品能以最快的速度、最低的成本和最优的质量占领市场。

1.3.94　重置价值　replacement value

一种基于当前市场价格而不是初始或先前成本的估价方法，即按照当前的生产条件重新购置或建造相同固定资产所需的全部费用。

1.3.95　资源禀赋理论 / 赫克歇尔－俄林理论 factor endowments theory/ Heckscher-Ohlin theory；H-O theory

由瑞典学者赫克歇尔（Heckscher）和俄林（Ohlin）提出，它建立在将现实经济

简单化、抽象化的严格模型设定的基础上，以不同国家和地区的要素分布差异为客观基础，强调各个国家和地区不同要素禀赋和不同商品的不同生产函数对贸易产生的决定性作用。

1.3.96　自回归 autoregressive

统计上一种使用自身历史数据预测未来值的方法，规定输出的预测值线性依赖于其自身之前的值和一个随机项。

1.3.97　自回归移动平均 autoregressive moving average；ARMA

一种时间序列预测方法，由自回归和移动平均两个概念组成，用来理解和预测时间序列中的数值。

1.3.98　自回归综合移动平均 autoregressive integrated moving average；ARIMA

一种先将非平稳数据经过差分处理后转变为平稳数据，然后再利用自回归移动平均对数据进行处理的预测方法。

1.3.99　自由市场经济 free-market economy

相对不受限制的经济环境，价格主要由供求关系决定。

1.3.100　最小二乘回归模型 least squares regression model

一种数学优化方法，该方法根据统计数据建立方程，通过使误差的平方和最小化来寻找最佳函数匹配值。

1.3.101　作业成本法 activity-based costing；ABC

一种将间接成本纳入驱动成本的成本管理方法。直接成本和间接成本作为商品或服务消耗作业的成本被同等对待，拓宽了成本的计算范围，使计算出来的商品或服务成本更准确真实。

1.3.102　作业规划法 activity-based planning；ABP

组织持续监控客户对商品或服务的需求，并利用该需求来确定自身的行动类型和资源需求的业务规划方法，使资源利用和特定行动与客户需求保持一致，有利于简化资源利用、提供理想的商品或服务。

1.3.103　作业预算法 activity-based budgeting；ABB

一种预算编制方法，组织据此识别、分析和监测组织各职能领域中产生成本的活动，将这些活动与战略目标联系起来，并利用活动成本来估计资源需求、编制预算。由于预算是基于活动（相对于成本要素）编制的，因此该方法能够简化成本，确保资源和成本的分配与作业管理的要求相一致，可用于评估战略目标的实现情况。

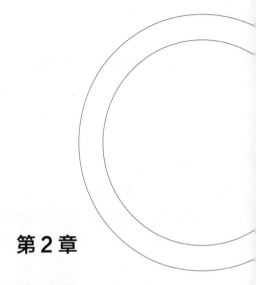

第 2 章

供应链战略与管理术语

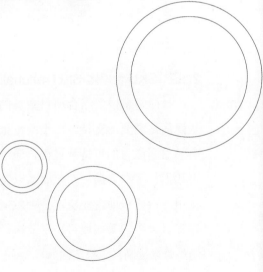

2.1 规划

2.1.1 RACI 分析 RACI analysis

一种分析工具，通常用于确定跨职能、跨部门项目如何为给定的流程或活动明确权力和责任。RACI 由 responsible（责任）、accountable（问责）、consulted（咨询）和 informed（知情）4 个英文单词的首字母组成。RACI 分析包括确定如下内容：（1）负责执行流程或活动的个人或职能部门；（2）负责完成流程或活动的个人或职能部门；（3）在流程或活动决策或完成之前必须咨询的个人或职能部门；（4）在流程或活动决策或完成之后必须告知的个人或职能部门。

2.1.2 SKU 合理化 SKU rationalization

一种调整投资组合项目数量的策略，从而简化需要的支持。用于衡量企业现有商品盈利能力的可持续过程，通过历史销售数据、客户数据、库存成本以及供应商费用等指标帮助企业决定是否撤销或保留库存目录中的某些项目，以及执行何种营销策略来提高需求稳定性。

2.1.3 SWOTT 分析 strengths, weaknesses, opportunities, threats and trends; SWOTT

SWOTT 由 strengths（优势）、weaknesses（劣势）、opportunities（机遇）、threats（威胁）和 trends（趋势）5 个英文单词的首字母组成，是战略规划过程中使用的工具。

2.1.4 波特五力分析 Porter's five forces

迈克尔·波特（Michael Porter）用来描述竞争的模型，包含直接竞争的强度、进入者的威胁、替代商品和服务的威胁、买家的力量，以及供应商的力量5种力量。

2.1.5 差异化战略 differentiation strategy

企业力求在顾客普遍重视的一些方面做到在行业内独树一帜，选择许多顾客重视的一种或多种特质，并赋予其独特的地位以满足顾客要求的战略。它既可以是先发制人的战略，也可以是后发制人的战略。

2.1.6 产能规划 capacity planning

生产能力的计划和筹备。全面规划、监督、预测、统筹、评估一切有关商品生产的活动和流程以及未来所需的或可以达到的产能的过程。

2.1.7 产能利用率 capacity utilization

实际产能（依靠现有设备获得的产出）在潜在产能（依靠该设备本应获得的产出）中的占比，反映了潜在产能的实现程度或设备的有效使用程度，计算公式为：产能利用率＝（实际产能 / 潜在产能）×100%，用于计算制造业、采矿业、电力和天然气等行业的产能利用率。

2.1.8 产能预测 capacity forecast

预测未来生产能力需求的过程，所确定的生产能力对企业的市场反应速度、成本结构、库存策略以及自身管理和员工制度都将产生重大影响。

2.1.9 成本领先战略 overall cost leadership

企业强调以低单位成本为用户提供低价格商品和服务的战略。成本领先战略是一种先发制人的战略，它要求企业有持续投入资本和融资的能力，并且生产技能在行业内处于领先地位。

2.1.10 成熟度模型 maturity models

衡量某项目、技术或商品在不同阶段的效率、效能和价值，并且分析未来还需做出哪些阶段性调整和改进才能获得提升，才能进入下一个步骤或级别的模型。

2.1.11 高级产品质量规划 advanced product quality planning；APQP

在了解客户需求的基础上制订产品质量计划的过程。该计划用于指导产品和过程开发，记录潜在的产品和过程故障模式及风险因素，制订一套对策或控制计划，以及对产品和过程进行验证。APQP 常用于汽车行业。

2.1.12 供应链规划 supply chain planning

为满足最终客户需求而实施的跨组织边界的、持续的、增值的、面向过程的战略，同时结合结构化方法和最佳实践工具，

以实现对提供最大、最持久价值的卓越供应链战略的开发。

2.1.13 供应链设计 design for supply chain

考虑供应链利益相关者承担的成本和风险的设计原则，通常包括通用组件、通用功能、模块的设计和延期策略等核心内容的设计。

2.1.14 供应链网络 supply chain network

由与核心企业相连的供应链成员构成。供应链成员直接或间接地与最终消费者相连，在更好、更快、更便宜、更近地提供商品和服务的过程中，提升整个供应链网络的竞争优势。

2.1.15 供应链优化 supply chain optimization

存在约束条件的决策方案，致力于探寻最优解决方案以提高供应链性能和可靠性。供应链优化主要包括整体优化和局部优化两种类型，整体优化是从大量可行方案中找出最优方案，而局部优化则是在大量类似方案中找出最优方案。

2.1.16 供应链运作参考模型 supply chain operations reference；SCOR

供应链运作参考模型提供了一个独特的框架，将业务流程、商业标准、最佳实践和技术特征融入一个统一的结构中，支持供应链成员间的交流，以提高供应链管理水平，实现供应链优化。

2.1.17　供应链运作框架模型 supply chain operations infrastructure model; SCOI model

对供应链整体结构、功能和行为的系统性描述。SCOI 模型由战略层、协同层和基础层 3 个层面构成，有助于全方位、多层次地进行供应链系统分析，帮助企业实现供应链管理标准化、规范化，对于优化供应链管理体系设计、绩效分析过程具有重要意义。战略层作为供应链系统的顶层设计，需要统筹考虑供应链全员、全过程、全要素，围绕供应链战略需要从根本上寻求发展之道、系统性实施供应链规划；协同层是供应链系统的具体流程，是战略规划落实的关键，包含计划、采购、生产、交付、物流，需要持续开展供应链优化；基础层是供应链系统的底层基石，任何战略规划和经营活动都必须考虑企业的实际情况，如内外部利益相关者协同等。

2.1.18　合同管理成熟度模型 contract management maturity model; CMMM

由组织开发的帮助其评估、衡量和改进合同管理流程和关系的路径图，内容包括角色和职责、时间线、绩效管理和成本。该模型用于衡量组织的合同管理流程的有效性，并帮助确定其成熟度，相关指标包括临时性、基础性、结构化、集成化或最佳化。

2.1.19　基于活动的闭环规划 closed-loop activity-based planning

根据基于活动计划的输出来制定基于活动的预算从而形成闭合循环的过程。

2.1.20　集中化战略 focus strategy

组织以某个特殊的顾客群体、某产品线的一个细分区段或某个地区的市场为主攻目标的战略思想。集中化战略整体专注于为某一特殊对象提供服务，通过满足特殊对象的需要而获得差异化或低成本优势。

2.1.21　渐变一体化 tapered integration

一种商业模式，如果实体企业生产的商品数量小于客户需求量，这时就依赖其他实体企业补齐商品缺口；如果大于客户需求量，则依赖其他渠道销售过剩商品。

2.1.22　竞争差别化 competitive differentiation

企业或个人为在激烈的市场竞争中脱颖而出而采取的战略定位。

2.1.23　可操作性设计 design for operability

一种考虑易用性、可操作性、支持性和生命周期管理等因素的设计方法。

2.1.24　可维护性设计 design for maintainability; DFM

一种有效集成运营与维护的新商品开发设计方法，一个关键要素是强调结构化商品和系统，以获得全生命周期维护的有效性、安全性和经济性。

2.1.25　面向供应链的设计 design for supply chain; DFSC

设计过程中不仅需要考虑产品的生命周期和性能，还需要全面考虑供应链成员对新产品的接纳与配合能力。

2.1.26　面向物流的设计　design for lo-gistics；DFL

在优化产品物流性能规则的指导下，对产品的结构、形状、尺寸、材料、加工工艺、包装特性、运输特性等进行改进的设计方法。

2.1.27　目标成本法　target costing

（1）一种用于确定产品生命周期成本的结构化方法，当产品以预期售价出售时，企业必须在该成本约束下生产具有特定功能和质量的产品，以在产品生命周期内达到预期的盈利水平。（2）在供应链管理中用于确定供应商被允许制定的产品或服务价格，该价格以最终产品在市场上的销售价格为起点，减去所需利润，剩余金额是企业制造该产品（包括采购材料的成本）所需的总成本。此成本在采购成本和内部成本之间分配，其结果是每个项目的目标成本。而后采购部门与供应商合作以确保其产品价格等于或低于目标成本。进一步分析和谈判旨在消除买方和卖方的运营成本，以将成本降低到可接受的水平。

2.1.28　目标定价法　target pricing

（1）企业通过对包括顾客、战略目标和竞争商品在内的内部和外部因素进行评估，进而确定商品或服务的期望销售价格。（2）对供应商的商品或服务从最高价开始谈判和定价的一种方法，在这种方法中，供应商仍然有权力在市场上竞争性地销售其商品和服务。进一步的分析和谈判旨在消除买方和卖方的运营成本，以将价格降低到可接受的水平。

2.1.29　能力成熟度集成模型　capability maturity model integration；CMMI

一种被广泛应用的综合性模型，有两种不同的表达方式，其中连续表述主要衡量一个企业的项目能力，阶段式表述主要衡量一个企业的成熟度。例如评估和测量企业的软件开发过程成熟度的方法，其评分标准为 1~5 分。

2.1.30　能力成熟度模型　capability maturity model

对一个组织的能力成熟度进行度量的模型，包括一系列代表能力和进展的特征、属性、指示或者模式。

注：能力成熟度模型为组织衡量其当前的实践、流程、方法的能力水平提供参考基准，并设置明确的提升目标。

[来源：GB/T 37988—2019，定义 3.7]

2.1.31　情景模拟分析　scenario analysis

对可能发生的事件和结果的研究，可用于风险管理规划以及市场潜力和 / 或威胁分析。

2.1.32　情景模拟规划　scenario planning

一种战略规划形式，用于识别可能影响企业业务或行业未来的情况、结果和趋势。

2.1.33 渠道设计 channel design

在细分市场、渠道定位和确定目标市场之后，建立新渠道或改善现有渠道的一系列过程。一方面，从供给侧确认客户商品和服务需求，提高渠道效率和供需匹配能力；另一方面，从需求侧采购战略的视角保障商品和服务的可得性，提高渠道配置的合理性。

2.1.34 柔性设计 design for flexibility

一种具有较强灵活性、适应性、可调节性和可拓展性的设计方式，为满足和匹配消费者的不同需求而个性化定制的服务或商品的规划和设计。

2.1.35 商品推销 / 销售规划 merchandising

（1）向公众展示待售商品以吸引其购买的过程。（2）在零售和分销组织中，负责挑选和码放待售商品的部门。

2.1.36 生产规划 production planning

一个企业在一段时期内总的活动，它将整个生产产出及其他活动调整至最佳以满足现行销售计划的功能，同时能实现整个业务计划中的效益、生产率及具有竞争力的交货期等目标。

[来源：GB/T 25109.1—2010，定义4.2.7]

2.1.37 水平一体化 horizontal integration

同行业中生产工艺、商品、劳务相同或相近的两个以上企业的合并，以增加具有类似竞争商品或服务的新实体的业务战略，通常是为了实现规模经济、范围经济和减少市场竞争。在进入新的市场环境前可通过水平一体化提升竞争力。

2.1.38 物流网络规划 logistics network planning；LNP

对物流网络结构、业务功能及策略行为进行系统性、全局性规划调整与协调优化，从而提高物流网络整体效能的战略方式。

2.1.39 业务流程再设计 business process redesign

根据企业内外部环境的变化以及对特定业务流程的研究，重新规划设计业务流程的过程，目的是使其更加有效（在步骤、数量、时间和成本方面）。

2.1.40 应急规划 contingency planning

（1）为可能发生的事件或灾害制定的应对计划或方案，如单一供应链中断或突发自然灾害等。（2）为应对主计划未奏效所制定的备选行动方案，如供应商产能不稳定时启用备份供应商。

2.1.41 愿景 vision

希望看到的组织形象和未来状况。对组织未来的这种感知必须是具体的，并且必须进行共享才能对员工行为产生影响。

2.1.42 愿景描述 vision statement

关于组织未来性质和目标的声明，具有引导与激励组织成员的作用。

2.1.43　早期原型设计 early prototyping

生产新产品之前快速获取高级模型或先试制样品的过程，以确定所需的规格。该过程适用于在存在分歧的情况下创建交流的机会，或提供具有可行性的快速反馈（通过快速的失败和重置）。

2.1.44　战略 strategy

详细描述为实现组织长远目标而收集和集中资源所需行动计划的全局性的统筹规划。

2.1.45　战略管理 strategic management

包含组织在一定时期全局性、长远的发展方向、目标、任务和政策，以及有关资源调配的决策和管理活动，涵盖了保证目标和使命最终得以完成的动态过程。

2.1.46　战略规划 strategic planning

确定组织长期发展方向的规划。为了取得成功，一个组织必须在 3 个层面进行战略规划。（1）企业：回答"我们从事什么业务？""我们将如何在这些业务中分配我们的资源？"这两个问题并制定决策和计划。（2）单元：这些决策塑造了特定业务单元的计划，业务单元在必要时为组织战略实施做出贡献。（3）职能：该类规划关注每个职能部门如何为业务战略实施做出贡献，包括内部资源的分配。

2.1.47　知识管理 knowledge management

对知识、知识创造过程和知识的应用进行规划和管理的活动。企业应积极管理与利用内部和外部的信息与知识，包括持续获取和分发信息与知识以支持业务决策。

2.1.48　总体规划 aggregate planning

企业在一定的时间范围（通常是 3~18 个月）内，确定生产计划、转包计划、库存量、缺货率和价格的过程。其目标是使企业经营总利润最大化和运营总成本最小化。

2.1.49　纵向一体化 vertical integration

（1）一个企业向和产品生产、销售有关的业务拓展的过程被称为纵向一体化，即企业向现有业务的上游或下游发展，形成供产、产销或供产销一体化，以扩大现有业务范围的企业经营行为。例如汽车制造商拥有轮胎制造商、挡风玻璃制造商、橡胶树种植园等。横向一体化则指组织向互补产品或服务扩张的行为。（2）供应链通常是一个纵向链，从原材料采购到成品或服务的分销和销售，多个组织开展不同的活动。供应链管理是一种无须实际拥有其他组织就可以获得纵向一体化优势的方法。纵向一体化涉及一系列决策，帮助组织确定应在何种情况下改变其边界以及与供应链成员的关系，以增强和保护其竞争优势。纵向一体化可以通过向后（与供应商）、向前（与客户）或两者兼而有之（供应链一体化）实现。

2.1.50　最优化设计 design for excellence；DFX

基于并行设计的思想，专注于开发以市场为导向的商品，从多个可行方案中选择最佳方案的设计方法。

2.2　计划

2.2.1　闭环物料需求计划 closed-loop material requirements planning/ closed-loop MRP

一个集计划、执行、反馈于一体的综合性系统，除了物料需求计划外，还将生产能力需求计划、车间作业计划和采购作业计划也全部纳入物料需求计划系统，形成一个封闭的系统。闭环物料需求计划在物料需求计划的基础上，增强了企业对投入和产出的控制。

2.2.2　产能需求计划 capacity requirements planning; CRP

具有建立、测量和调整产能的标准，以决定需要投入多少人力和机器才能完成生产。物料需求计划系统中的开放车间订单与计划订单会输入 CRP 系统中，CRP 系统将这些订单转换成每一个时期、每一个工作站的工时数。CRP 系统以有限产能为导向，主控产能与时间，检验在规划的范围内，确定是否有足够的产能来处理所有的订单；而在确定之后，会建立一个可接受的主生产计划，而后决定每一个时期、每一个工作站的工作量。

2.2.3　粗能力计划/资源需求计划 rough-cut capacity planning; RCCP

对关键工作中心的能力进行计算而产生的一种能力计划，它考虑的对象是关键工作中心的工作能力，计算量要比产能需求计划小很多。可用来检查主生产计划的可行性，它将主生产计划转换成对关键工作中心的能力需求。

2.2.4　分销需求计划 distribution requirements planning; DRP

应用物料需求计划原则，依据市场需求、库存、生产计划信息解决供应计划和调度问题的一种动态方法。

2.2.5　分销资源计划 distribution resource planning; DRP Ⅱ

在 DRP 的基础上提高配送各环节的物流能力，达到系统优化运行目的的企业内部物品配送计划管理方法。

2.2.6　高级计划和排程 advanced planning and scheduling; APS

用于解决生产排程和生产调度问题（常被称为排序问题或资源分配问题）。在离散行业，APS 用于解决多工序、多资源调度优化问题；在流程行业，APS 则用于解决顺序优化问题。APS 通过为流程和离散等不同模式建立混合求解模型，同时解决顺序和调度优化问题，从而实现关键链优化和成本时间最小化，对智能生产具有重要意义。

2.2.7　集成业务计划 integrated business planning

一种旨在通过提前且快速响应市场环境变化，使战略目标、财务目标与运营可行性保持一致的前瞻性机制。

2.2.8　接班人计划 succession planning

识别和准备人员以填补空缺职位的过程。

2.2.9　经营计划 operating plan

事件和责任的时间表,详细说明为实现组织战略计划中规定的目标而采取的行动。经营计划应描述所需的资金、设施、设备、位置、空间和人力资源。经营计划应确保每个人都知道自己需要完成什么。在执行过程中经营计划应协调每个人的努力,并可以密切跟踪他们,看他们是否完成以及如何完成任务。

2.2.10　连续补货计划 continuous replenishment program；CRP

利用及时准确的销售信息、生产时点信息确定已销售的商品或已消耗的库存数量,根据下游客户的库存信息和预先规定的库存补充程序确定发货补充数量和配送时间的计划方法。

[来源：GB/T 18354—2021,定义 7.6]

2.2.11　企业资源计划 enterprise resource planning；ERP

在制造资源计划（MRP Ⅱ）的基础上,通过前馈的物流和反馈的信息流、资金流,把客户需求和企业内部的生产经营活动以及供应商的资源整合在一起,体现按用户需求进行经营管理的一种管理方法。

[来源：GB/T 18354—2021,定义 7.11]

2.2.12　商业论证/营运企划书 business case

一类作为组织决策者决策包的、支持业务改进的结构化建议书。

2.2.13　市场渗透率 market penetration rate

市场上当前需求和潜在需求的一种比较,即某类商品（业态）可能占据的市场份额,例如生鲜电商占整个生鲜市场 10% 的份额。

2.2.14　市场占有率 share of market；SOM

一个商品（或品类）的销售量（销售额）占市场同类商品（或品类）销售量（销售额）的比重。

2.2.15　退出策略 exit strategy

（1）一个项目在现有资金即将用完后的计划,涉及其长期持续的所有方面,可能包括筹资策略或商业计划。（2）一只基金在获得最大回报的同时清算其所持股份的计划。（3）在买方与供应商的伙伴关系或联盟中,如果伙伴关系或联盟已经无法持续,所制订的一个结束伙伴关系或联盟的计划,亦称为前瞻性战略。

2.2.16　物料需求计划 material requirements planning；MRP

利用一系列产品物料清单数据、库存数据和主生产计划计算物料需求的一套技术方法。

[来源：GB/T 18354—2021,定义 7.7]

2.2.17　物料资源计划 materials resource plan；MRP

在生产领域配置业务流程所需资源的

方法。能够实现加工装配过程中各种零部件和原材料按需、按时、按量装配到位。

2.2.18 物流计划 logistics planning

对设备、设施、劳动力以及库存等资源进行计划协调，用于库存管理和物流过程控制。

[来源：GB/T 25103—2010，定义 3.1.19]

2.2.19 物流资源计划 logistics resource planning；LRP

以物流为手段，打破生产与流通界限，集成制造资源计划、能力资源计划、配送资源计划以及功能计划而形成的资源优化配置方法。

[来源：GB/T 18354—2021，定义 7.12]

2.2.20 销售与运作计划 sales and operations planning；S&OP

以实现企业各项计划整合与协调为目标的计划制订流程，在研发、采购、生产、财务、营销等部门沟通协调的基础上，制订一个可执行的、快速响应市场需求变化的销售与运作计划，可帮助企业保持需求与供应平衡。

2.2.21 协同计划、预测和补货 collaborative planning, forecasting and replenishment；CPFR

应用一系列信息处理技术和模型，形成覆盖整个供应链的共同预测和补货计划，通过共同管理业务流程和共享信息提高零售商与供应商之间的计划协调性，提高预测精度，最终达到提高供应链效率、减少

库存和提高客户满意度的目标。

2.2.22 需求计划 demand planning

为支持市场开发、识别商品和服务需求而形成的一项计划。需求计划包括预测结果、订单计划、外部仓库需要、生产平衡和零配件需求等。

2.2.23 责任分配矩阵 responsibility assignment matrix；RAM

一种为参与项目的人员分配角色和职责的矩阵。

2.2.24 战略供应计划 strategic supply plan

供应管理部门制订的一项前瞻性计划，旨在使供应资源、目标和活动与企业的核心使命和目标保持一致，涵盖实现长期目标的方法、解决不可预见问题的方法、面对新机遇的行为等内容。

2.2.25 制造计划 manufacturing planning

对生产资源计划做出安排，用来确定主生产计划和物料需求计划。

[来源：GB/T 25103—2010，定义 3.1.20]

2.2.26 制造资源计划 manufacturing resource planning；MRP Ⅱ

在物料需求计划（MRP）的基础上，增加营销、财务和采购功能，对企业制造资源和生产经营各环节实行合理有效的计划、组织、协调与控制，达到既能连续均衡生产，又能最大限度地降低各种物品的库存

量，进而提高企业经济效益的管理方法。

[来源：GB/T 18354—2021，定义 7.8]

2.2.27　主生产计划　master production scheduling；MPS

反映销售与运作计划的目标，在销售与运作计划执行过程中稳定生产与采购计划。一般根据粗能力需求计划（rough-cut capacity planning，RCCP）判断主生产计划是否可行，同时平衡工作中心的能力以满足生产需求。

2.2.28　总进度计划　master schedule

生产或制造的前瞻性计划。在预测给定时间内的客户订单、预计可用余额、可用承诺和产品生产计划的基础上，根据预测结果、生产计划，通过综合考虑库存积压、材料可用性、产能可用性、管理策略和目标等因素来建立总进度计划。

2.2.29　最终装配计划　final assembly scheduling；FAS

ERP 系统中的一种与主生产计划相关联的生产计划，一般用于按订单装配的企业。

2.3　管理

2.3.1　360 度绩效考核 / 多源反馈　360-degree performance appraisal/multi-source feedback

对员工工作表现进行多维度考察和综合评估的方法，主要表现为收集员工的自我评价、同事评价、下级评价、上级评价、客户评价等，全方位衡量该员工的技能水平、业务能力、团队合作能力以及优劣势等。

2.3.2　5S 管理　5S management；5S

参照整理（seiri）、整顿（seiton）、清扫（seiso）、清洁（seiketsu）、素养（shitsuke）5 个标准，用于建立一个便于促进员工高效工作的环境的管理方法。

2.3.3　半可变成本　semi-variable costs

同时包含固定成本和可变成本的，或者介于固定成本和可变成本之间的成本。

2.3.4　变革管理　change management

使用多学科通用的方法、模型和实践，有计划、系统地对组织内部、外部进行综合整改和完善的过程与策略。

2.3.5　标杆管理 / 对标　benchmarking

某社会组织将自身绩效指标或实践结果与同行业其他社会组织相比较，从而寻求提升空间和制定改进目标的过程。

2.3.6　标准化操作单　standardized operation sheet；SOS

操作过程中，标准化工作要素逐步呈现的详细图示，既是精益运作和降低成本的手段之一，也是直接指导岗位操作最直观、最有效的工具。

2.3.7　部门轮岗　functional rotation

让员工在级别、责任、职能等相同或类似的不同岗位上工作的制度，以达到帮助员工全面了解企业、培训员工综合能力、促进部门发展等目的。

2.3.8　财产管理 / 物业管理　property management

（1）对有形资产或无形资产进行监督、经营、维护、支配等一系列的方法和举措。（2）对房屋及配套的设施、设备和相关场地的维修、养护管理。

2.3.9　财务报表　financial statement

财务会计流程生成的正式报告。大多数企业编制和分发 4 种财务报表，包括资产负债表、损益表（利润表）、所有者权益变动表以及现金流量表。

2.3.10　财务分析　financial analysis

根据各项财务数据考察和评估一段时间内呈现出的资本结构、经营效率、变现能力、偿债能力、抗风险能力、盈利能力、长期发展能力等各项指标，以制定供应链战略目标。

2.3.11　财务会计　financial accounting

相关人员分析、整理经济信息并将信息以财务报表的形式传达给决策者的经济活动。

2.3.12　操作风险 / 作业风险　operational risk

无效或失当的内部工作流程、人员因素、系统运行故障、外部事件及法律法规限制等导致意外经济损失的风险。

2.3.13　产能管理　capacity management

企业管理活动中，为更好地执行所有的生产进度安排，合理安排生产计划并对实际生产过程进行度量、监控及调整。产能管理体现在资源计划、粗能力计划、能力需求计划和投入 / 产出控制等 4 个层次。

2.3.14　产品成本　product costs

企业为生产某产品而产生的成本，包括材料、人工、运输等方面的费用。

2.3.15　沉没成本　sunk cost

早在筹划项目和实现当前目标之前就已经发生的，与当前决策无关的、无法回收的成本。

2.3.16　成本避免 / 成本免除　cost avoidance

通过价值分析、协商等方式来避免未来可能产生或增加的不必要或潜在成本的策略或措施。

2.3.17　成本动因　cost drivers

导致组织的成本属性及规模发生变动的影响因素。

2.3.18　成本遏制　cost containment

通常指在一段时间内将成本和购买价格保持在特定目标范围内的详细计划，以严格控制各项费用不超出预算。

2.3.19　成本分析　cost analysis

结合各种分析方法对可能产生的实际或潜在成本（如材料费、人工费、间接费用等）的预估。

2.3.20　成本和价格管理　cost and price management

（1）成本管理指结合市场调查结果、客户需求、国家或地方政策与法规，对开展某活动或项目产生的成本进行预估、计划、统筹、推定、核算、监督、分配、调控等的措施和策略。（2）价格管理指结合商品定价模型、市场调查结果、客户需求、国家或地方政策与法规，制定调控商品价格和衡量内部关键绩效指标的措施和策略。（3）通过有效的、持续的成本管理持续优化商品定价模型，以持续的价格优势维持商品竞争力。

2.3.21　成本回归分析　cost regression analysis

聚焦于成本的回归分析方法，即一种确定成本与相关变量间的定量关系的统计分析方法。

2.3.22　成本基准　cost baseline

可以作为项目是否成功的一个衡量标准。（1）对项目生命周期内所有成本的估计。（2）经过批准的、按时间段分配的项目预算。

2.3.23　成本加成合同　cost-plus contract

以合同约定或通过其他方式议定的成本为基础，加上该成本的一定比例或定额费用确定总成本的合同。

2.3.24　成本加成价格　cost-plus price

通过直接或间接加总供应商的成本及利润（加价水平）得出的价格。

2.3.25　成本降低　cost reduction

降低特定商品或服务的获取成本。

2.3.26　成本节约　cost savings

对组织运营所产生的费用的缩减，并取得切实成效，例如外部支出或者可用于原计划以外用途的资金的减少。

2.3.27　成本效益分析　cost-benefit analysis；CBA

为确定是否应该采取某种行动方案而对替代方案的成本和收益进行评估和审查。

2.3.28 成本压缩　cost compression

降低特定成本或总成本。

2.3.29　成本要素　cost elements

在总成本计算中，构成项目价格的不同费用类别，通常包括直接材料费用、直接人工费用、间接费用（间接材料和人工费用，以及一般成本、销售成本和管理成本）及利润。

2.3.30　成本与销售比　cost-to-sales ratios

用于评估组织有效性的比率，具体以关注的成本（如物流成本、管理成本、销售成本等）与净销售额或总销售额的比率来衡量。以反映销售有效性的比率为例，计算公式为：成本与销售比 =（销售成本 / 总销售额）×100%。

2.3.31　成本中心　cost center

管理会计中的基本责任单元，组织内

部归集和分配费用的单位。

2.3.32 成熟阶段 maturity stage

在生命周期中，某商品的市场销售量达到巅峰或趋于饱和后开始逐渐减少，导致利润增长幅度逐渐减小的阶段。

2.3.33 抽样检验 sampling inspection

从数量庞大的检验对象（一般指商品或货物）中抽取一定或所需数量的检验对象进行有关质量、效能等各项指标的检查，从而评估全部数量的检验对象质量是否合格的方法。

2.3.34 处置费用 disposal cost

聚集、分类、清理、移除、报废、转售、回收再利用当前不再有使用价值或者由于长时间存放而失去效能甚至产生危害的物品所产生的费用。

2.3.35 戴明环 plan-do-check-act; PDCA

一种用来改进产品质量和加工过程的持续管理与控制的方法，主要指4个步骤的循环。（1）计划：发现和查明问题及问题产生的根源。（2）执行：制定、形成和测试问题的解决方案及措施。（3）检查：衡量和验证解决方案及措施的有效性及其产生的结果。（4）行动：将有效方案、措施和结果记录成文并实施，将该记录作为未来新一轮循环的参考依据。

2.3.36 弹性需求 elastic demand

当商品或服务价格有所变动时，市场

的需求也随之发生明显变动的状况，用于描述需求量对价格波动的敏感程度，例如商品价格下跌会导致消费者对该商品需求量的增加，从而导致销售收入上涨。

2.3.37 弹性预算 flexible budget

根据不同情形（例如生产、销售、分销等）编制可供选择、调节和使用的一系列预算集合的过程，反映了各种情形下预期成本或收益与实际的差异，以确保预算的灵活性。

2.3.38 动态预测 dynamic forecasting

在每一计划周期的末尾，结合实际产生的数据对预测目标进行修订的一种预测办法。

2.3.39 费用预算 expense budget

对于管理运营和实施开展某业务或项目（如采购和供应）的过程中将会或可能产生的所有费用的评估和计划。

2.3.40 分散调度 decentralized dispatching

企业下放给部门、科室及各个分公司一定的权力，由它们共同商定如何调配和处理内部的资源、商品和客户订单的管理模式。

2.3.41 风险遏制 risk containment

决策者采取有效措施阻止风险发生或风险扩大的努力，例如及时根据市场舆情分析结果调整策略。

2.3.42　风险分担　risk sharing/risk allocation

采取业务分包、购买保险等方式和适当的控制措施，将风险控制在可承受范围之内的经营策略。

2.3.43　风险共担　risk pooling

采取有效措施聚集风险，由利益相关者共同承担风险的一种经营策略，例如聚集多个商品的顾客需求，从而获得更准确、变化更少的预测结果，进而降低安全库存水平。

2.3.44　风险管理　risk management

基于对潜在的威胁、威胁产生的后果以及后果发生的概率或可能性的分析做出管理决策的过程，其目的通常是对组织在特殊环境下运行所需的资源配置进行优化。

2.3.45　风险规避　risk avoidance

决策者预测、预防、消除和回避可能面临的一切潜在的威胁、损失、不确定性和可能造成这些不利结果的源头或影响因素的过程。

2.3.46　风险缓解　risk mitigation

决策者减少、对冲和最小化可能面临的一切潜在的威胁、损失、不确定性和可能造成这些不利结果的影响因素的过程。

2.3.47　风险利用　risk speculation

在特殊条件下利用风险所蕴含的积极的商业价值的过程，例如风险共担库存管理模式就运用了典型的风险利用方法，能够综合利用风险带来的潜在利益。

2.3.48　风险偏好　risk preference/risk appetite

决策者心理上对待风险的一种态度。决策者为了实现目标，对可能发生的一切潜在的威胁、不确定性和可能出现的任何形式的损失及不利结果的倾向及好恶程度。

2.3.49　风险评估　risk assessment

决策者预估和分析潜在的威胁、不确定性和可能出现的任何形式的损失及不利结果所造成的影响的过程。

2.3.50　风险容忍　risk tolerance

决策者对可能发生的一切潜在的威胁、不确定性和可能出现的任何形式的损失及不利结果的承受能力或承受意愿。

2.3.51　风险预防　risk prevention

事先采取相应的措施消除或减少风险、阻止风险损失的发生。

2.3.52　风险转移　risk transference/risk transfer

一种将个人或组织承担风险的主要责任转移到第三方的风险缓解策略，通常是为了获得费用或其他资产。购买保险、外包业务是常见的例子。

2.3.53　服务供应链管理　service supply chain management

基于供应链管理原则，旨在优化服务和降低运营成本的战略和流程。

2.3.54　复杂性管理　complexity management

在优化收益和利润的同时不断采取行

动降低复杂性，以确定最佳商品数量或服务的过程。供应经理通过内部合作，在可行的情况下使投入标准化、供应群体合理化，在不影响收益和利润的情况下创建和管理精益供应链，从而提高复杂性管理能力。

2.3.55 改善 kaizen

日文术语，表示连续的、渐进的改进。随着时间的推移，流程效率和商品质量将不断提高。

2.3.56 改善预算 kaizen budgeting

以持续改进的理念编制预算，强调循序渐进地、有条不紊地改进预算。

2.3.57 根本原因分析 root cause analysis；RCA

一种简单的技术，通过反复询问原因，从近似原因逐步挖掘出实际或根本原因。应努力消除或减少根本原因，也可以通过绘制鱼骨图或石川图来找出根本原因。

2.3.58 工作分解结构 work breakdown structure；WBS

项目管理术语，用于归纳完成项目目标所需的项目运营全部层级结构，就是将一个项目按一定的原则，以及"项目→任务→工作→日常活动"的顺序分解形成的层级结构。

2.3.59 工作控制 work control

规定在合同执行期间如何管理工作的合同要求，内容可能包括命令和工作授权流程、检验和验收、时间安排、工作计划、开工通知等。

2.3.60 工作授权书 work authorization

合同管理中为确保工作按时完成而使用的文件，内容包括工作范围、工作的基准成本、现有年度工作计划的参考以及将要发布的开工通知。

2.3.61 工作说明书 statement of work；SOW

对承包商所要提供的具体服务的叙述性概述，描述待执行工作的性质和范围，通常说明服务的类型、水平、质量以及时间安排。

2.3.62 公开账本管理模式 open-book management；OBM

使所有员工都能参与企业发展过程，并且可以自由且无限制地获取企业的运营和绩效指标及相关信息的管理方式。管理者向员工公开企业财务报告，即向员工提供必要的财务信息，以使其准确了解企业是如何赚钱的，或员工的行为又是怎样影响企业成功的。

2.3.63 供给与需求 supply and demand

供给是指在给定的价格下，在某一特定时期内的任何时候都能够提供的商品或服务。需求是指有多少消费者希望得到供应的商品或服务。

2.3.64 供应链成本 supply chain cost

供应链运营所消耗的成本。

[来源：GB/T 25103—2010，定义 3.1.39]

2.3.65　供应链服务 supply chain service

面向客户上下游业务，应用现代管理和技术手段，对其商流、物流、信息流和资金流进行整合和优化，形成以共享、开放、协同等为特征，为客户创造价值的经济活动。

[来源：GB/T 18354—2021，定义 3.10]

2.3.66　供应链管理 supply chain management；SCM

从供应链整体目标出发，对供应链中采购、生产、销售各环节的商流、物流、信息流及资金流进行统一计划、组织、协调、控制的活动和过程。

[来源：GB/T 18354—2021，定义 3.9]

2.3.67　供应链集成 supply chain integration

将供应链中的商流、物流、信息流、资金流等要素通过信息共享、计划协同和流程集成，实现系统协调与优化的动态过程。

[来源：GB/T 18354—2021，定义 7.18]

2.3.68　供应链绩效 supply chain performance

在一定的资源、条件和环境下，供应链所展现出来的竞争力状况，是对目标达成度、效率和效益的衡量与反馈。

2.3.69　供应链绩效评价 supply chain performance measurement

围绕供应链目标，对供应链整体、供应链成员运营状况进行分析评价，能够从整体上反映供应链成员之间的协同运营能力和竞争状况。

2.3.70　供应链执行 supply chain execution；SCE

供应链运营管理流程，覆盖计划、生产、补货和分销等过程。

2.3.71　固定成本/固定费用 fixed costs/fixed expenses

在特定时间和特定业务量范围内，总量不受业务量变动的影响而能保持不变的成本。

[来源：《管理科学技术名词》]

2.3.72　固定成本和可变成本分析 fixed and variable cost analysis

一种用于表示供应商价格生成过程的成本分析方法，公式为：价格 = 固定成本 / 数量 + 单位可变成本。

2.3.73　关键绩效指标 key performance indicator；KPI

通过对组织核心流程的关键参数进行设置、取样、计算、分析，衡量流程绩效的一种目标式量化管理指标，是对组织非常重要的一类绩效指标，通常需要定期计算和评审。

2.3.74　关键控制约束/关键受控约束 critical constrained constraint；CCR

约束理论中的一个术语，用于识别被检查系统中的一个元素（活动），它在时间上制约着所有其他元素（活动），控制着整个系统的时间。在系统中其他元素（活动）的时间调整之前，必须减少 CCR 所需的时间。如果 CCR 所需的时间被充分减少，其他元素（活动）中的一个将成为新的 CCR。当一个系统中每个元素（活动）所需的时间相等时，该系统就处于平衡状态。

2.3.75 关键路径 critical path

（1）项目中连续的活动序列，其累计时间决定了项目的最短总时间。（2）具有最长总工期的活动序列，即当关键路径上的最后一个任务完成时项目就完成了。

2.3.76 管理费用 general and administrative expenses；G&A

企业行政管理部门为组织和管理生产经营活动所发生的各项费用。

2.3.77 管理绩效指标 management performance indicator；MPI

用于评价组织管理绩效的指标体系，与组织目标、组织战略、价值主张相关联。

2.3.78 管理权力 managerial authority

经理人有权履行组织赋予的职责，并指导下属的活动。

2.3.79 管理体系咨询和相关风险的评估 management system consultancy and associated risk assessments

参与设计、实施或保持供应链安全管理体系，以及实施风险评估。例如（1）筹划或编制手册或程序；（2）对供应链安全管理体系的建立和实施提供具体的建议、指导或解决方案；（3）实施内审；（4）实施风险评估与分析。

2.3.80 合格产品目录 qualified products list；QPL

由组织提前审定的、符合可接受的使用规范的产品目录。

2.3.81 合作增益 cooperative gain

因合作而获得的新增收益，是供应链成员之间合作的原动力。

2.3.82 黑带 black belt

六西格玛领域中的高级技术专家，负责商品或项目的开发、技术指导、质量监管等工作。

2.3.83 黑带大师 master black belt

六西格玛领域中的管理专家，负责协助制定六西格玛的推进战略与计划，指导黑带、绿带等人的工作。

2.3.84 换岗/轮岗 job rotation

通过一系列渐进式工作任务提升员工能力，以使其获得丰富经验的培训方法。

2.3.85 基于成本的合同/成本补偿合同 cost-based contract/cost-reimbursable contract

一种合同类型。该类型合同规定了，付款方需要支付由于履行合同而发生的、可分配的合理费用，只要这些费用在合同规定或允许的范围内。这类合同确定了总成本的估计值，明确了承付款项及其未经买方批准承包商不得超过的上限。成本补偿合同的类型包括：（1）成本无费用；（2）成本分担；（3）成本加激励费用；（4）成本加奖励费用；（5）成本加固定费用；（6）成本加成本百分比。

2.3.86 基于价值的定价 value-based pricing

根据客户从商品中获得的总收益或客户对商品的满意度对商品进行定价的模型。

2.3.87 集中调度 centralized dispatching

将调度职能整合到一个调度中心（个人或机构），由调度中心对整个系统或组织进行调度的一种方式。

2.3.88 记分卡 scorecard

记录绩效考核、测评过程中的管理文档。

2.3.89 记录管理 records management

为确保记录完整、准确、清晰，而实施的对从创建或接收到处理、分配、维护和检索，再到最终处理的记录或文档的系统控制。

2.3.90 技术风险 technical risk

伴随着科学技术的发展、生产方式的变革而产生的威胁人们生产与生活的风险，包括基础设施安全风险、系统风险、流程中断和数据访问中断风险。

2.3.91 技术敏锐度 technology acumen

对可用技术、系统能力以及如何最好地使用它们所表现出来的理解力和洞察力。

2.3.92 绩效基准 performance benchmark

绩效评价参照的标准，即某一个时间点的基准（或基线），用于对比测量管理绩效、运行绩效变化的定量指标。

2.3.93 绩效考核 performance measurement

用于考核评价某一特定职能部门、人员或组织（如供应商等）绩效的管理技术。

2.3.94 绩效评估 performance evaluation/performance appraisal

将实际表现与计划水平或标准进行比较，以确定计划完成程度和改进机会的方法。适用于个人、部门、流程或组织。

2.3.95 绩效协议 performance-based agreement

在条款中指定结果或时间线等以体现预期服务目标和绩效水平的服务协议。

2.3.96 绩效指标 performance indicator

传达组织对特定因素（如环境、风险、关键过程或指标）进行管理所取得的可测量结果的特定形式。绩效指标应是客观的、可验证的、可测量的和可再现的，应适用于组织的活动、商品和服务，与其特定方针相一致，即实用可行，经济高效。

2.3.97 价格调整 price adjustment

根据承包商成本或其他市场因素的变化，依据长期合同条款更改约定价格的行为。

2.3.98　价格调整条款　escalation clause

通常允许在某些情况下，商品或服务价格按一定标准上涨的合同条款，例如供应商原材料或劳动力成本增加时。合同中的价格调整条款通常也规定了价格下降的情况。

2.3.99　价格分析　price analysis

通过与合理的基准进行比较来审查供应商的报价，但不审查和评估构成价格的单独因素。

2.3.100　价值分析　value analysis

对商品或服务价值进行系统和客观的评估，侧重于分析与制造或提供商品和服务的成本相关的功能。价值分析提供了对商品或服务内在价值的洞察方法，可能改变规范和质量要求，从而在不损害功能适用性的情况下降低成本，提高商品或服务的价值。

2.3.101　间接材料预算　indirect materials budget

未成为成品某一部分的材料的预算。

2.3.102　间接成本　indirect costs

任何与特定商品或服务不直接相关但与组织正常运作有关的成本。也称为间接费用。间接成本由固定成本、可变成本和半可变成本组成。

2.3.103　间接费用　overhead

整个组织日常运营相关的费用，不与最终产品直接产生联系。

2.3.104　间接人工　indirect labor

无法分配给特定项目或过程的生产支持劳动力，包括从事工厂维护活动的劳动力，由被归类为间接人员所进行的间接活动，以及对被归类为直接人员所进行的培训行为。

2.3.105　交叉观察　look-across

视觉跟踪辅助工具，用于记录所获得的经验教训，例如需要跨组织的产品线、流程、工厂和部门共享的经验教训。

2.3.106　经营报表　operating statement

记录用于各种管理目的的收入、支出、利润和损失的财务报表。

2.3.107　经营预算　operating budget

一种日常生产经营活动的财务计划，详细说明在采购和供应等职能或业务流程运作中产生的费用。

2.3.108　精益六西格玛　lean six sigma

将六西格玛质量管理与精益生产相结合以消除浪费，并在一年内实现降低主要成本和库存、缩短交货期的目标。

2.3.109　静态预测　static forecasting

一种预测的结果在同一期间内不做调整和变动的传统预测方法。

2.3.110　纠正措施　corrective action

识别、分析和纠正流程或性能表现中的问题，使偏离计划路线的流程回到正轨。

2.3.111 决策矩阵 decision matrix/ selection matrix

一种为决策提供逻辑方法的定量技术。一个基本的决策矩阵包括一组加权标准，基于这些标准，可以对潜在选择进行分解、评分，并对分数进行求和，以获得可以排序的总分。可用于供应商选择、商品选择、设计选择或对任何其他多维实体集进行排序。这是 L 型矩阵的变体，也称为 Pugh 矩阵。

2.3.112 决策树 decision tree

一种用于描绘某一行动的替代方案及其后果的决策工具。它的组成部分包括决策节点、结果节点、结果概率、结果奖励和期望值。

2.3.113 开工通知 notice to proceed；NTP

合同管理中使用的一种文件，通常包括工作说明、任务完成的关键进度里程碑和分配给任务的资金总额。收到开工通知后，供应商（承包商）将开始工作并启动有关任务的成本和进度报告。

2.3.114 可变成本 variable costs

随商品产量或服务绩效的变化成比例变化的成本，主要包括原材料成本和人工成本等。

2.3.115 可变价格合同 variable price contract

允许特定的成本（如汇率成本、劳动力成本或材料成本）根据商定的价格变化公式和指数发生变化的合同，前提是这些成本变化超出了供应商的合理控制范围。

2.3.116 可接受的质量水平 acceptable quality level；AQL

一种质量水平，表示一批合格货物平均应达到的测量标准极限，通常用于样品检验。

2.3.117 可重新调整的固定价格合同 fixed price with redetermination contract

一种固定价格合同，由于在合同开始时存在不确定性，在初始时间段或合同完成后要重新评估价格。最终价格可能受限于一开始商定的价格上限。

2.3.118 客观测量 objective measure

基于具体可观察的数据而非感知的测量。

2.3.119 跨层买卖 tier skipping

向供应链中经常购买或出售的一方以外的另一方购买或出售的行为，通常是一种节省时间和成本的措施。

2.3.120 快速反应 quick response；QR

供应链成员企业之间建立战略合作伙伴关系，利用电子数据交换（EDI）等信息技术进行信息交换与信息共享，用高频率小批量配送方式补货，以缩短交货周期、减少库存、提高顾客服务水平和企业竞争力为目的的一种供应链管理策略。

[来源：GB/T 18354—2021，定义 7.22]

2.3.121　拉动式管理模式　pull management mode

从响应客户订单开始的管理模式，在运作时需求是确定的。

2.3.122　利益相关者分析　stakeholder analysis

用于识别与项目结果有利害关系的所有个人和团体，包括内部和外部的；然后收集和分析每个利益相关者的基本利益，以制定解决利益冲突的方案。在早期进行利益相关者分析，有助于获得利益相关者的认同和承诺。

2.3.123　零售商品管理　merchandise management

零售环节商品库存分类规划、采购、分销和定价，以及视觉营销和展示的管理方法。

2.3.124　流程管理 process management

规划、组织、控制和改进流程并衡量其在提供预期最终结果方面的效用的管理方法。

2.3.125　流程图 flow chart

质量管理的工具之一，是过程、算法等的图形化表示。每个步骤都按顺序确定，并被标明关键特征，如涉及的时间。

2.3.126　流程映射 process mapping

一种用于直观地描述工作流程及业务流程中涉及的步骤和人员的管理工具。流程映射对过程（例如，制造一个部件或订购一个零件）进行图形表示，并将过程分解为关键活动、转移、决策和批准。流程映射能够分析每个流程的输入、输出和相互关系，以表现不同流程在系统中的相互作用，定位造成系统问题的流程缺陷，评估哪些活动为客户增加价值，便于动员团队精简和改进流程，并确定需要重新设计的流程。

2.3.127　流程优化策略 process optimization strategy

通过不断发展、完善、优化业务流程以保持企业竞争优势的策略。在流程设计和实施过程中，要对流程持续进行改进，以期获得最佳效果。

2.3.128　流程重组 / 流程再造 / 再造 process reengineering/reengineering

重新设计一个流程的活动，以缩短周期、强调流程效率和效益，更好地获得预期的最终结果。通常情况下，流程重组以目标为导向，不依赖于现有流程。

2.3.129　六西格玛　six sigma

一种利用信息和服务的相关流程，以减少商品和服务缺陷的系统方法。六西格玛背后的理念是通过评估一个过程中有多少缺陷，组织可以确定如何系统地消除缺陷以使该过程尽可能地接近完美。作为一个衡量标准，六西格玛通常意味着每100万件事情中有 3.4 件有缺陷。

2.3.130　绿带　green belt

六西格玛中的一个角色，一般有自己的职能，在黑带的直接领导下工作，参与项目运作的所有阶段。绿带一般精于统计技术和其他解决问题的技术。

2.3.131　目标管理　management by objectives；MBO

参与式管理的一种形式。让组织成员亲自参加工作目标的制定，实现"自我控制"，激励员工努力完成工作目标的一种制度或方法。

2.3.132　内容管理　content management

对信息进行收集、组织和分类的过程，以便为未来的目的进行储存、发布和重新使用。

2.3.133　年度工作计划　annual work plan；AWP

合同管理中使用的文件，提供预算年度内要执行的任务的初步定义和完成任务的时间表。

2.3.134　配置审核　configuration audit

对实物产品与工程规格进行比较，以确定文件是否准确，其目的是从技术和管理两个层面分别保证产品配置和配置管理过程的完整性与正确性。

2.3.135　批处理　batch processing

在执行系统更新之前，将交易聚集成批，进行批量处理。这种处理通常在固定的日期和时间进行。

2.3.136　平衡计分卡　balanced score card

一种常见的绩效考核方式，是将组织愿景与战略相结合的一种绩效管理体系，包括财务、客户、内部运营、学习与成长 4 类关键绩效指标。

2.3.137　企业联盟　keiretsu

日文术语，指将买方和卖方联系起来形成的交叉所有权网络关系。

2.3.138　企业内部　intra-enterprise

侧重于支持特定目标的企业内部机构和设施，例如企业内部不同的部门或科室。

2.3.139　清洁　seiketsu/standardize

5S 管理中的第四个标准，用于描述标准化的过程。

2.3.140　清扫　seiso/shine

5S 管理中的第三个标准，用于描述清除工作空间脏污的组织过程。

2.3.141　去问题现场　go to gemba

gemba 源于日语，意思是发生问题的地方。去问题现场指领导者和问题解决者应该直接观察正在发生的事情和重要的事情。这种做法是作为丰田生产系统的一部分发展起来的，并被用于质量管理。

2.3.142　权力下放　delegation of authority

解决权力过分集中的一项重要措施，涉及向下属分配任务、授权，并让他们对结果负责的过程。

2.3.143　全面质量管理　total quality management；TQM

是一个组织以质量为中心，以全员参

与为基础，目的在于通过让顾客满意和本组织所有成员及社会受益而达到长期成功的管理途径。是为了能够在最经济的水平上，并考虑到充分满足客户要求的条件下进行生产和提供服务，把企业各部门在研制质量、维持质量和提高质量的活动中构成为一体的一种有效体系。

[来源：GB/T 25109.1—2010，定义8.1.5]

2.3.144　人才管理 talent management

对影响人才发挥作用的内外部因素进行规划、组织、协调和控制的一系列活动。吸引、招聘和留住人才的过程。

2.3.145　人力资源管理 human resource management；HRM

通过相应的招聘、选拔、培训、激励、评估等流程，制订和实施与人员相关的计划，以有效的人力资源管理支持组织发展的综合方法。

2.3.146　人头预算 head-count budget

估计业务所需的人员数量和相关成本（如工资、福利等）。

2.3.147　事后控制 after-the-fact controls

为了比较实际业绩与计划业绩而设计的一种在一段时间后或一个事件结束后检查考核执行情况的方法。

2.3.148　事前控制 before-the-fact controls

在活动执行之前就已经采取措施实施控制的方法，包括预算、计划、预测等控制措施。

2.3.149　收益分享 gain sharing

一种为创造更高价值而给予员工绩效激励，并且绩效越高，员工就可以取得越高的薪酬或奖励的管理方式或体系，亦可用于外包协议。

2.3.150　收益管理 revenue management/yield management

一种结合商业准则和文化，挖掘客户行为和市场规律，平衡供求关系、规避运营风险，实现收益最大化的管理模式。

2.3.151　数据管理 data management

规划与控制数据资产的管理职能，包括开发、执行和监督有关数据的计划、政策、方案、项目、流程、方法和程序，以获取、控制、保护和提高数据资产的价值。

2.3.152　素养 shitsuke/sustain

5S管理中的第五个标准，用于描述培养较高的个人素养、良好的工作习惯的过程。

2.3.153　投入/产出控制 input/output control

一种能力控制技术，它将工作中心的实际产出与由能力需求计划决定并由生产部门批准的计划产出相比较，并且监控投入，以确定产出/投入是否与计划一致。由此，当工作中心不能进行加工作业时，也不期望它有产出。

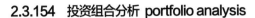

2.3.154　投资组合分析 portfolio analysis

对股票、债券、金融衍生产品等投资组合进行分析，获得不同组合的投资收益率和潜在风险以支持投资决策的过程。

2.3.155　推动式管理模式 push management mode

从预测客户订单开始的管理模式，在执行时需求是未知的。

2.3.156　外部规范 external specification

由行业团体、供应商或政府机构创建的规范，区别于组织内部创建的规范。

2.3.157　外部客户 external customer

一个组织的产出的最终市场买家／用户，即组织外购买商品或接受服务的对象，就是一般所指的客户。采购人员通过直接与外部客户接触、获得客户数据而从中受益，进而加深他们对客户需求和业务的了解，提高满足客户需求的能力。

2.3.158　外在激励 extrinsic motivation

个人以外的因素，如组织结构和管理者的领导风格，它会影响个人行为并提升目标实现的概率。

2.3.159　完成进度 degree of completion

在项目管理中（通常在甘特图上），对某一特定任务完成程度的衡量，通常以百分比表示。

2.3.160　问题现场 gemba

在质量管理中，通常代表生产制造车间发生问题的地方，传递出问题必须在发生的地方解决的思想。在问题现场解决质量问题的企业通常会给生产部门或车间分配管理人员，以便问题出现时得以快速识别和解决。在定义客户需求前，问题现场也被用于 QFD。

2.3.161　物料管理 materials management

一种管理和组织方法，用于整合组织中的供应管理职能，涉及生产经营活动所需各种物料从原材料状态到成品状态的计划、获取、流动和分配，涵盖采购、库存管理、收货、仓储、厂内物料处理、生产计划和控制、运输以及剩余和回收等管理活动。

2.3.162　西格玛 sigma

大写的希腊字母 Σ 作为求和符号，小写字母 σ 作为总体标准差，在一个希腊单词中作为词尾时写作 ς。精益思想中的六西格玛指 6σ。

2.3.163　显性成本 explicit cost

计入账内的、看得见的实际支出。

2.3.164　项目管理 project management

在项目实施过程中，运用专门的知识、技能、工具和方法，协调组织、计划、调度、控制、监测和评估活动以实现项目目标的过程。

2.3.165　行政管理 administration

执行行政职务，治理或管理事务运行

的行为或过程。

2.3.166　行政管理成本　administrative costs

因管理和组织经营而发生的各项费用，作为间接费用必须分配到与产品和服务相关的采购、生产、销售或转售等活动。

2.3.167　需求分析　needs analysis

在深入细致调研的基础上，准确理解、识别和分析满足特定业务要求所需的资源，从而确定必须做什么的过程。

2.3.168　需求管理　demand management

识别和管理商品的全部需求，并确保主生产计划具有反映这些需求的功能。需求管理包括预测需求、订单录入、订单承诺等环节，涉及分库需求、非独立需求、厂际订单及维修件需求等，以确保实时掌握需求动态、具备满足需求的能力、处于满足需求的准备状态。

2.3.169　业务伙伴　business partner

（1）个人或组织在业务交往中形成的一种合作关系。（2）各个职能部门（财务、人事等）为了更好地对接业务部门、助力业务发展而设置的岗位。

2.3.170　业务流程外包　business process outsourcing；BPO

企业检查业务流程以及相应的职能部门，将一项具体的流程或职能（如采购或会计）转移给第三方供应商，并由第三方供应商对这些流程进行重组的过程。

2.3.171　业务流程重组　business process reengineering；BPR

一种业务管理实践，在实践中通过分析优化业务流程以寻求生产力改进机会，以更具增值能力的业务流程全面提升企业或供应链的核心竞争力。

2.3.172　异常管理 / 例外管理　management by exception

一种倡导管理者关注不能规范化的例外工作的管理哲学，包括监测实施计划的实际结果和预期结果的差异，帮助管理者辨识关键的异常变化，以便采取可能的补救措施。

2.3.173　隐性成本　implicit cost

一种隐藏于企业总成本之中、游离于财务审计监督之外的成本。

2.3.174　应当映射　should-be map

在流程映射中，用更精简的流程（而不是当前的原有映射）来展示各类人或部门从流程开始到结束应采取的步骤。

2.3.175　应该成本分析　should-cost analysis

一种成本建模技术，通过客观成本数据估计成本的每个组成部分的价值来预测最终产品的价格。在采购环节，一旦商品或服务被确定之后，采购人员在了解供应商可能要求客户支付的产品最终价格的基础上，通过将应该花费的成本与预测的最终产品的价格相比较，与供应商磋商采购价格。应该成本分析为投标或建议书提供了一个比较点，应鼓励买方和卖方识别、讨论和消除可避免的成本，并消除浪费。

2.3.176　盈亏平衡 break-even

一种成本和收入相等且利润为零时的状态。

2.3.177　盈亏平衡点 break-even point

一个组织的收入等于其成本时的产量，既不产生短期利润，也不产生短期亏损。

2.3.178　盈亏平衡分析 break-even analysis

用于确定收入与成本相等或两个系统的成本相同时的产出水平的方法。

2.3.179　盈利能力比率 profitability ratio

企业通过正常经营赚取利润的能力，泛指一类指标，例如与销售有关的盈力能力包括毛利率、净利润率。

2.3.180　营业利润率 operating margin

营业利润占营业收入的比率，用于衡量一个企业或一个行业的营业效率。

2.3.181　预算过程 budgeting process

制定和支配预算的过程，一般包括 5 个步骤：（1）确定审查目标；（2）确定所需资源；（3）按所需资源估值；（4）编制预算 / 获得拨款；（5）控制支出。

2.3.182　员工帮助计划 employee assistance program；EAP

一些企业为员工提供的服务，例如心理咨询、法律援助等，旨在帮助员工平衡工作义务和个人责任，更加专注有效地工作。

2.3.183　运营管理 operations management

对运营过程的计划、组织、实施和控制，是将输入转换为商品或服务的管理工作的总称。

2.3.184　运营总成本 total cost of operations

在一定时期内执行运营活动所花费的全部费用，包括执行运营活动所涉及的可变成本和固定成本，例如制造总成本、商品分销总成本和客户服务总成本。

2.3.185　在职培训 on-the-job training；OJT

对已在工作岗位，尤其是正从事生产经营性工作的员工进行的培训。

2.3.186　增量成本分析 incremental cost analysis

一种用于确定不同备选方案之间成本差异的决策方法。

2.3.187　增值服务 value-added services

服务提供方提供的超出双方原先商定的服务范围的服务，通常指超出常规服务范围或采用超出常规服务方法的服务。

2.3.188　战略成本管理 strategic cost management

一种关注企业在不同战略下的成本管理策略的策略。（1）通过价值链分析、战略定位分析和成本动因分析，将有意义的会计信息与企业的经营战略联系起来的过程。（2）业务部门和组织之间根据预测需求开展的合作，用于识别成本驱动因素并制定成本降低策略，以应对竞争压力。

2.3.189 战略合作 strategic partnering

通过与内部和外部参与者建立长期的互利关系，系统地利用战略资源和能力，以增强组织竞争力的合作方式。

2.3.190 战略业务部 strategic business unit; SBU

独立的组织单位，拥有自己的资产、供应商、客户以及损益表，确保组织战略目标及行动计划的有效执行。

2.3.191 整顿 seiton/set in order

5S 管理中的第二个标准，用于描述实现"定名、定量、定位"的过程。

2.3.192 整理 seiri/sort

5S 管理中的第一个标准，用于描述腾出空间、空间活用的过程。

2.3.193 支出分析 spend analysis

按商品或品类对组织中历史支出形态的分析。该分析过程提供有关采购项目类型及其累计金额价值的信息，这些信息将成为未来战略和采购计划制定的参考。

2.3.194 支出品类 spend category

基于规划和管理目的而组合在一起的具有相似特征或属性的商品或服务，可在任何交易场所进行买卖。

2.3.195 支出数据 spend data

在公司供应业务基础上，统计汇总每个供应商具体花费的金额。公司利用汇总的支出数据制定有效分配这些支出的策略，可以节省资金，更有效地为客户提供优质的商品和服务。

2.3.196 直方图 histogram

一种用横轴表示数据类型、纵轴表示分布情况的统计报告图，由一系列高度不等的纵向条纹或线段表示数据分布情况。

2.3.197 直接材料成本 direct material cost

制造成品所用材料（如原材料或零部件）的成本，包括废料成本。

2.3.198 直接材料预算 direct materials budget

反映预算期制造成品所用材料成本的财务计划。

2.3.199 直接成本 direct costs

可以用一个产出单位来确定的费用，通常指直接材料成本和直接人工成本。这些成本通常被视为可变成本，不包括一般管理费用或一般成本分担。

2.3.200 直接人工成本 direct labor cost

生产每一单位商品所涉及的可追溯劳动力的费用。

2.3.201 直线型组织 line organization

（1）一种内部管理结构，呈金字塔状，表现为每一层级的单位或部门由上一层级的单位或部门呈直线型垂直管理的组织。（2）专注于单向或主要任务（如采购、制造和销售）的组织。（3）职责与职权分解后，具有业务决策权的员工决定承担最低责任的组织。

2.3.202　质量保证 quality assurance

为使人们确信商品或服务能满足质量要求而在质量管理体系中实施并根据需要进行证实的全部有计划和有系统的活动。一般包括以下活动：（1）建立供应商能够满足的规范；（2）充分利用能够满足规范且能提供高质量商品或服务的供应商；（3）采用能确保高质量的商品和服务的控制流程；（4）开发衡量供应商商品、服务质量和成本绩效的方法，并将其与要求进行比较。

2.3.203　质量改进 quality improvement

为向组织及其客户提供增值效益，在整个组织范围内所采取的提高活动和过程的效果和效率的措施，如增加商品性能、价值或减少流程和其他活动所需要的时间。

2.3.204　质量管理 quality management

确定质量方针、目标和职责，并通过质量策划、组织、控制来提高商品质量和工艺质量的过程。

2.3.205　质量控制 quality control

为达到质量要求所采取的作业技术和活动。质量保证部门负责测量质量性能，并将其与规范要求进行比较，以此为基础控制输出的质量水平。

2.3.206　质量门 / 质量闸 quality gate

一种策略性设置质量检查步骤的系统，即在整个产品设计流程中设立一系列检测点，以确保不将有缺陷的零件传递至下一个操作工序，并将处理误差快速反馈给产生缺陷的工位。

2.3.207　质量圈 quality circle

一种从组织上解决问题的方法。一群从事类似工作的工人自愿利用正常工作时间定期开会，以确定、分析和实施质量改进计划。

2.3.208　质量屋 house of quality

QFD 的核心，一种在商品开发中用于确定客户需求与组织、商品或服务性能之间关系的经典工具。

2.3.209　周年计费 anniversary billing

一种计费方式，客户将在其合同的周年日支付其每月的款项。

2.3.210　周期时间管理 cycle time management

管理从特定周期开始到结束的活动序列的过程，通常是为了减少处理时间。例如，团队可以管理商品或服务设计、开发、生产和交付（有时还包括商品和服务的使用和处理）所需要的时间。

2.3.211　周期时间缩短 cycle time reduction

最小化特定过程所需总时间的过程。为缩短周期时间而做出的努力通常侧重于减少等待时间和 / 或消除不必要的步骤。

2.3.212　资产管理　asset management

对处于组织控制下的资产（无论是自有的、租赁的还是借贷的）进行准确核算并将其列入组织资产负债表的过程。

2.3.213　综合成本　all-in costs

商品或服务在其供应链某一环节之前的总成本。这一概念应用广泛，例如接收点的到岸成本、总制造成本，或购买、接收、设置和准备使用资本设备的总成本。

2.3.214　总价加激励合同　fixed-price with incentive contract

一种固定价格的合同，规定通过应用初始合同中的公式，根据业绩调整利润并确定最终价格。最终价格可能受限于一开始商定的价格上限。

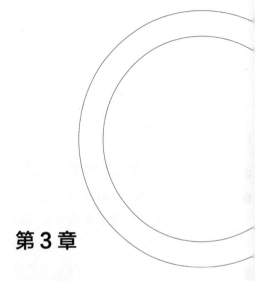

第 3 章

供应链运作与服务术语

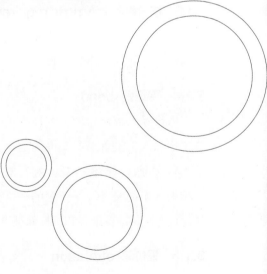

3.1 采购

3.1.1 C类采购/尾部支出 tail spend

组织中数量大、价值低的交易，由于低于一定门槛，被排除在组织的采购实践之外的采购。

3.1.2 按需供货合同/全量购入合同 requirements contract

合同一方承诺在一定期限内，按协议价格提供对方所需要的全部特定商品或服务，另一方明示或默示地承诺只接受合同一方的商品或服务。

3.1.3 按需购买 buying to requirements

根据需求，提前购买未来3周到3个月内使用的商品或服务。

3.1.4 保证金 bond

由投标人或承包商（委托人）和第二方（担保人）签署书面文书约定预先提供的金钱保证，以确保委托人履行对第三方（招标人）的义务。保证金的种类包括履约保证金、付款保证金和投标保证金。

3.1.5 报价单 quotation

响应请求或以其他方式提供的价格声明。报价有可能是具有法律约束力的。

3.1.6 报价征询书 request for quotation; RFQ/invitation for proposal; IFP

采购组织用于向供应商征询某一特定商品或服务报价的采购文件，通常是先前信息征询书的后续行动。

3.1.7 备用金 petty cash

（1）组织内为即时支付小额零星账单而持有的现金储备。（2）要求即时用现金支付的小额费用。

3.1.8 备用金购买 petty cash purchase

通过一个组织的实物现金系统购买低价值资产的方法。

3.1.9 标准请购单 standard requisition

向采购商和供应商传达内部客户需求的表单。

3.1.10 波基谈判 bogey

一种谈判策略。谈判中的一方为迷惑对手，虚构交易的重要性、隐藏真实的利益或意图，使对手误判交易的价值。

3.1.11 不合格供应商 disqualified suppliers

未能达到买方机构要求，并被禁止参与该机构业务的供应商。

3.1.12 不容讨价还价 take-it-or-leave-it

一种谈判策略，试图迫使对方接受报价或结束谈判，意为要么接受要么放弃。

3.1.13 材料安全数据表 material safety data sheet; MSDS

提供与采购商品中所含危险材料相关的物理危险、安全程序和应急响应技术信息的文件。

3.1.14　材料预算　materials budgets

反映预算期材料需求量和采购量的预算,可以分为直接材料预算和间接材料预算。

3.1.15　采购策略　purchase strategy

从供应商处获取所需资源以实现组织的短期目标和长期目标的系统性行动计划。

3.1.16　采购到付款　purchase-to-pay; P2P

应用在线技术和网络支持技术提高采购效率的自动化系统,该系统将采购与应付账款集成在一起,以简化流程,确保准确性并提高成本和时间效率。

3.1.17　采购订单　purchase order; PO

买方为描述采购条款和条件而准备的具有法律约束力的文件,可在签订合同的过程中用于要约、承诺、口头协议的确认,或根据既定合同确定定期履行(解除)的触发因素。

3.1.18　采购管理　procurement management

(1)对从供应商处购买、批发所需商品和服务以及与此相关的活动进行组织策划、监督指导、激励促进、统筹实施的过程,以达到控制库存水平、节约成本和增加收益等目的。(2)基于供应链管理思想,通过采购业务组织、实施与控制的一体化管理来提高资源可得性,获取所需资源的过程。

3.1.19　采购计划　purchase plan

组织通过对预期需求、供应市场、特定供应商和有关项目的综合分析,并编制预算,为需要购买的每个主要类别的商品或服务所制订的一个时期内的计划,这个时期内的采购行动都基于此计划进行。

3.1.20　采购价格差异　purchase price variance; PPV

会计方面,项目的实际采购价格和标准成本之间的差额。

3.1.21　采购卡　procurement card/pcard

一种由公司申请、银行或主要信用卡提供商发行的信用卡,工作人员使用它代表公司进行采购活动,申购人有权直接与供应商进行小金额、高频率的采购,通常为 MRO(maintenance, repair and operations)采购所用的付款方式。这些卡的使用减少了文书工作,使采购和应付账款管理人员能够专注于更多的增值活动。

3.1.22　采购流程　purchasing process/buying process/sourcing process/procurement process

在一定的条件下,为获得组织所需的必要投入所开展的一系列活动。其关键步骤是:(1)确定和描述需求;(2)就需求进行沟通;(3)确定潜在来源;(4)招标和评估投标;(5)编制采购订单;(6)跟踪和督促;(7)收货和检查;(8)结算和付款;(9)入库和维护。

3.1.23　采购人员　purchaser

专门从事商品或服务采购活动的专业

人员，负责市场分析、采购计划编制、与客户协调、供应商资格审查和选择、订单下达等活动。

3.1.24 采购审计 / 功能审核 purchasing audit/functional audit

（1）组织对其采购环境、目标、战略和活动进行全面、系统、独立和定期的审查，以确定其优势和劣势，更加科学合理地制订采购绩效改善的行动计划。（2）组织内部审计机构根据有关法律、法规、政策及相关标准，按照一定的程序和方法，对采购部门经营活动和内部控制情况等所进行的独立监督和评价活动。

3.1.25 采购团队 buying team/sourcing team

由来自多个职能部门（如采购、运营、工程和财务）的人员组成，通过汇集专业知识共同进行采购分析和采购决策的一个团队。

3.1.26 采购外包 purchasing outsourcing

企业在聚力于核心业务的同时，将采购业务委托给专业采购服务提供商的采购方式。

3.1.27 采购员 / 计划员 buyer/planner

对特定项目的生产计划和采购决策同时负有责任的个人，或供应管理机构用于描述从事采购活动的职位名称，通常和在组织中的级别无关。

3.1.28 采购战略 procurement strategy

从供应商处获取所需资源以满足组织发展需求、服务顶层战略的系统性行动计划，全方位规划供应商、原材料、价格等，为采购提供具有指导性、全局性、长期性的纲领和规划。

3.1.29 采购周期 sourcing cycle

一个组织获取商品和服务的过程，通常由多个步骤组成：（1）需求识别；（2）从质量、数量和时间等方面明确需求；（3）寻找潜在的货源；（4）供应商和方案分析；（5）供应商谈判与选择；（6）合同管理；（7）供应商绩效评价与反馈；（8）供应商关系管理；（9）超量品、废品或剩余品处置。

3.1.30 采购组织 purchasing organization

一种功能性组织机构，负责询比价、处理采购申请、创建采购订单、签订采购合同、组织收货、向供应商退货等业务。

3.1.31 采买策略 buying strategy

决定购买频率、购买时间、购买方式等具体可行的策略。这些策略受当前和预计需求、供应市场条件、技术变革速度以及资金可用性的影响，属于企业战略规划的执行层。

3.1.32 产量合同 output contract

买方同意在特定时间段内购买卖方生产的全部特定商品的合同。产量合同中没有明确具体的产量，但是卖方可以提供估计值。

3.1.33　厂商租赁　captive lease

一种设备只能从制造商处租赁，而没有替代设备供应商。此种租赁形式限制了项目采购的灵活性。

3.1.34　超规格　over-specification

由于规范制定者所允许的规格比适当或必要规格更加严格，这使采购成本升高和／或排除了无法满足更高规格要求的供应商。

3.1.35　成本建模　cost modeling

在一定的环境和条件下，通过成本项目细化及其影响动因分析，结合实际建立的成本基准模型。购买者用来更好地理解供应商定价的内在逻辑，特别是与材料费用、直接人工费用和间接费用有关的情况。成本建模通常用于支持定价，并有助于理解最终做出购买决策的过程。

3.1.36　垂直交流平台　vertical exchange

一种为了促进特定行业内买方与卖方之间进行交易的既定市场形态。

3.1.37　催货　expedite/expediting

提出特殊要求、施加压力、做出特别努力、跟催订单进展，以保证供应商履行合同的义务，使交货时间早于正常的交货时间，确保准时交货或加快交付已延误的订单。

3.1.38　带量采购　volume-based procurement；VBP

中国政府集中采购药品的主要方式。在招标公告中，公示所需的药品和采购量，投标过程中需要同时考虑价格和供应商的生产能力。

3.1.39　贷项通知单　credit note

供应商发给客户的用来表示由于销货退回或经批准的折让而引起的应收销货款减少的凭证。

3.1.40　单一来源采购　single sourcing

从一个渠道购买某一特定商品或服务的方式，适用于达到了限购标准和公开招标数额标准，但所购商品的来源单一，或属专利、首次制造、合同追加、原有采购项目的后续扩充和发生了不可预见的紧急情况不能从其他供应商处采购等情况。

3.1.41　抵制　boycott

联合其他供应商或组织共同拒绝与某一供应商或组织交易，目的在于胁迫或惩罚对方。

3.1.42　第三方出租人　third-party lessors

从制造商处购买设备出租给用户（承租人）的中介（出租人），包括被此类投资回报所吸引的组织和个人。

3.1.43　第三方服务　third-party services

买方和卖方之外的第三方提供的服务，如运输、经纪业务、费率审计和数据传输中的第三方网络服务。

3.1.44 第三方购买 third-party buying

从供应商处为另一方购买商品或服务的行为。

3.1.45 电子采购 electronic purchasing/e-sourcing

采购过程中的交易活动以电子方式进行，通常是在互联网上进行招标、竞标、谈判等，以缩短采购周期、降低交易成本。

3.1.46 电子零售商 e-retailer

通过互联网销售商品或服务的公司。它的网站包含在线目录，客户能够直接在网上订购商品或服务。客户网上交易数据会存储在客户档案中，这有助于电子零售商挖掘客户偏好、跟踪客户需求。

3.1.47 电子目录 electronic catalog/e-catalog

一个包含可供销售的商品和服务数字化供应商的列表，可以根据采购方的具体要求创建。这类目录主要便于采购方查找供应商并下订单。

3.1.48 电子拍卖 / 在线拍卖 / 采购活动 electronic auction/e-auction/online auction/sourcing event

采购商对多个供应商进行资格预审，并邀请它们参加一个固定期限的网络招标或采购活动的过程。

3.1.49 电子请购单 electronic requisitions

由采购系统生成并传送的采购申请单，以增强电子化、数字化管理能力。

3.1.50 订单成本 order costs

在采购过程中，生成和处理订单的总成本。

3.1.51 订货点 order point

为避免完全缺货而必须发出新的订单时的剩余货物量，计算公式为：订货点 = 提前期的需求量 + 安全库存量。

3.1.52 订货周期 order cycle time

（1）从客户下单到发货的时间间隔。
（2）两次下单的时间间隔。

3.1.53 定点采购 sentinel procurement

采购方通过招投标等方式，综合考虑商品质量、价格和售后服务等因素，择优确定一家或多家定点供应商，同定点供应商签署定点采购协议，由定点供应商根据协议在定点期限内提供商品和服务的采购方式。

3.1.54 独立需求 independent demand

当对某项物料的需求与对其他物料的需求无关时，则称前者为独立需求。例如对最终产品的需求，对用于破坏性测试的零部件的需求，以及对用于维修的零部件的需求。

3.1.55 多步招标 multi-step bidding

一种涉及多个竞争步骤进行来源选择的过程。一般包含以下步骤：第一步是提交技术和价格计划书，其目的是提供招标书中所述的商品或服务解决方案，对技术和价格计划书进行评估；第二步是邀请通过第一步评估的投标人进行价格竞标。

3.1.56 多层网络 multitier network

企业设计的一种采购系统，允许单一支出种类跨多家供应商和多个层级。它在汽车行业中应用比较普遍，例如汽车公司通常通过外部供应链管理钢材支出和相关规格要求。

3.1.57 多源采购 multiple sourcing

分两个或多个来源采购同一类商品的做法。

3.1.58 二级供应商 second-tier supplier

向一级供应商提供商品或服务的供应商或分包商。

3.1.59 返点 rebate

以现金或折扣的形式向采购方提供的合法退款，作为在规定时间内购买规定数量或金额商品的报酬。返点降低了总成本，并应作为供应商提供的总价值的一部分加以记录。

3.1.60 方案征询书 request for proposal；RFP

采购方用于要求供应商提供问题解决方案、报价和项目的拟议执行方法的招标文件。

3.1.61 非竞争性招标 noncompetitive bidding

又称为协议招标、指定性招标、议标、谈判招标，是招标人邀请不少于两家的承包商，通过直接协商谈判选择承包商的招标方式。

3.1.62 分包合同 subcontract

一种规定由供应商承担主合同的部分或全部义务的二级合同。

3.1.63 分级定价 tiered pricing

供应商根据客户的商品订单数量将客户分为不同层级，并且为各个层级的客户提供不同价格折扣的定价形式。

3.1.64 分批付款 partial payment

（1）当前仅支付了部分应支付款项的付款方式。（2）依照合同要求用于购买部分已获得的商品或服务的付款方式。

3.1.65 分期付款 progress payments

买方将应付款项按照从该款项产生之日（或指定的另外的时间点）至还款到期日期间的时间周期数（计息次数）分成等额的本金并按一定的周期利率计息，按周期对供应商进行本息偿还的付款方式。

3.1.66 分期付款合同 installment contract

当事人双方（买方和供应商）签订的，买方将应付款项按照从该款项产生之日（或由双方指定的另外的时间点）至还款到期日期间的时间周期数（计息次数）分成等额的本金并按一定的周期利率计息，按周期对供应商进行本息偿还，同时供应商依照买方的还款时间分批向买方交付货物的法定合同。

3.1.67 分散采购 decentralized purchasing

一种企业策略和结构，它将大多数与

采购相关的功能和决策权责分配给各个职能部门。该结构没有采购决策中心，也不需要专门的采购部门。

3.1.68 服务合同 service contract

一种商业协议，由供应商提供劳动力来履行一种通常是高度无形的职能（如教学等），并用于支持或维护而非生产某种设施或有形商品。服务合同通常涉及供应商方面的大量人力资本。

3.1.69 服务水平协议 service level agreement；SLA

服务采购中的常用术语，用于界定工作范围、设置期望值并定义买方与服务提供商之间的关系。它通常涉及供应商的承诺以及如何履行、度量标准和测量方法、未能履行的后果等协议内容，以保障服务的性能和可靠性。

3.1.70 付款保函 / 付款担保书 payment bond

由保证人出具的，担保在总承包商违约时向分包商或材料供应商支付相应款项的一种书面承诺；或担保在供应商不向其分包商或员工付款时买方免受留置权影响的一种书面承诺。

3.1.71 付款凭证 / 兑换券 voucher

（1）表示应付给收款人款项的一种业务交易的书面记录。（2）通过"预付"或"由他人支付"，得以免费取得商品或服务的凭证。

3.1.72 付款期限 payment term

发票上规定的客户必须支付和结算的时间。

3.1.73 付款授权 payment authorization

一种传输到组织应付款部门的标准电子授权。

3.1.74 付款通知单 credit memo

一种用于纠正超额收费、支付返点或贷记退货价值的履行清偿价款的单据。

3.1.75 付款文件 payment documents

包括信用证、通知和商业发票在内的文件，说明付款过程将如何进行。

3.1.76 格式之战 / 标准条款之间的冲突 battle of the forms

当买方与卖方以不同的条款和条件进行多轮文件（采购订单和确认书之间或销售要约和采购订单之间）交换时发生的冲突。尤指一方当事人以另一种形式做出承诺或编制确认书，从而与要约不一致的情况。

3.1.77 公共部门采购 public sector procurement

由政府机构履行的采购职能。

3.1.78 公平市场价值 / 公允价值 fair market value

买卖双方协商确定的都自愿接受的合理价值，可作为购买和销售的基础。

3.1.79 供应保证 assurance of supply

旨在维持组织所需物料和服务的计划

及预期流动的活动。最初是为了评估和选择可靠且能够及时供应所需商品或服务的供应商，近年来已拓展到解决更长供应链、市场供需风险，以及洪水、地震、海啸、火山喷发等自然灾害事件影响供应稳定性的问题。

3.1.80　供应比率　fill rate

衡量缺货程度或影响大小、需求满足程度的指标。货架上现有库存满足请购单的百分比，与此相对的是缺货率，即没有可用库存而导致延期交货的订单百分比。

3.1.81　供应管理　supply management

为了保质、保量、经济、及时地供应生产经营所需要的各种物品，对采购、储存、供料等一系列供应过程进行计划、组织、协调和控制，以保证企业经营目标实现的过程。

3.1.82　供应群体 / 供应库　supply base

企业在生产经营过程中所形成的供应商集合。

3.1.83　供应群体合理化　supply base rationalization

根据项目（品类）的风险和价值，按项目（品类）确定和维护适当数量的供应商。最初，合理化通常意味着缩小供应群体的规模。从长远来看，这一过程更侧重于管理供应群体的规模，尤其是使其随着市场动态而变化。这种方法减少了考察和维护大型供应群体的费用。

3.1.84　供应群体优化　supply base optimization

对组织的供应商进行定期审查、持续优化的过程，审查他们的优势、能力、创新需求和风险等，并对最有利的一组供应商进行全面分析、与之加强合作。

3.1.85　供应商拜访 / 工厂参观　supplier visit/plant visit

考察供应商设施，会见供应商员工并收集相关信息的行程。一次精心策划和严格执行的供应商拜访可以成为一次宝贵的学习机会。

3.1.86　供应商差异化　supplier differentiation

对每个供应商进行战略分析，以确定供应商的商品在多大程度上有助于提升企业的核心竞争力，并将供应商划分为与其能力相对应的类别，以便整个企业根据不同类型的需求有效地利用这些供应商。也称为供应商细分。

3.1.87　供应商多元化　supplier diversity

在供应管理中，保持供应群体多样性的过程。供应商多元化意味着企业要努力将不同类别的供应商纳入其采购流程和供应群体，并应对因差异而产生的机遇和挑战。

3.1.88　供应商分析 / 供应商评估　supplier analysis / supplier evaluation

根据技术质量、生产能力、交付时间、

服务、成本和管理能力等关键能力指标（包含在工作规范和说明书中）对以前的或新的供应商进行分析和评估。

3.1.89　供应商辅导　supplier mentorship

选出合适的供应商，向供应商提供管理、技术和资金等方面的帮助和指导。指导的范围可能是有限的，也可能是广泛的，以便供应商能够对设备和原材料进行适当的投资，增强质量和成本管控能力。

3.1.90　供应商关系管理　supplier relationship management；SRM

一种致力于实现与供应商建立和维持长久、紧密伙伴关系的管理方法，与内部利益相关者合作以细分和管理供应商关系，识别并执行与利益相关者的关系策略，有助于提高采购环节效率、绩效、合规性和价值。

3.1.91　供应商管理库存　vendor managed inventory；VMI

按照双方达成的协议，由供应链的上游企业根据下游企业的需求计划、销售信息和库存量，主动对下游企业的库存进行管理和控制的库存管理方式。

[来源：GB/T 18354—2021，定义 7.25]

3.1.92　供应商伙伴关系　supplier partnership

企业以相互信任为基础，与供应商建立的最高层次的合作关系。企业将供应商视为重要的战略资源，选出合适的供应商并以长期契约与之建立伙伴关系，旨在降低成本、改进产品和流程设计方法，提高产品质量和服务水平。

3.1.93　供应商绩效报告　supplier performance report

以报告形式将供应商在质量、交货时间、价格、成本和服务等关键绩效指标方面的业绩记录传达给供应商，以有效的沟通促进供应商持续改进与提高。

3.1.94　供应商开发　supplier development

采购组织创建和维护一个合格的供应群体，以提高自己应对竞争挑战所必需的各种能力的一种系统性行为。

3.1.95　供应商评级系统　supplier rating system

一种根据所购物品的性质、所需的质量和供应行业内的竞争情况评价供应商业绩的系统，通常强调质量、服务、交货时间和价格等关键绩效指标，系统要求内部利益相关者为每个关键绩效指标分配权重（通常合计为 100%）。

3.1.96　供应商认证　supplier certification

由第三方（认证机构）对供应商的资质、能力、商品或服务是否达到规定要求进行评定。

3.1.97　供应商审核　supplier qualification

为特定个体或特定类型的采购进行供应商分析、评价和选择的过程，主要衡量供应商的资质和能力能否达到规定的标准要求。

3.1.98　供应商审计　supplier audit

在采购合同中确定"有权审计条款"，保证企业有权在某些状况下对供应商提供的商品的产出成本等资料实行审计。根据一套既定标准对供应商能力进行审计，企业能够验证所购商品或服务的经济性、易用性和功能可行性。

3.1.99　供应商细分　supplier segmentation

一种确定每个供应商对采购组织的核心竞争力和竞争优势的贡献程度，再根据关系的战略价值对供应商进行细分，以实现资源投资与战略价值相匹配的战略分析与战略定位方法。

3.1.100　供应商协作　supplier collaboration

一个组织与其供应商合作以实现共同目标的过程，旨在共同开发新技术、解决可持续性问题，共同保持领先地位。

3.1.101　供应商诊所　supplier clinic

帮助供应商做出诊断的场所，通常邀请供应商参加会议以了解组织对供应商的商品或服务的需求及使用场景、有关政策和流程等。

3.1.102　供应商整合　supplier consolidation

减少供应商的数量以实现风险最小和成本最优的过程，旨在充分利用和协调发展供应商资源。

3.1.103　供应物流　supply logistics

为生产企业提供原材料、零部件或其他物料时所发生的物流活动。

[来源：GB/T 18354—2021，定义 3.27]

3.1.104　购买标准　buying criteria

买方在评估备选供应商时考虑的因素，例如质量、服务、交付时间、能力、容量、价格和 / 或总拥有成本等各个方面，可以归类为与商品或服务相关的因素。

3.1.105　购置成本　acquisition cost

以发票价格加上将资产置于使用地点所发生的全部费用，包括运输费用和安装费用等。

3.1.106　购置价格　acquisition price

购买资产的总价格，包括卖方提供的购货款融资和收购时该资产的所有其他债务。

3.1.107　固定订货批量　fixed-order quantity；FOQ

一种补货策略，其中订单的规模保持固定，而订单下达的时间间隔则会改变。时间间隔的变化取决于物料消耗的速度，一旦物料库存到达再订货点时就下订单。

3.1.108　固定订货区间　fixed-order interval

一种按照固定时间间隔补货的策略，订单规模取决于设定的最高库存量和安全库存量。

3.1.109　固定价格　fixed-price

买卖双方之间通过协议确定的不得再变动的出售或转售商品或服务的价格。

3.1.110　固定价格合同　fixed-price contract

在约定的风险范围内价格不再调整的合同。合同类型包括：（1）固定总价；（2）总价加经济价格调整；（3）总价加激励费用；（4）有价格下行保护措施的固定价格；（5）与努力水平相关的固定价格；（6）可重新调整的固定价格；（7）带有补救措施的固定价格。

3.1.111　管理服务提供商　managed service provider；MSP

一种为企业提供系统管理服务并承担相应责任的供应商类型，负责管理极分散或复杂的供应群体、复杂的计费系统以及与企业的非关键性任务有关的支出，这些支出通常被视为一般管理成本或不可控制成本。MSP 在某些情形下也被称为集运商。

3.1.112　过程审计　process audit

一种检查供应商成本、质量、交付等关键过程能力和改进情况的供应商审计。

3.1.113　合格制造商目录　qualified manufacturers list；QML

由组织提前鉴定的、符合可接受的采购规范的制造商目录。

3.1.114　合同管理　contract management/contract administration

（1）通常发生在合同生效前，管理合同的各个方面，包括对承包商资质和合同具体细则的审查，以确保承包商的总体绩效符合合同承诺，并履行对买方的义务。（2）通常发生在合同签署并生效后，确保合同以系统的方式启动、利用、履行、修改和完成，以保证利益相关者利益最大化和风险最小化，从而实现合同价值最大化的过程。也可称为合同生命周期管理。

3.1.115　合同类型　contract type

买卖双方之间协商的以定价条款区分的合同类型，包括固定价格合同、基于成本的合同和激励性合同。

3.1.116　合同收尾　contract closeout

双方在完成合同中各自需履行的义务后采取的行动，包括核实所有工作是否已妥善完成、验收合格、开具发票和全额付款等，确保合同上的所有工作顺利完成。

3.1.117　合同速度　velocity of contracts

制定、编写、完成或修改合同的速度。

3.1.118　合同替代　novation

订立新合同以取代现有合同的行为。在转让（解除和替代）的情况下，通常与"解除"结合使用，以表示原缔约方解除了其在原合同中的义务，并与受让人订立新合同。

3.1.119　合同终止　contract closure/termination of contract

在约定期满之前，终止或解除与供应商的协议或合同的过程和活动，合同终止的情况包括合同完成、提前终止或未能履行。终止过程可能涉及确认交付、核对业绩、财务审计、风险评估等，采购企业应当密切注意。

3.1.120 黑箱寻源 black-box sourcing

买方将购买的部件或子部件视为"黑匣子"的做法，即买方向供应商提出有关功能、结果、性能和接口的要求，供应商则负责设计和技术细节。黑箱寻源给予供应商最大的自由度，突出了供应商早期参与、买方提出清晰的设计要求和供应商承担大量设计责任等的重要性。

3.1.121 后续跟踪 follow-up

监视采购订单状态，以确保其满足指定的商品或服务交付计划要求的日常活动。

3.1.122 互惠 reciprocity

一种买方给予既是其客户又是其供应商的企业优先权的行为。如果这种做法存在限制竞争或贸易的倾向，则可能会违反我国《反垄断法》。

3.1.123 互联网公开交易 open buying on the Internet; OBI

一个针对互联网上企业对企业电子商务交换而提出的标准，其中供应商的网页目录能够与其客户的购买系统进行交互。

3.1.124 贿赂／商业贿赂 bribe/commercial bribe

在交易之前给予的大于名义价值的礼物，目的是影响对方的行为，以谋取交易机会或竞争优势。采购方收受供应商贿赂是不道德和违法的行为。

3.1.125 混合采购组织 hybrid purchasing organization

采购权和责任由企业采购中心和业务单位、部门或运营工厂分担的组织形式。混合采购组织结构可能更倾向于集中或分散，具体取决于决策权的划分方式。

3.1.126 伙伴供应商 partnered supplier

与采购组织有长期承诺并越来越多地参与联合开发和规划活动的供应商。

3.1.127 货到付现／货到付款 cash on delivery; COD

在承运人放行货物之前，卖方要求买方在交货时以现金支付货款及运输费用，这是卖方向破产或信用评级存在问题的买方运送货物时常用的一种预防措施。

3.1.128 基本订货协议／框架订单／一揽子采购订单／总括订单 basic-ordering agreement/blanket agreement/blanket purchase order; BPO

采购组织授权供应商持续提供商品或服务的协议或订单。采购组织以预先磋商的价格与供应商签订固定期限采购协议（通常为一年或更长），在协议期限内可以多次订货而无须额外签订协议，有利于减少小订单的数量，利用短期发放满足需求。

3.1.129 即席购买 ad-hoc buying

实际的或感知的是"仅此一次"的购

买，通常不使用或很少使用现有流程来增加价值和控制成本。

3.1.130 集成采购 integrated purchasing

将采购当成独立的商品或服务来经营的一种模式，强调系统化、规模化，可以根据服务对象的需要集成采购、仓储、配送等服务功能。

3.1.131 集成供应 integrated supplying

将供应当成独立的商品或服务来经营的一种模式，提供系统化、多样化的供应服务，满足服务对象重复性、通用性、高交易量和低单位成本的商品或服务需求。

3.1.132 集团采购组织 group purchasing organization；GPO

为帮助会员机构提高采购效率，降低采购成本而形成的市场化实体，充分利用集中采购优势与供应商谈判，帮助会员提高采购效率、降低采购成本。

3.1.133 集中采购 center-led purchasing/centralized purchasing

将采购目录内的货物、工程、服务集中进行采购，包括采购方集中采购和部门集中采购两种类型。

3.1.134 集中购买 centralized buying

一种组织策略和结构，一个特定的部门或供应管理专业人员被赋予为组织采购的权力和责任。有时被称为集中采购。

3.1.135 计划发出订货量 planned order release；POR

用于说明订单的发出时间或开始生产的时间。在 MRP 系统中，计划发出订货量指供应商根据合同授权制订物料运送计划，并说明某一指定数量的物料的发出时间。

3.1.136 寄售采购 consignment buying

一种卖方将货物存放在买方处，供买方先使用后结算的采购方式，当货物从库存中提取出来以供使用或出售的时候买方就需要支付货款。

3.1.137 寄售合同 consignment contract

规定货主（发货人）将货物交给另一人（收货人），由后者将货物出售和／或消费，并将收益（扣除佣金）返还给货主的协议。不向收货人转让所有权，未售出／未消费的货物通常归还给货主。

3.1.138 加权点法／加权因子评分法 weighted-point method/weighted factor scoring method

一种评估供应商以供选择或绩效考核的方法。采购组织确定关键绩效因子，对每个因子赋予相应权重（通常为百分比），并使用预先确定的评级表对供应商的每个因子进行评级。最终分数是通过将评分乘以每个因子的权重，然后将结果相加得出的。

3.1.139　价格合同　price-based contract

一种买方同意向供应商按固定价格支付货款的合同，并附有一些对价格进行调整、重新确定或者激励买方付款的方案。

3.1.140　价格歧视　price discrimination

就相同的商品或类似的服务向不同的买方收取不同价格的行为。

3.1.141　间接采购　indirect procurement

为支持企业内部客户顺利开展产品销售、品牌营销，维持企业正常运营等而发生的采购行为，主要包括与维持企业生产活动的 MRO（维护、维修和运营）等相关的间接物料和维持企业运营所需的服务采购。

3.1.142　检验文件　inspection documents

进口或出口时需要供应商提供的证明质量和数量的文件材料。

3.1.143　建议书　proposal

供应商提交的材料，通常是应采购组织的要求而提交的，在合同订立之前构成谈判的基础。法律可将建议书视为具有约束力的要约。

3.1.144　降级条款　de-escalation clause

保证向买方连续提供货物，同时允许卖方在成本上升的情况下审查售价、成本和利润率的条款。相反，如果成本下降，则买方可能会从降价中获益。

3.1.145　交货前付款　cash before delivery；CBD

一种货物付款方式，买方在货物装运前便向卖方付款。

3.1.146　阶梯定价　plateau pricing

考虑到预计采购数量和实际采购数量之间的差异的定价策略。在特定期间，供应商提供累进折扣，即客户每次购买都会增加购买的总金额，当客户购买总金额达到特定水平（阶梯）时，剩余时间内的任何新购买都会自动使用额外折扣。

3.1.147　结算和收尾　settlement and close out

一种通过某种流程有效终止合同的程序。该流程向买卖双方保证，一旦完成任何剩余的义务并支付适当的款项，合同将会终止。

3.1.148　紧急采购　emergency sourcing

当正常的供应流程因采购计划不足或突发事件而中断时，紧急启用已知且可用的备份或替代供应商进行的采购。

3.1.149　进货检验　receiving inspection

为确定装运货物的正确数量、类型及损坏情况而在接收站或进厂时进行的检验，该检验与随后可能进行的质量技术检验是分开的。

3.1.150 精益供应管理 lean supply management

一种在精益思想指导下旨在最大限度地减少供应活动所需资源的整体解决方案，强调使用质量改进计划和灵活的劳动力与设施来消除那些增加成本、延长提前期和增加库存的浪费现象（非增值活动）。

3.1.151 竞争性项目建议书 competitive proposals

一种招标方法，区别于密封投标，包含以下程序：（1）通过方案征询书发起招标，其中规定了组织对项目建议书评价的要求和标准；（2）由参与的供应商及时提交项目建议书；（3）与参与的供应商进行谈判磋商；（4）考虑到价格、技术等综合因素，最终将合同授予项目建议书对组织最有利的供应商。

3.1.152 竞争性招标 competitive bidding

招标人邀请投标人参加投标，通过多数投标人竞争，选择其中对招标人最有利的投标人达成交易，是选择合同授予来源的一种常用方法。国际竞争性招标主要有公开招标和选择性招标两种方式。

3.1.153 开标 bid opening

由招标人主持、邀请所有投标人和行政监督部门或公证机构人员参加的情况下，在招标文件预先约定的时间和地点当众对投标文件进行开启的法定流程。

3.1.154 开放式订单／开口订单／长期订单 open-ended order/standing order

规定除数量之外的所有条款的订单，类似于一揽子采购订单，供应商按照约定的价格和时间发货。

3.1.155 抗议 protest

招标采购中的常见做法，未中标的投标人对合同的授予提出疑问。抗议的具体要求（形式、时间等）因涉及的具体招标项目不同而异。

3.1.156 可认证供应商 certifiable supplier

经过研究和审查，认为有资格获得认证的供应商。

3.1.157 空白支票购买／附支票订单 blank check purchase/purchase order draft

一种用于小额采购和防止库存积压与延期交货的订购技术，订购时将一张设置有上限和兑换期限的空白支票作为采购订单的一部分，当订单发货时，供应商在空白支票上写下应付款金额并将其发送给银行进行兑换。

3.1.158 来料检验 incoming inspection

（1）在物品到达时检查物品，以确保其符合购买规格的过程。（2）一种执行来料检验的职能。

3.1.159 累计折扣 cumulative discount

基于在特定时间段内购买的物品数量的折扣，而不是根据一次下单的规模计算的。这种类型的折扣通常由供应商提供，作为对客户继续或增加光顾的一种激励。

3.1.160　联盟采购 / 联合采购 / 杠杆采购 consortium purchasing/cooperative purchasing/leveraged buying

在供应领域，为提高对常见商品或服务的购买力而创建的一个购买联合体。

3.1.161　零星采购 / 现买现卖 hand-to-mouth buying

（1）频繁的小批量采购，以满足眼前的短期需求。（2）在不需要大量库存的情况下即用即购的做法。

3.1.162　码头到仓库 dock-to-stock

从经认证的供应商处购买的货物和材料，可以跳过进货检查环节，交付后直接进入仓库的一种模式。

3.1.163　买方驱动拍卖 buyer-driven auction

一种在线的、以价格为中心的，由买方指定感兴趣预购买的商品，潜在供应商参与竞标的拍卖方式。

3.1.164　买者自慎 caveat emptor

一种对买方的警告，指任何购买均由买方承担风险。买方在购买前有责任检查所购货物是否有问题。

3.1.165　卖方 vendor

按时交付指定货物的响应性货源。尽管该术语被广泛使用，但最好使用"供应商"一词来指代主动提出价格优惠和改进意见的货源。

3.1.166　卖方驱动拍卖 seller-driven auction

一种电子的、在线的，由卖方发布待售商品信息，买方出价竞拍的拍卖方式。

3.1.167　密封投标 sealed bid

通过密封信封提交的投标书，以防止在所有投标书提交和开标之前其内容被泄露。

3.1.168　内部客户 internal customer

企业内部与采购部门有工作关系并委托采购部门从外部来源获得特定商品或服务的个人或组织。与用户一词相比，内部客户体现了一种相互尊重的态度，采购部门与其内部客户公开和频繁地交流问题、想法和建议，以及密切合作，旨在为企业创造价值。也可以称为内部业务合作伙伴，以反映供应管理流程与其他核心业务流程的平等性。

3.1.169　年度购买计划 / 年度采购计划 annual buying plan/annual purchase plan

组织通过分析预期的需求、供应市场的动态、特定的供应商和有关项目进展情况，以及编制的预算，为每个主要类别的商品和服务采购所制订的计划。年内的采购行动都将按此计划执行。

3.1.170　批量采购协议 volume purchase agreements；VPA

采购组织为满足对大量特定商品的需求而订立的合同，其主要目标是整合需求、确保供应，以最大限度地增强采购杠杆作用，并消除一次性采购所需全部商品而产生的库存持有成本。

3.1.171 批准供应商 / 资格预审供应商 approved suppliers/prequalified suppliers

符合组织选择标准，已通过资格预审并已被添加到批准列表中的供应商。

3.1.172 批准名单 approved list

已经过组织评估并被批准采购的供应商名单。

3.1.173 欺诈采购 / 恶意采购 / 独立购买 / 非合同购买 rogue purchasing/maverick buying

员工不遵守组织的正常或规定程序购买所需商品或服务的过程。

3.1.174 歧视性价格 discriminatory price

实质上是一种价格差异，供应商以不同的价格向不同的买方提供类似或相同数量的物品的一种销售方式。

3.1.175 企业采购电商平台 enterprise procurement e-commerce platform

通过数据化、网络化的手段将企业信息系统、业务流程、商家资源、物流配送以及金融服务等进行有机整合，形成企业采购领域的整体服务解决方案。企业采购电商平台涉及的采购商品以工业品及其他消耗品为主要经营品类，不包括钢铁、石油等原材料。

3.1.176 请购单 purchase requisition

企业内部客户根据生产经营需要向采购部门提交的采购商品或服务的纸质或电子化请求，所填的单据称为请购单。

3.1.177 去加急 de-expedite

催货员与供应商共同提出推迟服务或交货时间表，将不重要的订单推迟处理的过程，有助于避免劳动力和设备超负荷，增强企业处理加急订单的能力。

3.1.178 全国性合同 national contract

买方和供应商之间经过谈判达成的协议，通常将商定的合同条款和折扣扩展到采购组织所在国家的所有国内网点。

3.1.179 全球采购 global sourcing

（1）利用全球的资源，在全世界范围内寻找供应商，寻找质量最优、价格最合理的商品。（2）不包括企业行为的"官方采购"，如联合国、各种国际组织、各国政府等机构和组织，为履行公共职能，使用公共性资金所进行的货物、工程和服务的采购。

3.1.180 确认函 acknowledgment

供应商用来通知买方其已接收采购订单的信件（书面或电子），只要其中的各条款与采购订单的条款没有实质性的不同，就会签订双边合同。

3.1.181 认证供应商 certified supplier

已被质量控制系统证明是高度可靠的、被认可的，从而消除了进货检验需要的供应商。

3.1.182　三方匹配　three-way match

比较采购订单、收据和发票上的信息，确保交付物品的数量正确无误。

3.1.183　善意购买人　good faith purchaser

在合法交易中，在不了解商品的一些可能会导致对卖方货物所有权和 / 或销售能力产生怀疑的特定信息前就进行购买的买方。

3.1.184　商业扶持行动　business affirmative action

确保少数民族、妇女和其他弱势群体拥有的企业在组织的采购活动中得到考虑的过程。

3.1.185　商业伙伴关系　business partnership

采购组织与供应商建立的一种互惠互利的合作关系，希望供应商能够提供一些更有价值的独特或专业的商品或服务。

3.1.186　申购人　requisitioner

采购申请的发起人。

3.1.187　首选供应商　preferred supplier

组织经过审核评估确定的满足其对质量、交付和 / 或价格的期望，并且能够对突发事件做出有效响应的一组供应商。通常，组织与首选供应商建立主价格协议。对于已确定首选供应商的项目，整个组织都需要从这些供应商处购买商品或服务。

3.1.188　受控价格　administered price

由卖方的策略而非市场的竞争力量决定的价格。通常由少数寡头垄断者通过协议或默契自行标定的价格。

3.1.189　受限供应商 / 被禁供应商　debarred suppliers

被暂时中止与买方进行交易或其他业务往来的个人、企业或其他组织。

3.1.190　数量折扣 / 批量作价　quantity discount

根据购买数量或购买金额确定的单位价格折扣，其中，非累计折扣是基于单个采购订单，累计折扣是基于特定时期内的总采购量。

3.1.191　数字化采购　digital pocurement

应用新一代信息技术，打造精准战略寻源、智能化采购执行和前瞻性供应商管理的体系，提高采购资源可得性、及时性，提高采购效率、降低风险，增强采购部门助力企业创造新利润、新价值的能力的采购方式。

3.1.192　双源供应商采购　dual sourcing

对于同一类商品或服务，从两个供应商处进行采购。

3.1.193　提前购买　forward buying

购买量超出当前需求。组织可能出于战略考虑或由于预期的材料短缺、罢工或价格上涨而提前购买。

3.1.194 投标 bid

一种具有法律约束力的购买要约，其规定了买家在密封投标过程中的报价和购买数量，可称为报价、建议书。

3.1.195 投标保证金 bid bond

为确保投标人将来能够履行合同规定的义务，而要求投标人在投标前支付的一定数额的资金。

3.1.196 投标人列表 bidders list

已通过资格预审可参与投标的供应商名单。

3.1.197 投标意向函 expression of interest；EOI

正式招标的初始步骤，表示缔结协议的意向文件，该文件可供拟参与投标的企业参考并决定其是否可成为潜在的投标人。

3.1.198 投机性购买 speculative buying

购买超出当前和未来已知需求的商品，目的是从价格变动和转售中获利。

3.1.199 团购 pool buying

个体或机构将多个组织或个人的需求合并为一个大订单，以获得更低价格的采购模式。

3.1.200 退回供应商 return to vendor；RTV

采购组织将拒收的材料或物品退还给供应商进行更换、赊销或维修。

3.1.201 未经授权购买 unauthorized buying

非代理人在未联系授权代理人的情形下做出的购买承诺。

3.1.202 无库存采购 stockless purchasing

一种买方与供应商预先协商好的，直到买方订购特定商品前都由供应商持有库存的安排。可以使用的无库存采购方式，包括框架订单、开放式订单和系统化合同。

3.1.203 系统化合同 systems contracting

一种由采购组织创建的，要求供应商对选定的商品持有足够的库存并按需交付的合同。其授权采购组织的指定员工使用预先确定的订货系统，在给定的合同期内直接向供应商订购指定的商品，以降低成本并简化采购流程。在公共部门，这类合同通常被称为"不定期交付合同"或"期限合同"。

3.1.204 现货采购 spot buying

为了立即交货而购买，而不是为了以后的交货。

3.1.205 现货价格 spot price

（1）经交易双方协商并达成一致意见的某商品的合同价格。（2）某商品在市场中特定的时间和地理位置的交易价格。

3.1.206 现金折扣 cash discount

旨在促进购买者即刻付款的价格削减方式。

3.1.207 响应能力 responsiveness

一项评估供应商的关键绩效指标,表明供应商在买方定义的响应性方面的绩效水平。

3.1.208 响应投标人 responsive bidder

对投标邀请书或方案征询书做出反应,即提交了符合招标书要求的投标书的要约人。

3.1.209 信息征询书 request for information;RFI

买方邀请潜在的卖方提供商品、服务或能力的相关资料,以征询卖方意见、明确需求。

3.1.210 形式、适宜性和功能 form, fit and function

采购协议中常见的与质量有关的术语,包括某物的物理属性(形式)、适合应用或使用的范围(适宜性)和期望的产出量或性能品质(功能)。

3.1.211 寻源 sourcing

(1)以最佳价格获得最佳质量的价值源挖掘过程,该过程包括规格制定、价值分析、供应商市场研究、谈判和购买活动,其目的是实现品类管理目标。(2)用来反映整个采购过程或周期。

3.1.212 寻源战略 sourcing strategy

根据供应链战略规划,设计和建立一套可靠且有竞争力的供应商战略资源体系,统一组织内部运营、财务、营销和分销等目标,规划原材料、组件和服务的采购来源,以及接续资源来源和定价策略。

3.1.213 一级、二级、三级、多级供应商 tier 1, 2, 3, etc. supplier

从买方视角确定的供应商的层级。一级供应商供应主要企业(如原始设备制造商),二级供应商供应一级供应商,三级供应商供应二级供应商……以此贯穿整个供应链。

3.1.214 一级供应商 first-tier suppliers

直接向终端客户供货的供应商,为该供应商供应原料的供应商则是该终端客户的二级供应商,以此类推。

3.1.215 因便利终止 termination for convenience

买卖双方基于公平原则和共同意愿表示而设立的合同条款。在具体的条款的约束下,采购合同或订单中允许一方在另一方无过错的情况下单方面终止合同的规定。

3.1.216 因故终止 termination for cause

采购合同或订单中允许一方在另一方有过错的情况下单方面终止合同的条款。

3.1.217 运送放行单 shipping release

一种买方使用的,由买方指定的检验员或检验机构检验货物与流程完整性而签发的文件,货物到达目的地后,用于指示承运人在未来某一日期将货物移交给提货人。

3.1.218 再订货点 reorder point

用来明确触发补给订货策略时的预定库存水平，以满足再次触发订单期间的预期需求。

3.1.219 在线竞标 online bidding

要求或邀请供应商通过互联网或专用网络投标的竞标方式。

3.1.220 早期采购参与 early purchasing involvement；EPI

一开始就有专业采购人员参与新商品或服务开发过程的做法。

3.1.221 早期供应商参与 early supplier involvement；ESI

在商品开发的早期，将一个或多个选定的供应商与买方的商品设计团队结合在一起的实践，旨在利用供应商的专业知识和经验共同制定商品规格，以便高效地推出新商品。

3.1.222 战略采购 strategic procurement

一种系统性的、以数据分析为基础的采购策略，也是在战略寻源基础上以提升企业核心竞争力为目标建立服务供给渠道的过程。

3.1.223 战略供应商伙伴 strategic supplier partnering；SSP

企业战略发展所必需的供应商伙伴。

3.1.224 战略寻源 strategic sourcing

集成数据采集、支出分析、市场调查、商务谈判和合同签订等环节，旨在寻找能够给企业创造新价值的供应商，以更好地降低成本、降低风险和提高竞争力。

3.1.225 招标 solicitation

采购组织要求供应商提交材料的程序。招标书是招标中的关键文件之一。在公共部门的密封投标中，招标书通常被称为报价征询书（IFP）；在谈判采购中，招标书被称为方案征询书（RFP）或报价征询书（RFQ）。

3.1.226 招标分析 bid analysis

对竞争性招标中或响应报价请求时所收到的各种报价及其方案的比较分析。

3.1.227 直接采购 direct procurement

为保障产品生产制造进程而发生的原材料、货物或服务的采购行为。

3.1.228 直接放行系统 direct release systems

采购组织与供应商约定好的一个场景，在无须购买的情况下可以联系供应商直接装运货物或直接提供服务。

3.1.229 直接供应商开发 direct supplier development

采购组织为帮助供应商提高运营绩效而开展的一系列活动，例如提供设备或资金、现场咨询、教育和培训计划等，使选定的供应商能够发挥更有价值的作用。

3.1.230 指导供应商 mentoring suppliers

加强与供应商的联系，对其商品质量、商品规格、物流服务等的优化提供建设性意见和实质性帮助，以促进未来与之更加紧密的合作。

3.1.231　指向性采购 directed sourcing

通过企业政策、设有条件的政府合同，或通过特定国家或地区的对等贸易要求指定供应商。

3.1.232　智能化采购 intelligent procurement

在数字化采购的基础上，进一步提高内外部系统的集成度，降低"人"在整个采购流程中的参与度，真正实现智能管理、降本增效，全方位保障企业资源可得性的采购方式。

3.1.233　中立交易平台 neutral exchange

由声称在某一特定行业中没有利害关系或特殊利益的组织所管理的由采购商和供应商组成的网上市场。

3.1.234　终身服务合同 service life contract

一种供应商同意在商品的整个生命周期内而不是特定的一段时间内提供材料、部件或服务的长期合同。

3.1.235　主采购协议 master purchase agreements

采购组织与供应商签订的确定价格和商务条款，但不包含订货或交付细节的供应合同。需要商品或服务时，参考主采购协议中的价格和商务条款生成采购订单。

3.1.236　主管部门采购 lead division buying

由采购组织内部需求量最大的部门代表组织，对供应商进行选择并与供应商进行谈判的采购策略。

3.1.237　转换成本 / 切换成本 conversion cost

从一个供应商转向另一个供应商购买商品或服务所增加的费用，如增加新设备、重新设计产品、调整检测工具、对使用者进行再培训等发生的费用。

3.1.238　状态请求 status request

由采购员生成的标准化电子数据交换表单，要求提供有关给定订单状态的信息。供应商的系统应自动回复请求的信息。

3.1.239　综合供应商 integrated supplier

以集成供应商为核心组成供应商联盟，共同满足客户需求的供应模式，有助于形成长期、稳定的伙伴关系，更好地实现管理目标，降低供应链成本，提高服务水平。

3.1.240　最低价中标法 lowest price bidding

在招投标过程中使最低报价方中标的一种评标方法，需建立在完善的法律制度、企业和社会高度诚信的基础之上。

3.1.241　最惠客户 most favored customer

在合同中规定卖方有义务向买方提供在可比情况下的最低价格及其他价格保护

条款，从而使买方成为卖方在所售商品或服务上享有最优惠待遇的客户。

3.1.242 最佳购买 best buy

综合考虑质量、价格、保修以及所需服务等各种要素的组合以满足组织需求的最佳决策。

3.1.243 最佳和最终报价 best and final offer；BAFO

买卖双方就某类交易提出建议之后，在没有进一步谈判可能性的情况下所提交的最终报价，报价有可能会被接受或拒绝，双方通过完成交易或放弃交易结束谈判。

3.1.244 最小订货量 / 最小订单量 minimum order quantity；MOQ

一个订货批量的修正值，如果计算后的订货批量太小，则取预先设定的最小订单量。

3.2 生产

3.2.1 U 型流水线 /U 型装配线 U-shaped assembly line

将流水线上所有工作站布置成 U 型，流水线或装配线出口和入口分布在同一端，空间布局相对于直线型更加紧密，工作站之间距离较近，信息交流更加便捷，每个工作站的操作人员需要同时操作两个区域的设备。

3.2.2 按订单设计 engineer-to-order；ETO

接到客户订单后按客户的订单要求进行产品设计和组织生产的方式，一般适用于复杂结构或个性化要求较高的产品的生产。

[来源：GB/T 25109.1—2010，定义 3.2.9]

3.2.3 按订单生产 make-to-order；MTO

一种产品或服务可以在客户订单到达后进行生产或实施的生产环境。最终产品通常是标准件和客户设计的满足客户特殊要求的部件的组合。当可选件和附件在客户订单到来之前就存在时通常采用按订单装配方式。

[来源：GB/T 25109.1—2010，定义 3.2.7]

3.2.4 按订单装配 assemble-to-order；ATO

在收到客户订单后装配产品或服务的生产环境。用于装配和完工过程的关键部件（散件、半成品、中间产品、组件、加工件、采购件、包装等）根据预期客户订单进行计划并存储。接到订单后开始定制化产品的装配。该战略在大量最终产品（基于可选件和附件的选择）可由通用部件组装时有效。

[来源：GB/T 25109.1—2010，定义 3.2.8]

3.2.5 按库存加工 / 按库存生产 / 按库存制造 build to stock；BTS/make to stock/manufacture to stock；MTS

根据销售预测进行商品生产或订货，并将商品保存在仓库中直到收到订单为止的生产和库存管理系统。

3.2.6 半成品 / 在制品 work in progress；WIP

（1）具有一定附加值但需要进一步加工、装配等才能完成的项目或商品。（2）位于生产过程中的某个位置的半成品。

3.2.7 并行工程 / 并行产品开发 concurrent engineering/concurrent product development

在保障产品制造过程中的工艺、质量、效能、采购、调度、营销等满足需求方需求的前提下，设计和优化产品生产的全部环节和过程，且不同阶段同时运行，而非连续运行的系统性方法，旨在缩短生产周期、提高产能。

3.2.8 产品架构 product architecture

对业务的结构化抽象，以实现灵活的产品个性化定制，是基于新组件的使用、升级而设计的平台或模块化方法。

3.2.9 产品开发 product development

（1）组织改进老产品或研究新产品，使产品具有新的特征或用途，以满足市场需求的流程。（2）用于记录新产品从概念到商业化的各个步骤的一系列过程。

3.2.10 产品审计 product audit

为了获得产品质量和产品适用性信息而进行的质量审核，用于检查所提供的产品是否符合技术标准和性能规范。

3.2.11 大规模定制 mass customization

一种创造大量的、高度多样化的商品

的选择。客户从许多可能的配置中指定他们需要的确切版本。由于产量很大，所以制造成本较低。例如，个人计算机等技术设备以较低的成本在一条生产线上组装，但客户仍然可以指定处理器速度、存储设备容量等配件要求。

3.2.12 单件流 one-piece flow

在操作单元内，一次只对一个工件执行一次操作，从而使工作空间需求和在制品库存最小化。

3.2.13 防呆 poka yoke

日文术语，一种最初用于丰田生产系统，现广泛应用于各种生产过程的防止失误的方法。

3.2.14 非生产性物资 nonproduction items

在制造或设备维修、运行中使用的，不属于或不涉及可销售商品或服务生产的商品、服务、资产或资源。

3.2.15 废料 scrap material

操作的残留物和非标准化的生产项目，不能返工或达到原来的目的，通常出售以收回部分初始投资。

3.2.16 废品率 scrap yield

表示废品生产比率，常见用法有：（1）用于制成品生产的总投入的百分比；（2）生产过程中变为废料的百分比；（3）考核期内完成定额工时数的百分比。

3.2.17 废弃物料 offal materials

生产过程中产生的废物。

3.2.18 服务型制造 service-embedded manufacturing

企业为了实现制造价值链中各利益相关者的增值，通过商品和服务的融合、客户全程参与、与其他企业相互提供生产性服务和服务性生产，实现分散化制造资源整合和各自核心竞争力的高度协同，达到高效创新目的的一种制造模式。

3.2.19 个性化定制 customized/persona lised

用户介入商品的生产过程，将指定的图案或文字印刷到指定的商品上，从而获得自己定制的个人属性明显的商品或获得与其个人需求相匹配的商品或服务。

3.2.20 工艺流程生产 process flow production

一种生产方法，其设计流程在生产运行内或生产运行之间以最小的中断平稳流动。商品从一个步骤到下一个步骤的顺畅流动实际上消除了排队时间。

3.2.21 工装 tooling

生产过程中用来生产、制造商品或部件的工艺设备。

3.2.22 工作组合表 work combination table; WCT

一种类似于甘特图的图表，它显示了操作员标准化工作中一系列工作元素所消耗的时间。工作组合表记录了机器延迟时间，其可以与节拍时间进行比较。

3.2.23 共同制造 co-manufacturing

一种企业对企业或供应商的合作伙伴关系策略，通过两个或多个组织共享生产链或分销链的不同部分以降低成本，提高资源利用率，增加销量或加快产品上市。

3.2.24 过程能力 process capability

在管理状态的制程上表现出的具有达成品质的能力。可以通过比较现有的工艺过程、过程约束和满足客户需求的竞争性技术的能力进行供应商质量度量。

3.2.25 过程能力指数 / 制程能力指数 process capability index；PCI

一种表示过程能力满足技术标准（例如规格、公差）的程度的指数，其实质作用是反映过程（制程）合格率的高低。

3.2.26 合同制造 contract manufacturing

企业与其他制造商签订合同，由该制造商按照企业要求为企业的品牌或者标签生产产品，而企业负责产品销售的一种合作形式。

3.2.27 挤压成型 extrusion

一种塑料或金属制造工艺，即通过加热等方式挤压原材料，使之形成具有预定形状的商品。

3.2.28 计划订货入库量 planned receipts

已计划订货或生产，但订单尚未发出的订货量。

3.2.29 价值流图析 value stream mapping

通过产品生产的全过程追踪来确定其中是否存在浪费，如存在不能增值的环节、各增值环节衔接时存在"等待时间"。价值流图析最初是一种精益生产技术，现在也可用于提供服务的全过程追踪。

3.2.30　节拍时间　takt time

生产一个最终产品的某个部件所花费的时间。

3.2.31　精益生产　lean production

又称精良生产，是一种以最大限度地减少企业生产所占用的资源和降低企业管理和运营成本为目标，以准时制生产、消灭故障、消除一切浪费、全员参与改善活动为手段，追求零缺陷、零库存、低成本的生产管理模式。精益生产综合了大量生产与单件生产方式的优点，在大量生产中实现多品种和高质量产品的低成本生产。

[来源：GB/T 25109.1—2010，定义 A.1.3]

3.2.32　精益制造　lean manufacturing

只关注制造流程中客户觉得有价值（通常视作客户愿意为此支付的价格）的部分，因此需要检查制造流程，删除非增值环节以削减成本。

3.2.33　矩阵式物料清单　matrix bill of materials

由同一系列（或类似系列）商品的物料清单组成的图表，该矩阵由一个轴上的组件以及另一个轴上的对应组件构成，可以较容易地总结通用组件的需求。

3.2.34　均衡化生产　heijunka

日文术语，一种由丰田汽车公司创造

的按照特定的均衡的周期生产产品，以解决传统生产系统的排队及停线问题，匹配最终产品销售的计划速度，最大限度地减少浪费的精益生产技术。

3.2.35　可制造性　manufacturability

产品概念化并设计完成后，实际产生利润驱动厂商生产的能力或可能性。

3.2.36　客户订单分离点　customer order decoupling point；CODP

延迟区分边界，指企业生产活动由基于预测库存需求的大批量生产向响应客户需求的个性化定制生产转换的节点。

3.2.37　拉动式生产　pull-based manufacturing

基于实际需求而不是预测需求生产商品的系统，通常依靠准时制生产（just-in-time，JIT）或连续补货计划（continuous replenishment program，CRP）流程，以便能够帮助客户减少库存和缩短交货时间。

3.2.38　利润贡献 / 边际贡献　contribution to profit/contribution margin

销售收入减去变动成本后的余额，是运用盈亏分析原理进行产品生产决策的一项重要指标。

3.2.39　良好生产规范　good manufacturing practices；GMP

用来确保医疗用品行业（如制药、生物技术和医疗器械等）良好、合规开发商品并保证商品质量。该概念现已扩展到食品行业，要求企业采用高质量的生产方法，最大限度地减少或消除污染、混淆和错误，以确保商品的质量、卫生和可追溯性。

3.2.40 良好文档管理规范 good documentation practice；GDP/GDocP

一套适用于高度需要制度规范管理的行业标准，如制药或医疗器械行业，概述了如何创建、维护和控制与生产和供应链有关的文件，亦称为良好的记录存档管理规范。

3.2.41 量产时间 time-to-volume

商品从设计到发布再到大规模批量生产阶段所需时间。

3.2.42 零缺陷 zero defects

以生产无缺陷商品为目标。全面质量管理侧重于过程管理，使高质量商品的生产变得自动化，促使"零缺陷"的商品质量目标从设想变成现实。

3.2.43 流程式制造/流程式生产 flow manufacturing/flow production

在对客户需求进行持续监测的基础上，根据客户需求安排每日生产计划的制造策略。核心是被加工对象不间断地通过生产加工实现增值的过程，以缩短可靠、可预测生产和高质量产品交付所需时间。

3.2.44 流水线生产 run-of-the-mill

劳动对象按一定的节拍或速度，顺次"流"过流水线各工作站进行加工的生产组织形式。

3.2.45 每人每小时工件数 pieces per person per hour；PPHR

将生产率转换为每人每小时生产的商品件数进行测度，便于比较。

3.2.46 面向制造与装配设计/可制造设计 design for manufacture and assembly；DFMA/design for manufacturing；DFM

产品设计的一环，即理性地分析产品最终落地生产的可能性，保证产品以合理的成本、时间和质量组装生产。

3.2.47 敏捷生产 agile production

通过快速规划和配置各种资源（包括技术、设备和人员），以快速和灵活的方式进行的生产，目的是满足当前的业务需求。

3.2.48 配置控制 configuration control

（1）确保所生产的商品特性及相关选项与设计和订购的商品相对应的过程。（2）控制配置项及其组件的演化。

3.2.49 批次 lot

使用一组特定的材料、生产设施和工艺特征进行标识，以突显不同供应商生产的相同商品间微小区别的批量生产方式。

3.2.50 清洁生产 clean production

旨在减少生产环境中废物排放的商业举措。也称为污染控制。

3.2.51 全员生产性维护 total productive maintenance；TPM

一种源于精益思想和精益操作的概念，

要求每个人都学会清洁、检查和维护操作设备，它确保了持续改进带来的高度稳定性。人们接受培训，以识别和消除浪费，并从根本上解决问题。

3.2.52　柔性制造　flexible manufacturing

一类用途多、适应性强且产能相对较大的生产方式。

3.2.53　设备管理与维护　maintenance, repair, and overhaul/maintenance, repair, and operations；MRO

一种用于满足高价值实物资产在部署和使用后的持续服务需求的策略，包括设备维护、维修和运营保障等制造服务活动，产品生命中期阶段主要的制造服务业务。

3.2.54　生产材料　production materials

商品生产过程中使用到的材料。

3.2.55　生产调度　production scheduling

组织按生产进度计划开展的工作。

3.2.56　生产间隔　every part every interval；EPEI

在精益生产措施中，指一道工序或一条生产线生产客户所需要的所有商品种类的频率。

3.2.57　生产流水线　production line

在一定的线路连续输送货物的搬运机械，又称输送线或输送机。

3.2.58　生产率　productivity

用于描述生产的效率，即企业的投入与产出之间的比率。

3.2.59　生产设置成本 / 生产准备成本　setup costs

更换工具设备或更换生产线以生产不同商品所产生的成本。

3.2.60　生产线 / 装配线　assembly line

一种由传送系统相连的各个工作站相互配合组成的流水式生产系统，其以人、设备、场地为基础要素，功能是将零部件按照规定的节拍数、规定的顺序通过每个工作站来进行装配。

3.2.61　生产与库存控制　production and inventory control

一系列用于平衡生产与库存的物料管理活动，包括安排生产计划、原材料需求计划、从采购和库存中申请材料，并控制成品库存。

3.2.62　事中控制 / 过程控制　during-the-fact controls

生产过程中用于监控和管理质量的方法。

3.2.63　首次通过率　first pass yield；FPY/through put yield；TPY

在一个工艺步骤中直接成功地生产出商品的数量除以投入该工艺步骤的原料总数量。

3.2.64　损耗系数　shrinkage factor

实际消耗与总计划消耗的差除以总计划消耗得到的百分数，企业可以通过增加毛需求量或减少计划订单和未结订单的预期完工商品数量来弥补物料损耗。损耗系数与废品系数的主要区别在于，前者会影响所用的全部物料项目，而后者只关系到某一项物料。

3.2.65 停工期 downtime

设备故障、维护工作、材料短缺导致的生产过程停止且工人休息的非生产时间，或者是设备或人员在服务交付过程中发生意外而导致服务交付中断的时间间隔。

3.2.66 推动式生产 push-based manufacturing

按照 MRP 的计算逻辑，以预测需求和生产效率为基础生产商品的系统。

3.2.67 委托加工 consigned processing

委托方提供原料和主要材料，受托方按照委托方的要求加工货物并收取加工费的经营活动。

3.2.68 委托制造 / 代工制造 toll manufacturing

企业与其他制造商签订合同由该制造商提供按数量收费的生产服务，原材料或部分成品的所有权仍归企业所有的一种合作形式，制造商不对产品本身负法律责任。

3.2.69 物料清单 / 材料清单 bill of materials；BOM or B/M

对一件成品生产所需的所有物料（材料）的数量和规格进行说明的清单。物料清单是 MRP 系统的基本要素。

3.2.70 需求流制造 demand flow manufacturing

根据客户实际需求（而不是预测）生产商品的过程。

3.2.71 延迟策略 postponement strategy

为了降低供应链的整体风险，有效地满足客户个性化的需求，将最后的生产环节或物流环节推迟到客户提供订单以后进行的一种经营策略。

[来源：GB/T 18354—2021，定义 7.14]

3.2.72 一步接一步的生产线 / 装载 - 装载 chaku-chaku line

在一条生产线上，工人移动到相邻的工作岗位去生产一个产品或零件的制造流程。与此形成对比的是，半成品从一个工人转移到另一个工人。

3.2.73 一次合格率 first time yield；FTY

在一个工艺步骤中生产出合格品的数量（包含经处理或修理后的合格品）除以投入该工艺步骤的材料总数量。

3.2.74 用户直连制造 customer to manufactory；C2M

基于互联网、大数据、人工智能等技术，以及通过生产线的自动化、定制化、节能化、柔性化，运用庞大的计算机系统随时进行数据交换，按照用户的商品订单要求，设定供应商和生产工序，最终生产出个性化商品的工业化定制模式。

3.2.75　再制造 remanufacturing

对再制造毛坯进行专业化修复或升级改造，使其质量特性不低于原型新品水平的过程。

[来源：GB/T 37674—2019，定义 3.1]

3.2.76　增材制造 additive manufacturing

可以产生一个实体物体的 3D 打印技术，即采用材料逐渐累加的方法制造实体物体。

3.2.77　直通率 rolled throughout yield；RTY

从每一个工艺步骤都能直接成功地生产出商品的机会率，或者可以说是整个工艺流程产生零缺陷的机会率。

3.2.78　制造过程外包 / 生产过程外包 manufacturing process outsourcing；MPO

将生产职能外包给供应商，要求供应商管理和运营组织的现场生产设施，并对商品的质量和成本负责。

3.2.79　智能制造 intelligent manufacturing；IM

具有分析、推理、判断、决策等自感知、自决策、自执行功能的先进制造过程、系统和模式的总称。

3.2.80　中间产品 intermediate product

单元过程中需要进一步转化的输入或输出。

3.2.81　注塑成型 injection molding

为了生产所需形状的商品，在压力下将熔融金属、塑料或其他材料注入模具中。

3.2.82　准时化顺序供应 just in sequence

通过要求供应商、托运人等利益相关方之间有效沟通，并使用准时制原则来接收所需材料的一种策略和生产方式，以确保成功完成业务。

3.2.83　总生产周期 total production cycle time

从采购原材料到完成单位商品生产所需要的时间。

3.2.84　最终产品 final product

投入使用之前不需要进一步转化的产品。

3.3　交付

3.3.1　不到达，则无交易 no arrival, no sale

货物买卖合同中的一项交货条款，指卖方负有义务将货物运至指定地点向买方交付，并承担货物在运输中损失的风险。如果货物是在被损坏的情况下到达或延迟到达，买方有权解除合同或以减价方式接收货物。

3.3.2 不定期交付合同 / 不定数量合同 indefinite delivery contract/indefinite quantity contract

一种合同类型，规定在一段时间内，采购商将向特定供应商提供确定的最小和最大订货量以及不确定的具体数量和交货日期的合同。

3.3.3 不可转让仓单 non-negotiable warehouse receipt

除非其条款规定货物须交付给指定收货人，否则有明确名称的仓单、提单是不可转让的，或该货物在海外贸易中得到承认须交付给指定的人或转让人。

3.3.4 仓库门前交货 store-door delivery

通过机动车、有轨电车等运输工具将货物送至收货人的收货平台。

3.3.5 产品和服务 products and services

组织提供给顾客、服务对象和相关方的输出或效果，例如制成品、汽车保险和社区护理。

[来源：ISO 22301-2019，定义 3.27]

3.3.6 产品生态链 product ecology chain

以产品为核心形成的多企业之间相互支撑、共创价值，具有价值增值能力的生态系统。

3.3.7 超过、短缺及损坏报告 over, short and damage report

表明已收货物与提单不符的报告。

3.3.8 撤销接受 revocation of acceptance

买方在接受货物后发现潜在缺陷，或在其他合理假设下接受货物，发现卖方未纠正不符合项时可撤销接受货物。

3.3.9 成交量折扣 volume discount

购买大量商品或服务时，基于特定时期、特定订单量、特定订单总价而设定的降价幅度。

3.3.10 成交总额 gross merchandise volume；GMV

一定时间段内的总成交量。

3.3.11 船务代理人 shipping agent

船舶在港口时的船东代表，负责管理船舶的到达、停泊、装卸和清关等事务。

3.3.12 吹捧性销售 puffery

销售人员对所售商品的性质或质量极力进行夸赞的行为，此类行为通常不构成保证且不具可执行性。

3.3.13 窜货 selling beyond agreed areas

分销过程中，渠道节点超出企业授权范围时进行的商品销售活动。

3.3.14 店中店 in shop

商店里面的商店，多开在百货商店等大规模零售店内。

3.3.15　订单管理　order management

对客户订单、生产订单和采购订单等相关流程的计划、引导、监督和控制的活动。

3.3.16　订单履行率　order fill rate

能够按要求的商品总量全部发货的订单数占总订单数的比例。

3.3.17　订单履行循环过程　fulfillment cycle

在订单履行过程中，由控制订单流动、商品流动和现金流动的一系列活动组成的一个循环过程。

3.3.18　订单完成时间　fulfillment lead time

从供应商接到订单，到顾客收到货物之间的时间间隔。

3.3.19　多渠道系统 / 复合渠道　multi-channel system

对同一个或不同的细分市场采用多种渠道的分销体系，如果一家企业通过两种以上的渠道形式开展分销活动，就属于多渠道系统。

3.3.20　反向营销　reverse marketing

引导和推动需求方主动靠近、寻求和选择供应方的方法和策略，强调了需求方更需要供应方，而非供应方更需要需求方的理念。

3.3.21　分销渠道　distribution channel

由相互依赖的组织联结起来形成的通道，供销售企业用来向市场提供其商品或服务。

3.3.22　分销协议　distribution agreement

供应商与零售商或零售商与其他分销商之间签订的用于明确承销权利和义务关系的合同。

3.3.23　付款折扣　payment discount

用于鼓励消费者立即付款的折扣政策。采购项目的净价格（考虑折扣后）给供应商带来了合理的利润，这是供应商希望大多数客户支付的价格。逾期付款的，需按全额价格（无折扣）支付。

3.3.24　工厂交货　ex works；EXW

卖方报价仅适用于原产地，买方在原产地收到货物，承担与将货物运往目的地有关的一切费用和风险。

3.3.25　公益营销　cause-related marketing

商业企业与非营利性公益组织合作以增加双方的收益，促进市场销售的营销模式，通常是基于事件的合作。收益包括提高知名度、改善企业形象以及获得经济回报。

3.3.26　供应渠道　channel of supply

一种与营销渠道方向相反的过程，旨在将商品或服务运送到客户指定的地点。它既涉及公司、机构等实体，又与战略规划、运作方式有关。

3.3.27　供应商营销　supplier marketing

与上游供应商建立起良好的协作关系，在获取供应成本优势的同时，与其他供应商建立互惠、互利、平等的长期战略合作伙伴关系等一系列活动。

3.3.28 购买信号 buying signal

潜在客户不自觉地流露出来的购买意图，表明潜在客户有兴趣购买商品或服务的语言、表情、行为等线索。

3.3.29 顾客让渡价值 customer delivered value

顾客购买商品或服务所期望获得的总价值与购买总成本之间的差值。

3.3.30 关键意见领袖 key opinion leader; KOL

拥有更多、更准确的商品信息且为相关群体所接受或信任，能够深层次影响这一群体行为的人。

3.3.31 后门销售 backdoor selling

销售人员绕过买方的采购部门直接与购买商品或服务的最终用户或被视为真正决策者的采购部门之外的其他人联系的一种销售行为。

3.3.32 呼叫中心 call center

通过电话、传真、网络等形式为客户提供迅速、准确的咨询信息以及业务受理和投诉等服务的机构。

3.3.33 回收处置成本 return disposal costs

处理或回收客户退回、到期或报废的商品而产生的费用。

3.3.34 货损 damage to cargo

货物在运输、装卸、保管过程中发生的数量上或质量上的损失。

3.3.35 货物供应链 supply chain of goods

企业获取商品、转换商品并将其转移到市场的设计和执行过程，也被称为实体供应链，通常涵盖从供应商、承运人、工厂、仓库到客户的货物流动过程。

3.3.36 货物确认 identification of goods

通过贴上标签、放在指定区域等区别于其他库存的方式，确认特定货物是为履行特定合同而准备的，从而使买方取得货物的财产权和可保利益，如果所确认的货物与合同并不相符，买方就可以选择退货或拒收。

3.3.37 货物运输单元 cargo carrying unit/cargo care unit; CCU

货物运输、存储单元，例如公路货运车、铁路货运车、货物集装箱、公路罐车、铁路罐车或便携储罐。

3.3.38 货运代理 freight forwarder

政府机构授权的根据委托书安排他人货物进行海上运输的一方当事人。

3.3.39 货运单审计 freight bill audit

通过第三方或内部审计师对运费进行严格审查分类、评级或扩展，以确定评估费用是否正确的过程。

3.3.40 货运放行单 freight release

表明已支付所有运费的声明，货物在抵达时可以放行。

3.3.41　货运经纪人　freight broker

通过将托运人和承运人联系在一起而收取费用的中间人，其可为买方提供额外服务，但对所售货物无所有权。

3.3.42　货运拼装　freight consolidation

为了降低成本或提高运输效率，按市场区域、计划交货区域或公共仓库、货运代理等第三方联营服务，对货物进行分组装运的方式。

3.3.43　货运索赔　freight claim

由于承运人运输的货物丢失、损坏或错误评估货物重量和运费，而向承运人索赔。

3.3.44　季节性折扣　seasonal discount

为引导顾客在淡季购买季节性商品而提供的折扣。

3.3.45　寄售　consignment

一种先发运后销售的现货交易方式或现货交付方式。（1）与供应商签订协议，在客户所在地存储货物、销售货物的交易方式，货物在使用或出售之前仍归供应商所有。（2）交由公共承运人运输和交付货物的方式。

3.3.46　加盟连锁　franchise chain；FC

拥有技术和管理经验的总部，指导传授加盟店各项经营技术经验，并收取一定比例的权利金及指导费的契约关系。

3.3.47　交叉销售　cross selling

发现现有客户的多种需求，向客户推荐与其最初询价无关的商品或服务的销售技巧。

3.3.48　交货证明　proof of delivery

表示货物已交付的文件、电子信息或其他官方指示证明。

3.3.49　交货周期　delivery cycle

从处理客户订单到货物生产完毕可以装船（或交运）的时间或者从处理订单至货物到达客户指定地点的时间。

3.3.50　经销商 / 分销商　distributor

不制造自己的商品，购买和销售别人制造的商品的企业。这类企业通常持有成品库存。

3.3.51　开放订单　open order

因暂时缺货而与供应商签订的没有时间限制的订单，泛指没有交货的订单。

3.3.52　可替代商品　fungible goods

个体价值相同的商品，可以同等交换，其价值涉及实际性质、贸易用途或具体协议等方面。

3.3.53　可用量承诺　available to promise；ATP

一种最大限度地利用库存商品，及时、准确地满足客户订单需求的承诺。

3.3.54　可用能力承诺　capable to promise；CTP

一种根据生产排程结果给出满足客户订单需求交货期的承诺。

3.3.55 可转让仓单 negotiable warehouse receipt

如果仓单、提单或其他所有权凭证的条款规定货物将交付给持票人或指定人，或在海外贸易中得到认可的情况下将货物交付给指定人或受让人，则该仓单、提单或其他所有权凭证是可转让的。

3.3.56 客单价 average transaction value；ATV

每一位顾客平均购买商品的金额，也可以理解为平均交易的价值。

3.3.57 客户关系管理 customer relationship management；CRM

是遵循客户导向战略，利用现代信息技术，实现客户信息的搜集、跟踪和分析，客户联系渠道的拓展的管理模式。

[来源：GB/T 25109.1—2010，定义3.1.7]

3.3.58 客户勘探 prospecting

联系潜在客户，了解其对某种商品或服务是否有购买意向的过程。

3.3.59 客户推荐 referral

由现有客户向销售人员提供潜在客户的线索的行为。

3.3.60 客户细分 customer segmentation

根据客户属性、行为、需求、偏好和价值等因素划分的客户集合，或者基于研究划分的各种"代表性"客户群体，从而更有针对性地提供商品、服务和销售模式。

3.3.61 客户之声 voice of customers；VOC

客户对商品和服务的评论、期望、偏好等反馈声音，这种搜集、分析客户反馈数据并将其转化成有效见解的方式有助于指引营销行动。

3.3.62 捆绑销售/搭售协议 tied sale/tying arrangement

将买方不需要的物品作为购买其所需要物品的必要条件，这种协议在一些国家可能会产生反垄断的影响。

3.3.63 拉动式分销 pull distribution

在供应链上，客户的需求信息从零售商反馈到分销商，再反馈到制造商而引发的供应链活动。

3.3.64 连锁经营 chain operation

经营同类商品或服务的若干个企业，以一定的形式组成一个联合体，在整体规划下进行专业化分工，并在分工基础上实施集中化管理，将独立的经营活动组合成整体的规模经营，从而实现规模效益的一种商业组织形式和经营制度。

3.3.65 良好分销规范 good distribution practice；GDP

药品仓库和分销中心的质量体系，即药品供应和管理规范，以及世界卫生组织推荐的药品流通规范。

3.3.66 良好供应规范 good supplying practice；GSP

我国称为《药品经营质量管理规范》，

指在药品流通过程中，针对计划采购、购进验收、储存、销售及售后服务等环节制定的保证药品符合质量标准的一项管理制度。

3.3.67 零售分销 retail distribution

将商品或服务从生产者向消费者运输和销售的商业活动。

3.3.68 零售商 retailer

拥有商品所有权并将其销售给最终客户的企业。

3.3.69 履行 fulfillment

满足客户要求的相关流程，包括物流、管理和附加服务等。

3.3.70 履行服务提供商 fulfillment service provider；FSP

利用自身资源、资产为其他公司管理和执行货物储存、加工和装运事务的企业。

3.3.71 履行合同月 contract month

通过交付或接受交付而使期货合同得以履行的月份。

3.3.72 履约保证金 performance bond

在提交投标保证书后，中标人为确保履行合同中包含的所有承诺、契约、条款等向招标人提供的金钱保证。

3.3.73 履约充分保证 adequate assurance of performance

一种补救措施，允许缔约的一方在有合理理由质疑另一方履行合同的能力时，可通过书面形式要求另一方证明其具备履行合同的能力，且另一方的答复时间不得超过约定的天数（通常为 30 天），否则视为对合同的拒绝。

3.3.74 批发商 wholesaler

向其他企业而非个人消费者销售商品的企业，通常商品销售规模比较大。

3.3.75 品类树 category tree

依据经营商品的特点，划分为大类、中类、小类结构，即以树的形式结构化商品的类目。

3.3.76 品牌推广 brand promotion

企业塑造自身及商品品牌形象，旨在得到广大消费者认同的一系列活动和过程。

3.3.77 品牌忠诚 brand loyal

消费者对某一类商品中特定品牌的偏好。消费者认为该品牌以合适的价格提供了合适的商品功能或质量水平，此类消费者通常愿意为该品牌支付比其他品牌更高的价格。

3.3.78 潜在客户管理 / 客户挖掘管理 lead management/customer acquisition management

从挖掘线索客户、寻找商机到提高潜在客户数量、优化配置销售资源，从而提高潜在客户转化率的过程。

3.3.79 渠道销售管理 distribution management

面向渠道的销售管理，包含订单管理、信息处理、通信网络、材料处理、仓储、库存水平、工业包装、运输、场地和位置规划有关的管理活动，以支持分销业务。

3.3.80 全渠道零售 omni-channel retailing

企业通过对尽可能多的零售渠道类型进行组合或整合,以满足顾客随时随地购物、娱乐和社交的综合体验需求,为顾客提供在渠道间无缝穿梭的购物体验。

3.3.81 全渠道营销 omni-channel marketing

品牌方根据不同目标顾客对渠道类型的不同偏好,有针对性地进行营销定位,设计与之相匹配的商品、价格等营销要素组合,并通过各渠道间的协同营销,为顾客提供一体化的无缝购物体验。

3.3.82 任务订单和交付订单 task order and delivery order

在不定期交付合同下,以书面或口头的方式发起的特定的交货订单,其中书面订单的格式除了依据不定期交付合同的条款外,其余与采购订单基本一致。

3.3.83 商对客电子商务模式 business-to-consumer；B2C

一种商业战略,即一个组织专注于直接向消费者而不是向其他企业销售。此类组织建立电子商务网站,直接向消费者销售商品。

3.3.84 商对商电子商务模式 business-to-business；B2B/business-to-enterprise；B2E

一种商业战略,即一个组织专注于向其他企业而不是向消费者销售。这类组织建立针对企业的网站,其他企业可以访问或购买该网站上的商品。

3.3.85 商品管理 commodity management

旨在增强商品(例如玉米、黄金、天然气和石油等)的市场力量及管控商品支出的一系列过程,包括节约成本、监督质量、保障供应、增加杠杆以及维持与供应商的合作等。

3.3.86 商品品级 commodity grades

对同一品类商品,按其达到商品质量标准的程度所设定的等级。商品品级表示商品质量的高低,也是商品在某种条件下对于其用途的适合度大小的标志。

3.3.87 商品市场 commodity market

为买卖特定主要消费品、生产资料、服务而建立的实体市场和网络市场。

3.3.88 商品细分 commodity segmentation

将一个组织的总支出分为商品和服务的类别,以便利用支出和提高采购效率。常见的做法是将商品分为4类:非关键(低风险、低价值);关键或瓶颈(高风险、低价值);杠杆(低风险、高价值);战略(高风险、高价值)。

3.3.89 商业标准 commercial standards

对特定行业普遍认可和接受的产品的尺寸、材料、化学成分、制造工艺等的完整描述。

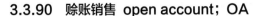

3.3.90　赊账销售　open account；OA

一种用来代替信用证的货到付款方式，采购组织在收到货物后才根据商定的条款向供应商付款。

3.3.91　深度分销管理　deep channel management

将管理范围从客户层级扩展到分销渠道中更低层级的一种企业营销管理方法。

3.3.92　市场调研　market research

收集消费者行为及偏好、同业竞争者、供应商、行业发展趋势、商品流通渠道等的相关信息，以及市场上其他领域的信息进行综合分析和评估的过程。调研结果将作为决策者进行决策的参考依据。

3.3.93　市场定价　market-based pricing

了解市场环境中某商品的供需关系，并通过精准分析供需变化对商品进行定价的方法或模型。

3.3.94　市场分析　market analysis

对一个新的概念或想法的可行性的全面研究，通常在其进入市场之前进行。

3.3.95　市场份额　market share

一个组织或者一种商品或服务满足市场总需求的百分比。（1）某社会组织投入市场的商品的需求量占同行业市场上的总需求量的比重。（2）某商品或服务的需求量占同类型商品或服务市场上的总需求量的比重。

3.3.96　市场风险　market risk

（1）市场价格的波动性导致的风险。（2）市场价格下跌可能导致整个金融市场贬值的风险。

3.3.97　市场结构　market structure

市场中各种要素之间的内在联系及其特征，包括市场供给者之间、需求者之间、供给者与需求者之间，以及市场现有要素与未来潜在要素之间的内在联系及其特征。

3.3.98　市场容量　market capacity

（1）市场在某时段内可以容纳某商品或服务的数量。（2）市场在某时段内可容纳一定数量的某商品或服务的能力。

3.3.99　市场图析　market mapping

用图表、图形等可视化工具来描述同行业竞争者、当前和潜在消费者等研究对象，以此分析其行为和心理并发现市场上的缺口和商机。

3.3.100　市场细分 / 分割　market segmentation

将市场或市场上的客户群体按照一个或多个共有的特征划分为若干不同的子市场或子客户群的策略，可以按照地理位置、人口、消费者行为或心理、消费者生活方式等特征因素进行划分。

3.3.101　市场营销　marketing

创造、沟通、传播和传递客户价值的过程，通过计划、推广、宣传、销售、经营并调整商品或服务定价以及合理分配商品或服务，从而满足社会组织或特定市场的需求的综合性活动体系。

3.3.102 适应性销售 adaptive selling

一种定制的销售方式，根据对客户、市场需求和行为的解释，调整或适应销售技巧。

3.3.103 授权销售 authorization sales

渠道节点依据销售授权进行的营销行为。

3.3.104 售后服务 after-sale service

供应商在商品销售后，对商品所提供的后续服务。

3.3.105 送货上门 door-to-door

发货人直接而非通过承运人将货物运输到收货人处。

3.3.106 缩短交货期 lead-time reduction

减少从下发订单到收到货物所需的时间，包括订单传送、订单处理、准备发货和运输等时间。

3.3.107 提前期/交付周期/前置时间 lead time

从接到订单到完成交付所需要的时间。

3.3.108 推动式分销 push distribution

供应链上游企业在没有收到需求信息的情况下先制造商品，然后通过销售渠道向下游企业推销的活动。

3.3.109 退货授权 return material authorization/return merchandise authorization；RMA

处理用户不良商品退货、换货的主要流程。亚马逊公司为了确认或授权回收有问题（或可能有问题）商品至分拨中心或生产厂商而使用授权号。通常会要求附上保修单以便公司查清商品批次以及回收的原因。RMA号（授权号）通常作为指令，注明了对回收品修理的要求，其也是确定信用等级的参考。

3.3.110 完美订单率 perfect order rate

一种测量订单履行效果的指标，指货物完全按照要求的品种和数量，准时、完好无损地被送往客户处，并且相关的文字记录准确无误的订单数占总订单数的百分比。

3.3.111 细分市场 market segment

（1）将某个商品的市场划分为若干个不同消费群体的过程。（2）对市场刺激具有相似反应的广大消费者组成的群体。

3.3.112 现货销量 shelf off-take

消费者在给定时间内购买的特定快速消费品的销售量。

3.3.113 响应式订单履行 responsive order fulfillment

企业履行客户订单所需要的时间，一种以客户为中心的度量标准，反映了企业满足客户定制化需求的快速程度，通常受到内部订单履行流程和外部要求的共同影响。

3.3.114　消费者剩余 / 消费者净收益 consumer surplus

消费者在购买一定数量的某种商品时愿意支付的最高总价格与实际支付的总价格之间的差额，用来衡量消费者感觉自己所获得的额外利益。

3.3.115　消费者市场 consumer market

对某种商品或服务有购买意愿和能力的潜在消费者的集合。

3.3.116　销售成本 cost of goods sold; COGS

一定时期（通常是一年）内与销售的商品相关的累计直接材料费用、直接人工费用以及其他间接费用的货币价值，通常在结算该时期收益时使用。

3.3.117　销售担保 / 商销性担保 warranty of merchantability

卖方保证所销售的商品具有适合商业销售的品质，质量没有问题，可以正常使用。

3.3.118　销售订单 sales order

销售组织在对客户的销售活动中，在商务信息确定之后所形成的单据。

3.3.119　销售返利 sales rebate

企业根据事先约定的条件以及实际的销售情况，向分销渠道中各级节点提供销售奖励的业务行为。

3.3.120　销售管理 sales management

通过制定战略、设定目标、监督销售队伍、评估和报告结果来指导销售工作。

3.3.121　销售合同 sales contract

买卖双方在商品或服务销售过程中订立的合同。

3.3.122　销售及管理费用 / 销售及行政开支 selling, general and administrative expenses；SG&A

与组织管理和商品销售相关的成本，通常包括员工工资和福利、办公和销售等方面的费用，涉及管理、财务、营销和销售等领域。

3.3.123　销售利润率 return on sales

企业税后净收入和净收入之间的比值，可用来衡量企业盈利能力。

3.3.124　销售收入 revenue

向客户收取的商品或服务的总货款。收入为企业带来资产流入（通常是现金或应收账款）或债务结算（如果客户提前支付）。在损益表中，销售收入被列为销售额。

3.3.125　销售异议 prospect objection

潜在客户向销售人员提出的有关不能完成购买的疑虑或问题。

3.3.126　销售预订单 selling requisition

客户向销售组织要货的单据，或者销售意向单据，在商务上落实之后，需要转化为销售订单。

3.3.127　销售账户 sales account

记录企业向客户销售商品或提供服务过程中现金和信用交易收入的文件。

3.3.128　销售周期　sales cycle

从接收订单到货款回收的过程,包含识别和鉴定潜在客户、确定商品或服务、接收和确认订单等。

3.3.129　心理份额　mindshare

对商品或服务、实体或概念的认知,通常是营销活动的关键目标。

3.3.130　新零售　new retailing

企业以互联网为依托,运用大数据、人工智能等先进技术手段,对商品的生产、流通与销售过程进行升级改造,进而重塑业态结构与生态圈,并对线上服务、线下体验以及现代物流进行深度融合的零售新模式。

3.3.131　延期交货 / 延期订单　back order

对于因缺货或其他原因订购了但未发货的物品的处理方式,被广泛用作供应商绩效和客户服务的衡量标准。例如,延期订单的百分比、出现的频次和延期的天数。

3.3.132　隐蔽性损坏　concealed damage

货物交付时由于外部包装和封条完好无损而未被观察到的损坏。

3.3.133　应收账款天数　days sales outstanding；DSO

从取得应收账款权利到收回款项、转换为现金所需的时间。

3.3.134　营销渠道　marketing channels

商品或服务转移所经过的路径,使商品或服务便于使用或消费。由参与商品或服务转移活动的所有组织构成。

3.3.135　预警信号　warning signal

对即将发生的事件(通常指危险或者不好的情况)的指示或交流。例如,潜在客户未回复预示着销售可能会失败。

3.3.136　预算、决策、需求和时间线　budget, authority, need, and timing；BANT

一种潜在客户资格确认方法,销售代表可以根据预算、决策、需求和时间线确定潜在客户是否合适。预算代表潜在客户愿意支付的价格,决策代表潜在客户是否拥有最终购买决策权或是否是关键决策者,需求代表潜在客户真实的需求,时间线代表潜在客户需求的时间紧迫性。

3.3.137　整机保障 / 质保　full warranty

制造商对于商品如果有任何问题无法修复则将其整体更换的保证。该保证下所有权可以转移。

3.3.138　直达患者　direct to patient；DTP

直达患者的药品销售模式。

3.3.139　直接对消费者　direct to consumer

直接面向消费者销售商品或服务的形式。

3.3.140　直接商品　direct goods

卖方无须通过任何中间商或中间人转卖给买方,从而达到其销售目的的商品;买方也无须通过任何中间商或中间人向卖方代购,从而达到其购买目的的商品。

3.3.141　直营连锁　regular chain；RC

由公司本部直接经营投资管理各个零

售点的经营形态。

3.3.142　重复业务 / 回头生意 repeat business

客户从企业处再次购买商品。通常情况下，找到新客户的成本比留住老客户的成本更高，回头客能使企业以更低的成本获得更高的利润。

3.3.143　主要购买动机 dominant buying motive；DBM

一种引发消费者购买欲望和购买行为的内在心理动力，包括目的、意愿、需求、情绪、心态等内部因素。

3.3.144　专卖店 exclusive shop

专门经营或授权经营以某一主要品牌（制造商品牌和中间商品牌）商品为主的零售业态。

3.3.145　转售商 reseller

一种特殊的中间商，其特点是在销售过程中，代表卖方或者买方处理部分事务，不介入实际的物流交接过程。买卖双方可以直接商谈并处理物流业务，但不能直接结算，而是需要按预先约定的价格或者折扣通过该转售商完成结算。

3.3.146　追加销售 upselling

一种向消费者推广更昂贵的商品或服务，或者附加商品和商品升级的销售技巧。

3.3.147　最终消费者 ultimate consumer

最终享受商品或服务的客户。

3.3.148　准时交付率 on-time delivery rate

一项检测订单履行效率的指标，等于在约定的时间内送达客户节点的订单数量占总订单数量的百分比。

3.4　物流

3.4.1　20 英尺标准箱 twenty-foot equivalent unit；TEU

长度为 20 英尺（1 英尺为 0.3048 米）的集装箱尺寸标准，是集装箱尺寸的国际标准计量单位。

3.4.2　40 英尺当量单位 forty-foot equivalent unit；FEU

尺寸为 40 英尺 ×8 英尺 ×8 英尺的容器，其容量是 20 英尺标准箱的两倍。

3.4.3　FOB 发运地条款 FOB origin

物权在发运地进行交接的 FOB 条款。买方承担货物运输过程中的全部责任。

3.4.4　FOB 目的地条款 FOB destination

物权在目的地进行交接的 FOB 条款。卖方承担货物到达目的地前的全部责任。

3.4.5　SKU stock keeping unit

物理上不可分割的最小存货单元，即库存进出计量的基本单元。

3.4.6 安全库存 safety stock

用于应对不确定性因素而准备的缓冲库存。

[来源：GB/T 18354—2021，定义 7.2]

3.4.7 按订单拣选 order picking

按照订单将商品从存储区取出来的过程。

3.4.8 按流程拣选 flow picking

一次完成所有当前可以处理的全部订单的拣选作业。分拣人员或分拣工具一边拣货、一边处理订单，确保一次性完成所有需要执行的拣选任务。

3.4.9 按批次拣选 batch picking

分拣人员或分拣工具同时分拣多个订单的拣货方式，又称为播种式拣选法。即先将多张订单集合成一批，然后将商品分类加总后再依据不同客户或不同订单分类集中拣货。

3.4.10 班列 scheduledrailway express

按照固定车次、线路、班期、全程运输时刻开行的铁路快运货物列车。

[来源：GB/T 18354—2021，定义 4.18]

3.4.11 搬运 handling

在同一场所内，以人力或机械方式对物品进行空间移动的作业过程。

[来源：GB/T 18354—2021，定义 4.47]

3.4.12 包装 package/packaging

为在流通过程中保护产品、方便储运、促进销售，按一定技术方法而采用的容器、材料及辅助物等的总体名称。

注：也指为了达到上述目的而采用容器、材料和辅助物的过程中施加一定技术方法等的操作活动。

[来源：GB/T 18354—2021，定义 4.50]

3.4.13 包装代加工 co-packing

通过外部公司对商品进行包装。

3.4.14 包装功能 packaging functions

包装所具有的功能，包括密封、保护、分配、统一、便捷和沟通等。

3.4.15 包装模数 package module

包装容器长和宽的尺寸基数。

[来源：GB/T 18354—2021，定义 3.20]

3.4.16 保管 stock keeping

对物品进行储存，并对其进行保护和管理的活动。

[来源：GB/T 18354—2021，定义 4.24]

3.4.17 保管费 / 库存持有成本 carrying cost/inventory holding cost

管理库存所需的成本，包括投资的机会成本、储存和搬运成本，以及税收、保险、损耗、损坏和报废的风险成本等。

3.4.18 波次拣选 wave picking

将订单根据某种标准进行分类（如使用同一个承运商、去往同一个目的地或同一个工作中心的订单）合并为一个波次的拣货方式，以减少等单时间。

3.4.19　波动库存　fluctuation inventory

为应对不断变化的预测结果或需求而持有的缓冲库存。

3.4.20　不经配送中心　distribution center bypass/DC bypass

通过处理和标记货物，使其在源头储存装运，从而取消对配送中心的需求的过程。需要制造商、第三方物流提供商和面向客户的渠道之间共同合作，才能获得缩短周转时间和降低成本的优势。

3.4.21　不另说明　not otherwise specified

一种表明商品未被完全识别的运输费率类别。

3.4.22　仓储　warehousing

利用仓库及相关设施设备进行物品的入库、储存、出库的活动。

[来源：GB/T 18354—2021，定义 4.22]

3.4.23　仓储管理　warehousing management

对仓储及相关作业进行的计划、组织、协调与控制。

[来源：GB/T 18354—2021，定义 7.23]

3.4.24　仓单　warehouse receipt

仓储保管人在与存货人签订仓储保管合同的基础上，按照行业惯例，以表面审查、外观查验为一般原则，对存货人所交付的仓储物品进行验收之后出具的权利凭证。

[来源：GB/T 18354—2021，定义 4.36]

3.4.25　仓库管理　warehouse management

对库存物品和仓库设施及其布局等进行规划、控制的活动。

3.4.26　仓库货物周转率　warehouse goods turnover rate

衡量货物周转速度的指标，一般用一定时期内出库总金额（总数量）与平均库存金额（数量）的比率来表示。

3.4.27　仓库信息网络标准　warehouse information network standards；WINS

运用信息技术或人工智能等科技手段，将有关存放货品的场所及设施的数据或资料进行处理、分类、存储的统一化管理规定或准则。

3.4.28　仓配一体　integration of warehousing and distribution

为客户提供一站式仓储与配送服务的运作模式。

[来源：GB/T 18354—2021，定义 7.20]

3.4.29　拆箱 / 分拨　deconsolidation

大型入库货物被分解为较小的出库货物的过程。

3.4.30　长途运输　line-haul

在主要城市或节点之间、与本地服务不同的运输，适用于铁路、公路、水路、航空、管道等所有的运输方式。

3.4.31　长途运输费　line-haul rate

货物长途运输所收取的运费。通常情况下，运价并不包括任何相关的货物处理，例如集装箱升降和轨道车厢装卸。

3.4.32 车辆荷载 vehicle load carload; CL

地面上行驶的汽车、火车、飞机等通过轮压作用在管道上的外压，也是车辆在构筑物（公路、桥梁和隧道等）上静止或运动时对构筑物产生的作用力。

3.4.33 车辆总重 gross vehicle weight; GVW

车辆的重量，包括车辆本身、乘客及货物重量。

3.4.34 衬板/衬料 dunnage

用于保护物品在运输过程中不受损坏的包装材料。

3.4.35 成品库存 finished goods inventory; FGI

已完成所有制造步骤、可供客户使用的货物库存。

3.4.36 成套配货 set parts system

在向产品装配线配送物料时，将物料按照一台套的加工顺序进行排列并集中放在一个物料箱中，在不同工位装配时，物料箱随产品一起移动的配货方式。

3.4.37 承运人证书及放行令 carrier's certificate and release order

提供给客户用于告知海关货物详细信息的证书，包括货物所有人及收货人等信息。

3.4.38 城际货运 intercity freight

在城市之间的货物运输，不是从生产供给地（如农场）到消费需求地直接的货物运输过程。

3.4.39 持续补货 continuous replenishment

指零售商与供应商共享有关商品库存的实时数据并达成合作，一旦出现库存不足或有任何相关需求，可由供应商自动补货或替换库存从而减少采购及物流成本的方法。

3.4.40 出向物流 outbound logistics

从生产线末端到最终用户或最终消费者的商品移动和储存相关的过程。

3.4.41 储存 storing

贮藏、保护、管理物品。

[来源：GB/T 18354—2021，定义4.23]

3.4.42 鱼背运输/载驳运输 fishyback

由驳船或渡船使用滚装系统进行的载重卡车拖车的过程。

3.4.43 存储单元 stock keeping unit; SKU

依据物品特点确定，便于对物品进行存放、保护、管理的相对独立的规格化单位。

[来源：GB/T 18354—2021，定义4.35]

3.4.44 存货控制 inventory control

使库存物品的种类、数量、时间、地点等合理化所进行的管理活动。

[来源：GB/T 18354—2021，定义7.24]

3.4.45　存货质押融资监管　inventory financing supervision

需要融资的企业（即借方），将其拥有的存货作为质物，向资金提供企业（即贷方）出质，同时将质物委托给具有合法保管存货资格的物流企业（中介方）保管和占有，以获得贷方资金的业务活动。

[来源：GB/T 18354—2021，定义 4.37]

3.4.46　存货周转　stock rotation

为保证存货的新鲜度，需要定期更换库存商品以减少商品过期、过时、折损、陈旧等原因造成的库存损失。

3.4.47　呆滞库存　excess & obsolete；E&O

一类处于呆滞状态、多余的或废弃的库存，即暂时不用或永远没有机会使用的具有风险的库存。

3.4.48　带板运输　palletized transport

将货物按照一定规则，合理码放到标准托盘上并整合为标准化物流单元，进而开展装卸、搬运、运输、配送等作业的一种运输活动。

[来源：GB/T 18354—2021，定义 4.15]

3.4.49　单订单拣选　single order picking

分拣人员或分拣工具巡回于各个储存点并将单个订单所需货物取出，完成配货任务。货位相对固定，而分拣人员或分拣工具相对运动。

3.4.50　单元装卸　unit loading and unloading

用托盘、容器或包装物将小件或散状物品集成一定质量或体积的组合件，利用机械对组合件进行装卸的作业方式。

[来源：GB/T 18354—2021，定义 5.5]

3.4.51　到货通知　arrival notice

申报货物预计到达时间及有关货物详情的材料。

3.4.52　等液位灌装法　constant-level filling

一种包装方法，可以适应瓶子和罐子的大小或形状的任何细微变化。填充线在每个容器上处于相同的高度，因此当它们在展示架上时，所有容器的填充方法看起来都是完全相同的。

3.4.53　递减运费率　tapering rate

货物的运费随着距离的增加而增加，但是增加的比例小于货物运输距离增加的比例。

3.4.54　第三方物流　third party logistics；3PL

由独立于物流服务供需双方之外且以物流服务为主营业务的组织提供物流服务的模式。

[来源：GB/T 18354—2021，定义 3.7]

3.4.55　第四方物流供应商　fourth-party logistics provider；4PL

通过对物流资源、物流设施和物流技术的整合与管理，提出物流全过程解决方案并有效实施的"一个供应链集成商"。

3.4.56 定量订货制 fixed-quantity system; FQS

当库存量下降到预定的库存数量（订货点）时，立即按一定的订货批量进行订货的一种方式。

[来源：GB/T 18354—2021，定义 7.3]

3.4.57 定期订货制 fixed-interval system; FIS

按预先确定的订货间隔期进行订货的一种方式。

[来源：GB/T 18354—2021，定义 7.4]

3.4.58 定容填充 constant-volume filling

一种确保在每个容器中放置相同数量的商品的包装方式。

3.4.59 定制物流 customized logistics

根据用户的特定要求而为其专门设计的物流服务模式。

[来源：GB/T 18354—2021，定义 4.56]

3.4.60 独立需求库存 independent demand inventory

客户对某种库存物品的需求与其他种类的库存物品无关，表现出对这种库存物品的需求的独立性，可以根据预测、客户订单或维修零件生成需求。

3.4.61 堆码 stacking

将物品整齐、规则地摆放成货垛的作业。

[来源：GB/T 18354—2021，定义 4.26]

3.4.62 囤积库存 / 避险库存 hedge inventory

（1）用来缓冲可能并不会发生的事件带来的影响。囤积库存计划涉及对潜在的罢工、物价上涨、社会动荡以及严重影响企业发展战略等的事件的推测。囤积库存的风险巨大，通常需要企业管理层高度重视。（2）由运用套期保值方法对冲未来价格波动风险的商品组成的库存。

3.4.63 多车费率 multiple car rates

为运输填满几节铁路货运车厢的大量货物的托运人制定的费率。

3.4.64 多式联运 multimodal transportation/intermodal transportation

（1）货物由一种运载单元装载，通过两种及以上运输方式完成运输，强调一个承运人承担全程运输责任。（2）货物全程由一种运载单元或道路车辆装卸，通过两种及以上运输方式无缝接续。

3.4.65 多温共配 multi-temperature joint distribution

按照客户需求，在同一个车辆上对两种及以上不同温控需求的货物进行的共同配送方式。

[来源：GB/T 18354—2021，定义 4.39]

3.4.66 发货 release

授权供应商根据既定合同装运规定数量的材料。

3.4.67　发料单位　unit of issue

从仓库发出的物料的计量单位。

3.4.68　分段暂存　staging

为生产或销售订单挑选材料，并将其转移到一个单独的区域进行整合或发现短缺的业务功能。分段物料通常作为货位转移处理，而不是作为发往目的地用于满足生产或销售订单的物料。

3.4.69　分拣　sorting and picking

将物品按一定目的进行分类、拣选的相关作业。

[来源：GB/T 18354—2021，定义 4.30]

3.4.70　分流　diversion

允许中途改变货物的目的地或收货人的承运人服务，可收取或不收取额外费用，这只能在货物所有人的要求下进行。

3.4.71　分区拣选　zone picking

分拣人员或分拣工具在各自负责的仓储区域拣货的方式，订单（或拣货单）也会根据仓储区域进行划分、分发。

3.4.72　分散式库存控制　decentralized inventory control

将库存商品从一个集中存放点运送并存储到多个分散的、距离需求方更近的地点，从而减少运输时间并给予需求方更多便利的库存管理系统。

3.4.73　附属费用　accessorial charges

承运人在运输费用之外可能收取的费用，包括单次装运、内部交付、通知、储存和再交付的费用。

3.4.74　腹舱货运　belly freight

在定期航班客机的"腹部"（即客机的下层甲板）装载航空货物的运输方式。

3.4.75　公开存储　open stores

一种存储系统，其中的材料可以公开提供给所有需要它们的人，无须安全性保障或交易。例如办公用品柜和地板库存。

3.4.76　功能性确认　functional acknowledgment

表示收到货物的标准化的 EDI 表单，它会自动生成并发送回运输组织。

3.4.77　共同配送　joint distribution

由多个企业或其他组织整合多个客户的货物需求后联合组织实施的配送方式。

[来源：GB/T 18354—2021，定义 4.38]

3.4.78　共同物流　common logistics

企业之间为提高物流效率、实现物流合理化所建立的一种功能互补的物流联合体。

3.4.79　共享库存　shared inventory

多方共用库存资源并统一调度的库存管理模式。

[来源：GB/T 18354—2021，定义 7.17]

3.4.80　共享配送　shared distribution

（1）两个或多个组织之间就管理和运营某实体分销网络所涉及的成本与收益进行分担。（2）在计算机网络中，多个用户在用户 – 服务器关系中共享公共服务器。

3.4.81　固定地点储存　fixed location storage

一种存储系统，其中为每个项目分配一个相对永久的位置。

3.4.82　滚装运输　rolling transport

货物通过自身车轮或其他滚动行驶系统驶上、驶下／离滚装船舶而实现的运输活动。

[来源：GB/T 18354—2021，定义 4.16]

3.4.83　滚装作业　roll-on roll-off

货物经跳板在码头与船舶之间通过其自身的车轮或其他滚动行驶系统进行装卸的作业方式。

[来源：GB/T 28399—2012，定义 3.1]

3.4.84　过期库存　obsolete inventory

符合组织废弃标准的库存，它将永远不会被使用或以全价出售。

3.4.85　航次租船合同／航程租船合同 voyage charter

船舶出租人和承租人签订的关于船舶出租人按一个或几个航次将船租给承租人，而由承租人支付约定运费的书面协议。

3.4.86　合并库存　consolidation of inventory

将分散的库存整合到一个或几个地点的过程。库存整合也可以虚拟化完成，即无论库存的实际空间位置如何，信息系统都可以以可视化的方式显示所有库存的位置。

3.4.87　合同物流　contract logistics

物流经营者通过整合、管控资源，按照合同约定的时间、地点、价格等内容为物流需求方提供的物流服务模式。

[来源：GB/T 18354—2021，定义 4.61]

3.4.88　荷载系数　load factor

一项衡量营运效率的指标。（1）承运人用于确定所用车辆承载能力的百分比。（2）在民用航空业中，用于表示营收乘客里程（revenue passenger miles）占可用座位里程（available seat miles）的百分比。

3.4.89　缓冲库存　buffer inventory

用于应对需求或供应系统中的不确定性而持有的额外库存。

3.4.90　换装　transshipment

将货物由一运输工具上卸下，再装到另一运输工具上的物流衔接作业。

[来源：GB/T 18354—2021，定义 4.31]

3.4.91　回程　backhaul

表示运输工具从交付地点返回出发地，包括满载或部分载货，如果回程无装载则被称为空车返回。

3.4.92　货车荷载　truckload；TL

按体积或质量装满货车所需的货运量，是货车荷载费率的设定依据。通常车货总质量超过 18,000 千克的二轴货车为超限运输车辆。

3.4.93　货垛　goods stack

按一定要求将货物堆码所形成的货物单元。

[来源: GB/T 18354—2021, 定义 4.28]

3.4.94　货物等级费率 class freight rate

根据货物分类等级得出的费率。货种费率仅适用于选定的商品,而货物等级费率可以适用于所有装运的商品。创建货物等级费率是为每种运输的商品设定特定费率的简化过程。

3.4.95　货运单 waybill

显示产地、目的地、路线、发货人、收货人、装运说明和运输费用的运输单据。

3.4.96　货运审计 freight audit

对货运单和记录进行检查,以确定运费是正确合理的,并与所装运的商品和装运方法相一致的业务功能。

3.4.97　货种费率 commodity rates

为每一种货物分别制定的基本运费率。

3.4.98　机会越库 / 拉货即运 opportunistic cross-docking

将实际收到的物品与出库订单进行匹配,在没有入库的情况下直接发货的越库技术,即将物品直接从收货区转移到发货区,以满足指定的客户需求。

3.4.99　基础库存 base stock

库存管理的一种形式,每当有需求出现时,立即下订单以替换已用(或售出)的库存。

3.4.100　基础库存系统 base-stock system/par-stock system

一种库存系统,在这种系统中,每次

提货时都会发出补货订单,而且订货的数量等于提货的数量。这种类型的系统也被称为票面库存系统(将库存恢复到票面水平)、预存库存系统。

3.4.101　即时配送 on-demand delivery

立即响应用户提出的即刻服务要求并且短时间内送达的配送方式。

[来源: GB/T 18354—2021, 定义 4.40]

3.4.102　集货 goods collection

将分散的或小批量的货物集中起来,以便进行运输、配送的活动。

[来源: GB/T 18354—2021, 定义 4.44]

3.4.103　集卡运费 / 短驳费 drayage

为运输和转移货物而收取的费用,通常为地方性的或短途的。这个词也用来表示货物的物理运动。

3.4.104　集拼 consolidation

将不同货主且流向相同的小批量货物集中起来、分类整理,并拼装至同一集装单元器具或同一载运工具的业务活动。

[来源: GB/T 18354—2021, 定义 4.21]

3.4.105　集疏运 collection and distribution

以大型物流节点为中心,运用各种运输方式将货物集中或疏散的运输活动。

[来源: GB/T 18354—2021, 定义 4.20]

3.4.106　集运商 consolidator

从几个托运人处收集小批货物(小于

卡车货、汽车货），并将它们合并成大批货物（卡车货、汽车货、集装箱）交付给收货人的承运人。

3.4.107　集装化 unitization

用集器器具或采用捆扎方法，把物品组成标准规格的货物单元，以便进行装卸、搬运、储存、运输等物流活动的作业方式。

[来源：GB/T 18354—2021，定义 5.8]

3.4.108　集装箱荷载量 / 整箱装载 container load；CL

（1）集装箱的额定重量减去其自重后的数字，就是理论上该箱所能装载的最大货物重量。（2）一个托运人的货物装满整个集装箱的过程。

3.4.109　集装箱化 containerization

一种主要在多式联运和国际运输中使用大型的、密封的标准尺寸集装箱的做法。集装箱可以在铁路、公路和水路之间有效地转运，以减少运输时间、降低包装要求，以及减少被偷窃、损坏的情况发生，通常还可以降低成本。

3.4.110　集装运输 unitized transport

使用集器器具或利用捆扎方法，把裸状物品、散状物品、体积较小的成件物品，组合成为一定规格的集装单元进行运输的一种组织形式。

[来源：GB/T 18354—2021，定义 5.3]

3.4.111　季节性库存 seasonal inventory

出于季节性原因，在高需求期之前根据预测建立的库存。季节性是一种逐年（或其他重复的时间间隔）重复的需求模式，某些时期的需求明显高于其他时期。

3.4.112　加固 securing

为保证稳定性、完好性和安全性而将货物合理固定的作业。

[来源：GB/T 18354—2021，定义 4.48]

3.4.113　拣选 picking

从仓库中挑选或选择物品的过程。通常在提单的协助下完成所需物品的装配。

3.4.114　拣选和包装 picking and packing

根据特定的客户订单选择货物并包装运输的过程。这通常是一个高度手动化的过程，尽管软件和自动化设备已经提高了这个过程的效率。

3.4.115　减速运航 slow steaming

在远洋运输中，为了节省燃料而使船只以低于正常速度航行的做法。常见于燃料价格高的时期。

3.4.116　节点 node

公司物流系统中的一个固定点，货物在此停留或在不同固定点（如工厂、仓库、供应源、市场目的地）之间转移。

3.4.117　解耦库存 decoupling inventory

将一个流程与另一个流程分离时需要在二者之间建立的库存，从而使两个流程相互独立，有时也称为线平衡库存。

3.4.118　进向物流　inbound logistics

将货物运输、储存和交付到企业内部的过程。

3.4.119　精益物流　lean logistics

消除物流过程中的无效和非增值作业，用尽量少的投入满足客户需求，并获得高效率、高效益的物流活动。

[来源：GB/T 18354—2021，定义 3.32]

3.4.120　净重填充　net weight filling

一种确保在每个容器中放置相同重量的商品的包装方式。

3.4.121　军地物流一体化　integration of military logistics and civil logistics

对军队物流与地方物流进行有效的动员和整合，实现军地物流的统一、融合和协调发展。

[来源：GB/T 18354—2021，定义 3.37]

3.4.122　军事物流　military logistics

用于满足平时、战时及应急状态下军事行动物资需求的物流活动。

[来源：GB/T 18354—2021，定义 3.30]

3.4.123　均一费率 / 品目无差别运费率 freight all kinds；FAK

一种按箱计费率，对箱内所有货物不分品种、均收取统一运价的计费方法，该方法鼓励将多种商品合并拼箱运输以降低运输成本。

3.4.124　卡位放置 warehouse slotting

聚焦于在最大限度地减少空间需求的同时，最大限度地提高处理效率的仓库商品放置策略，即空间省、效率高的有利位置。

3.4.125　可用体积　attainable cubic feet；ACF

仓库中现有可用的立体空间，它是由可用存储面积（单位为平方英尺）乘以安全法规允许的堆叠高度和地板荷载限制系数得出的。

3.4.126　空车返回　deadhead

运输车辆或集装箱空载返回原点。亦称为空载或空驶。

3.4.127　空运单　air waybill

国内和国际航空运输公司用于空运的一种单据，说明所运货物、装运指示和装运费用。

3.4.128　空运货物　air cargo

航空运输的货物。

3.4.129　库存　inventory

储存作为今后按预定的目的使用而处于备用或非生产状态的物品。

注：广义的库存还包括处于制造加工状态和运输状态的物品。

[来源：GB/T 18354—2021，定义 4.33]

3.4.130　库存成本　inventory cost

库存过程中所发生的全部费用，包括库存持有成本、库存购置成本和库存缺货成本。

3.4.131　库存购置成本　acquisition costs of inventory

为了获得库存而承担的费用，主要有

两类：（1）外购的订货成本；（2）自制的生产准备成本。

3.4.132 库存估价 inventory valuation

存货的既定价值。由于采购价格随时间而变化，因此在计算存货价值时经常考虑存货的年限。存货价值可以用后进先出、先进先出或平均成本法等方法来计算。

3.4.133 库存管理 inventory management

与计划和控制库存有关的业务职能。

3.4.134 库存回购 inventory buyback

供应商提出的回购客户尚未售出、过时或不再需要的库存的要约。

3.4.135 库存可用天数 days of supply；DOS

现有库存满足未来需求的天数。

3.4.136 库存水平 stock level

商品（或者货物）持有者需要维持的能够保障商品高效管控的（不会造成商品过剩或短缺的），或者能够满足需求方对商品的正常需求的商品持有量或存储量。

3.4.137 库存损耗 inventory shrinkage

因变质、被盗、过期、报废等原因造成的库存损失。

3.4.138 库存天数 days inventory outstanding；DIO

库存转化为销售额之前持有库存的平均天数。

3.4.139 库存优化 inventory optimization

（1）满足客户服务要求的最低库存水平。（2）库存结构和库存量合理化的过程。

3.4.140 库存周期 inventory cycle time

库存物品从入库到出库的平均时间。

[来源：GB/T 18354—2021，定义4.34]

3.4.141 库存周转率 inventory turnover ratio

库存周转速度的衡量指标，等于商品的年销售额除以平均库存水平或者等于年营业成本（销售成本）除以平均存货余额。

3.4.142 库存周转天数 stock turn

存货从（商品）入库至被消耗（销售）所经历的天数。

3.4.143 快递服务 express service

在承诺的时限内快速完成的寄递服务。

[来源：GB/T 18354—2021，定义4.19]

3.4.144 拉动式配货策略 pull distribution strategy

一种通过现场仓库本身而不是通过中央控制点决定配货数量、配货种类和配货时间的策略。

3.4.145 老龄库存 aging

一类处于"过期掉值"或呆滞风险状态的库存。组织为了规避时装、电子器件等库存物资面临的过时、过期、报废等风险，根据到期日期、收货日期、过期日期等因素，将发票、订单、库存和生产批次分成不同的时间段，从而将注意力集中在即将过期和最紧急的项目上。

3.4.146　离散订单拣选　discrete order picking

一种拣选货物的方法，其中一个订单的项目在下一个订单开始之前全部被拣选。

3.4.147　里程运费率 / 里程价　distance rate

一种基于里程数计算费用的收费方式。

3.4.148　理货　tally

在货物储存、装卸过程中，对货物进行整理等相关作业的活动。

[来源：GB/T 18354—2021，定义 4.43]

3.4.149　联合库存管理　joint managed inventory；JMI

供应链成员企业共同制订库存计划，并实施库存控制的供应链库存管理方式。

[来源：GB/T 18354—2021，定义 7.26]

3.4.150　联合运输　intermodal

一次运输过程中采用多种运输方式的运输。例如，由卡车装载海运集装箱运到港口再由轮船运输，轮船到岸后由另一辆卡车装载运输。在卡车运输行业，联合运输通常指卡车与轨道运输的结合。

3.4.151　联运　interline freight interlining

由多个承运人利用运输工具或运输系统通过货运线路将货物从起点运输到目的地的过程。

3.4.152　联运费率 / 联合运费　joint rate

（1）在两条或两条以上的运输线路（相关线路合作提供服务）运输一批货物的费率。（2）由两个或两个以上承运人在某一线路上运输某货物的运费。

3.4.153　零担　less than carload；LCL

无法装满整个车厢的小票货物，或低于符合整车运费率要求的数量的货物。

3.4.154　零担运输　less-than-truck-load transport

一批货物的重量、体积、形状和性质不需要单独使用一辆货车装运，并据此办理承托手续、组织运送和计费的运输活动。

[来源：GB/T 18354—2021，定义 4.14]

3.4.155　零库存　zero inventory

准时制生产中的库存策略，用于描述没有多余库存的情况，生产由准时到达的材料支持。

3.4.156　领导型物流　lead logistics

对整个物流过程或供应链端到端进行管理，包括采购、仓储、配送、进出港运输、信息交换等。

3.4.157　领导型物流提供商 / 主要物流提供商　lead logistics provider；LLP

为客户提供综合物流管理服务的企业，通常负责管理物流而不是执行物流操作，与第三方物流提供商签订合同委托第三方物流提供商代表其客户执行物流操作。

3.4.158 流入式越库 flow-through cross-docking

一种物流配送技术，在接收时进行货物分解并通过自动化系统移动货物，将分类后的货物运送到出站的拖车或轨道车上交付给客户，以此消除或最小化仓储需要。

3.4.159 流通管道 pipeline

（1）一种运输工具。（2）运输和配送系统。从供应商到买方再到最终用户的货物运输被视为在管道中流动，即上游的原材料沿着管道流向下游，下游的商品沿着管道流向最终用户。

3.4.160 流通加工 distribution processing

根据顾客的需要，在流通过程中对产品实施的简单加工作业活动的总称。

注：简单加工作业活动包括包装、分割、计量、分拣、刷标志、拴标签、组装、组配等。

[来源：GB/T 18354—2021，定义4.54]

3.4.161 路由/路径规划 routing

（1）确定货物如何从发货地运往目的地的路径，包括选择承运人和地理路线。（2）在计算机领域指确定端到端的路径并将数据转发的网络过程。

3.4.162 码盘作业 palletizing

以托盘为承载物，将物品向托盘上堆放的作业。

[来源：GB/T 18354—2021，定义4.27]

3.4.163 每平方米成本 cost per square meter；CSM

利用单位面积（每平方米）计算得到的仓库运营的基本成本。

3.4.164 门到门运输 door to door transport

承运人在托运人指定的地点收取货物，负责将货物运抵收货人指定地点的一种运输服务方式。

[来源：GB/T 18354—2021，定义4.8]

3.4.165 免检入库 ship-to-stock

（1）物料不需要检验就接收入库。（2）具有免检标识的指定项目不需要检验。

3.4.166 免责运费 released rate

托运人免除承运人在运输期间对损失和损坏的责任时，承运人收取的较低的运费。

3.4.167 逆流 upstream

与供应链物料流、商品流路径相反的流。例如，货物包装由制造商流向上游的原材料供应商、废弃家电由最终用户流向上游的制造商。

3.4.168 逆向配送 reverse distribution

与供应链物料流、商品流路径相反的配送。例如，召回缺陷商品的过程，即从用户回到卖家（厂家）的售后部门的过程。

3.4.169 盘点 stock checking

对储存物品进行清点和账物核对的活动。

[来源: GB/T 18354—2021, 定义 4.29]

3.4.170　配送 distribution

根据客户要求,对物品进行分类、拣选、集货、包装、组配等作业,并按时送达指定地点的物流活动。

[来源: GB/T 18354—2021, 定义 3.3]

3.4.171　配送网络 distribution network

由一系列设施和运输节点组成,用于将物品从供应地运送到需求地。

3.4.172　配载 load matching planning

根据载运工具和待运物品的实际情况,确定应装运货物的品种、数量、体积及其在载运工具上的位置的活动。

[来源: GB/T 18354—2021, 定义 4.49]

3.4.173　批量库存 lot size inventory

受价格波动、数量折扣、运输经济等因素的影响,为规避风险、享受优惠、降低订货成本等形成了一种批量采购或生产方式,由此形成的可能超出实际需要的以批量为单位进出的库存就是批量库存。

3.4.174　拼箱 / 拼箱货 less than container load; LCL

(1)承运人将多个托运人的货物合并到同一个集装箱的行为。(2)没有完全占据整个集装箱的小票货物。

3.4.175　平均仓库成本 average warehouse cost

一种库存成本计算方法,在每次收货时通过将收货的实际成本与当前库存的成本平均来重新计算一个项目的成本。

3.4.176　平均库存 average inventory

一定时期内库存的平均水平。

3.4.177　期末库存 ending inventory

在一个库存会计期结束时,可供使用或销售的物品的账面价值。账面价值可以用后进先出、先进先出或平均成本法等方法来确定。

3.4.178　企业物流 enterprise logistics

生产和流通企业围绕其经营活动所发生的物流活动。

[来源: GB/T 18354—2021, 定义 3.26]

3.4.179　区域库存优化 regional inventory optimization

企业将某个区域的自有库存与渠道库存合并考虑,针对区域制定统一的库存补货策略,对渠道库存中的滞销情况及时预警,允许将滞销物品调剂给其他节点的库存管理模式。

3.4.180　渠道库存 channel inventory

所有权归各类分销渠道节点,尚未销售给最终用户的商品库存。

3.4.181　燃油附加费 fuel surcharge/ fuel adjustment facte

航运公司或班轮公会收取的反映燃料价格变化的附加费,该费用以每运输吨多少金额或者以运费的百分比来表示。

3.4.182　容量满载 cube out

货物在集装箱、卡车或有轨电车中占满空间的运输装载术语。它与重量满载不同,是指当车辆达到容量极限时仍未达到车辆载重极限的情况。

3.4.183 散改集 containerized transportation of bulk

将未包装的粉末、颗粒或块状的物质转为使用集装箱运输、暂存的物流作业方式。

[来源: GB/T 18354—2021, 定义 5.9]

3.4.184 散装/卸货 break-bulk

指将合并的或大量的货物分成较小的单独货物交付给最终收货人。通常情况下，这种方法成本较高。随着集装箱运输越来越流行，这种方法也用得越来越少。也称为散货或开舱（开始）卸货。

3.4.185 散装存储 bulk storage

储存散装货物的过程。

3.4.186 散装货物 break-bulk cargo/bulk cargo

（1）逐件积载和计数的非集装箱货物，可使用托盘或单独包装。（2）不需要包装，散装在船甲板上或船舱中的大宗货物。

3.4.187 商品运费率 commodity freight rate/commodity rate

一种特定商品的运费率，适用于一个或多个特定商品的运费定价。通常以最小的商品运量在指定的点之间或在特定的方向上移动确定的运费率。商品运费率旨在提供一个较低的费率，以反映在某些线路上更大的运量给承运人带来的预期经济效益。

3.4.188 申报价值 declared value

在运输文件上说明所运输货物的价值的做法。可以通过申报价值来获得较低的运费或获得保险服务。

3.4.189 生产物流 production logistics

生产企业内部进行的涉及原材料、在制品、半成品、产成品等的物流活动。

[来源: GB/T 18354—2021, 定义 3.28]

3.4.190 实物盘点/实地盘点 physical counting

定期手动检查各项商品、物资的实际库存，并与库存记录相比较的过程。这个过程虽然是确认存货记录准确性所必需的，但非常耗时和具有破坏性，因为在清点存货时，通常必须停止作业。

3.4.191 实物配送 physical distribution

一系列的材料管理活动，包括原材料和成品的运输、接收、内部移动和储存。

3.4.192 使用地点 point of use

消耗材料的地点。送货到使用地点意味着到达的材料直接送到使用地点，而不需要储存在仓库中。

3.4.193 收货报告 receiving report

由收货功能生成的单据，用于确认收货。

3.4.194 收缩包装 shrink-wrap

应用收缩薄膜包裹物品（或内包装件），然后对薄膜进行适当加热处理，使薄膜收缩而紧贴于物品（或内包装件）的包装技术方法。

3.4.195　甩挂运输 tractor-and-trailer swap transport

用牵引车拖带挂车至物流节点，将挂车甩下后，牵引另一挂车继续作业的运输组织方式。

[来源：GB/T 18354—2021，定义 4.11]

3.4.196　随机存储 random location storage

一种将商品存储在任何位置的存储方法。

3.4.197　特种车辆 special vehicle

在外廓尺寸、重量等方面超过设计车辆限界的及拥有特殊用途的车辆，经特制或专门改装，配有固定的装置设备，主要功能不是用于载人或运货的机动车辆。

3.4.198　特种货物 special cargo

因本身性质而对装卸、运输、保管有特殊要求的货物，如危险货物、国防保密货物、贵重货物、易腐货物等。

3.4.199　特种货物运输 special type freight transportation

对装卸、运送和保管等环节有特殊要求的货物的运输通称，包括危险品运输、三超大件运输、冷藏运输、特殊机密物品运输及特种柜运输等。

3.4.200　提货点 point of origin

运输组织从托运人处接收货物的地点。

3.4.201　提货和交货 pickup and delivery

运输服务中从托运人场站到收货人场站的交接活动。

3.4.202　提前发货通知 advance shipping notice；ASN

在装运前以电子数据交换（EDI）或可扩展标记语言（XML）格式发出的，列出货物的内容和装运信息（通常包括采购订单号、SKU 号、批号、数量、托盘号或集装箱号、纸箱号）的通知。通常与条码合规标签相结合，便于扫描、收货入库和自动数据收集。ASN 可以是纸质的。

3.4.203　体积吨 measurement ton

计算运费所使用的一种计量单位，以货物占用货舱容积每 1.133 立方米折算为 1 吨，叫作 1 体积吨。多用于轻量货，一般采用 1 立方公尺或 40 立方英尺（1 立方英尺约为 0.028 立方米）。

3.4.204　停靠时间 dwell time

船舶、卡车或火车在码头、车站装卸货物或进行维修所花费的时间。

3.4.205　投机库存 speculative inventories

为了能够以高于正常价格出售而购买和持有的货物。例如，企业购买一些尺寸和形状独特的货物，目的是以更高的价格将其卖给有特殊需求的客户。

3.4.206　托运人合作组织 shippers' cooperatives

一个由托运人组成的协会，为托运人的共同利益而宣传推广货运和服务知识。

3.4.207 驮背运输 piggyback transport/trailer-on-flatcar；TOFC

将装有货物的公路拖车装载到铁路平板车上，到达中间目的地后由公路牵引车辆将公路拖车运送到最终目的地。

3.4.208 物流包装回收 logistics package recycling

将物流活动过程中已使用的包装进行收集，以便处理并再次利用的过程。

[来源：GB/T 18354—2021，定义 4.53]

3.4.209 物流成本 logistics cost

物流活动中所消耗的物化劳动和活劳动的货币表现。

[来源：GB/T 18354—2021，定义 3.23]

3.4.210 物流成本管理 logistics cost control

对物流活动发生的相关成本进行计划、组织、协调与控制。

[来源：GB/T 18354—2021，定义 7.27]

3.4.211 物流服务 logistics service

为满足客户物流需求所实施的一系列物流活动过程及其产生的结果。

[来源：GB/T 18354—2021，定义 3.5]

3.4.212 物流服务提供商 logistics service provider；LSP

为其他组织提供物流服务、供应链服务和供应链生态服务的实体。

3.4.213 物流服务质量 logistics service quality

用精度、时间、费用、顾客满意度等来表示的物流服务的品质。

[来源：GB/T 18354—2021，定义 4.57]

3.4.214 物流管理 logistics management

为达到既定的目标，从物流全过程出发，对相关物流活动进行的计划、组织、协调与控制。

[来源：GB/T 18354—2021，定义 3.4]

3.4.215 物流合同 logistics contract

物流企业与客户之间达成的物流相关服务协议。

[来源：GB/T 18354—2021，定义 3.19]

3.4.216 物流技术 logistics technology

物流活动中所采用的自然科学与社会科学方面的理论、方法，以及设施、设备、装置与工艺的总称。

[来源：GB/T 18354—2021，定义 3.22]

3.4.217 物流节点 logistics node

具有与所承担物流功能相配套的基础设施和所要求的物流运营能力相适应的运营体系的物流场所和组织。

[来源：GB/T 18354—2021，定义 3.11]

3.4.218 物流联盟 logistics alliance

两个或两个以上的经济组织为实现特定的物流目标而形成的长期联合与合作的组织形式。

[来源：GB/T 18354—2021，定义 3.25]

3.4.219　物流流程重组 logistics process reengineering

从顾客需求出发，通过物流活动各要素的有机组合，对物流管理和作业流程进行优化设计。

[来源：GB/T 18354—2021，定义 7.15]

3.4.220　物流模数 logistics modulu

物流设施、设备或货物包装的尺寸基数。

[来源：GB/T 18354—2021，定义 3.21]

3.4.221　物流企业 logistics service provider

从事物流基本功能范围内的物流业务设计及系统运作，具有与自身业务相适应的信息管理系统，实行独立核算、独立承担民事责任的经济组织。

[来源：GB/T 18354—2021，定义 3.18]

3.4.222　物流外包 logistics outsourcing

企业将其部分或全部物流的业务交由合作企业完成的物流运作模式。

[来源：GB/T 18354—2021，定义 7.13]

3.4.223　物流网络 logistics network

通过交通运输线路连接分布在一定区域的不同物流节点所形成的系统。

[来源：GB/T 18354—2021，定义 3.12]

3.4.224　物流效益背反 logistics trade off

一种物流活动的高成本，会因另一种物流活动成本的降低或效益的提高而抵消的相互作用关系。

[来源：GB/T 18354—2021，定义 7.32]

3.4.225　物流信息 logistics information

反映物流各种活动内容的知识、资料、图像、数据的总称。

[来源：GB/T 18354—2021，定义 3.24]

3.4.226　物流增值服务 logistics value-added service

在完成物流基本功能的基础上，根据客户需求提供的各种延伸业务活动。

[来源：GB/T 18354—2021，定义 4.55]

3.4.227　物流战略管理 logistics strategy management

通过物流战略设计、战略实施、战略评价与控制等环节，调节物流资源、组织结构等最终实现物流系统宗旨和战略目标的一系列动态过程的总和。

[来源：GB/T 18354—2021，定义 7.28]

3.4.228　物流质量管理 logistics quality management

对物流全过程的物品质量及服务质量进行的计划、组织、协调与控制。

[来源：GB/T 18354—2021，定义 7.29]

3.4.229　物流资源整合 logistics resources integration

将分散的物流资源进行有机集成，实现系统协调与优化的动态过程。

[来源：GB/T 18354—2021，定义 7.16]

3.4.230 物流总成本分析 total cost analysis

判别物流各环节中系统变量之间的关系，在特定的客户服务水平下使物流总成本最小化的物流管理方法。

[来源：GB/T 18354—2021，定义 7.30]

3.4.231 物流作业成本法 logistics activity-based costing

以特定物流活动成本为核算对象，通过成本动因来确认和计算作业量，进而以作业量为基础分配间接费用的物流成本管理方法。

[来源：GB/T 18354—2021，定义 7.31]

3.4.232 物资储备 goods reserving

为应对突发公共事件和国家宏观调控的需要，对备用物资进行较长时间的储存和保管的活动。

[来源：GB/T 18354—2021，定义 4.25]

3.4.233 误运免费 free astray

承运人误运或在错误地点卸货，则需要将货物免费转运到正确地点。

3.4.234 限额进货 open-to-buy；OTB

一种库存控制技术，企业根据预测的期初和期末库存、当期的销量和计划的降价，计算出每一期需要额外采购各类商品的预算限额，以保证合理的库存水平和库存预算。

3.4.235 箱状运输 container on flatcar；COFC

一种公路和铁路联合的运输方式，以集装箱为标准运输单元，将集装箱装到铁路平板车上进行运输。

3.4.236 销售物流 distribution logistics

企业在销售商品过程中所发生的物流活动。

[来源：GB/T 18354—2021，定义 3.29]

3.4.237 协同库存管理 collaborative inventory management

内部各个部门合作共同确定需求，以及与供应商合作共同管理库存的一种方法。虽然协同库存管理通常与供应商管理库存或利用软件有关，但是企业内部为获得利益所需的流程变革以及由此获得的潜在回报都可能是巨大的。

3.4.238 卸货点 break-bulk point

将合并装运的货物分为多个小批量的时点和地点。

3.4.239 循环路线 milk route

从某一处提取货物并送到多个零售商店时所经过的路线，或者从多个供应商处提取货物并送至一个零售商店时所经过的路线，反映了物流路径的效率和成本。

3.4.240 循环取货 milk-run

同一货运车辆按照预先设定的路线和时间依次到两个及以上取货点处取货，然后直接送达到指定地点的一种物流运作模式。

[来源：GB/T 18354—2021，定义 5.10]

3.4.241 沿着/靠近 alongside

将货物放置在离船足够近的地方使船上设备能够将其装载上船。

3.4.242　一体化物流服务 integrated logistics service

根据客户物流需求所提供的全过程、多功能的物流服务。

[来源：GB/T 18354—2021，定义 3.6]

3.4.243　永续盘存 / 循环盘点 continuous inventory/cycle counting

一种实物库存盘点系统。系统根据 ABC 分类法将库存分为若干组，按预定的时间间隔持续进行实物盘点，不会中断运营或库存活动。

3.4.244　有效客户反应 efficient customer response；ECR

以满足顾客要求和最大限度降低物流过程费用为原则，能及时做出准确反应，使提供的物品供应或服务流程最佳化的一种供应链管理策略。

[来源：GB/T 18354—2021，定义 7.21]

3.4.245　预计到达时间 estimated time of arrival；ETA

告诉托运人承运人的车辆或船只何时到达目的地。

3.4.246　预先分割线 prebreak

在包装过程中，在填充纸箱之前先将纸板弯折出刻痕线以帮助最终成型。

3.4.247　预约装运 shipment under reservation

一种装运过程，它允许卖方保留对装运给买方的货物的担保权益。

3.4.248　原材料库存 raw materials inventory

企业为了生产加工产品，通过采购等方式取得和持有的生产加工过程所需要的原材料、零部件的库存。

3.4.249　越库作业 / 直拨 cross docking/direct distribution

物品在物流节点内不经过出入库等储存活动，直接从一个运输工具换载至其他运输工具的作业方式。

[来源：GB/T 18354—2021，定义 4.32]

3.4.250　运费单 freight bill

适用于货物运输费用的承运人发票。

3.4.251　运价 transport price

承、托运双方按运输服务的价值确定的交易价格。

[来源：GB/T 18354—2021，定义 4.59]

3.4.252　运量折扣费率 time-volume rates

用于集装箱运输，是指向同意在指定时间段内运送大量货物的托运人提供的较低运费率，即根据托运货物的数量给予托运人一定的费率折扣的方法。

3.4.253　运输 transport

利用载运工具、设施设备及人力等运力资源，使货物在较大空间上产生位置移动的活动。

[来源：GB/T 18354—2021，定义 4.1]

3.4.254　运输包装 transport packaging

以满足运输、仓储要求为主要目的的

包装。

[来源：GB/T 18354—2021，定义 4.51]

3.4.255 运输方式 mode of transportation

由于使用不同的运输工具、设备线路，通过不同的组织管理形成的运输形式。

3.4.256 运输工具 conveyance

将货物从一个地点运送到另一地点的工具，主要有铁路、公路、水路、航空和管道 5 种。

3.4.257 运输通道 transportation lane

在供应链上，货物从一个节点移动到下一个节点的路径，这些路径可以划分为铁路、公路、水路、航空和管道 5 类。

3.4.258 运输整合 shipment consolidation

将较小的货物组织成整车或整箱装载的方法，以提高安全性、降低成本。

3.4.259 在途库存 stock in transit/in-transit inventory/inventory in transit/pipeline (in-transit) stock

尚未到达目的地，正处于配送网络和运输系统中的货物。例如，供应链中已离开仓库但尚未到达目的地的库存物品，或已离开制造工厂但尚未到达配送中心的物品。也称为管道库存。

3.4.260 在途库存成本 in-transit inventory cost

正处于配送网络和运输系统中的货物发生的成本，单位时间（例如天）在途库存

成本计算公式为：在途库存成本 = 货物单位价值 × 在途库存数量 × 库存成本费率 / 在途天数。

3.4.261 在制品库存 in-process inventory

处于商品完成前的各个阶段的物品形成的库存，包括从发放给生产部门的原材料到最终验收为成品的所有物品。

3.4.262 载货清单 manifest

记录某批货物中所包括的项目的细目，以及相关细节的清单。

3.4.263 整车运输 full-truck-load transport

一批属于同一发（收）货人的货物且其重量、体积、形状或性质需要以一辆（或多辆）货车单独装运，并据此办理承托手续、组织运送和计费的运输活动。

[来源：GB/T 18354—2021，定义 4.13]

3.4.264 直达运输 through transport

货物由发运地到接收地，采用同一种运输方式、中途不需要中转的运输组织方式。

[来源：GB/T 18354—2021，定义 4.9]

3.4.265 直发 / 直运 drop ship/drop shipping

出售商品，但不实际储存或交付商品，而是从供应商直接发给客户。虽然销售是由第三方（如分销商）管理的，但制造商（供应商）直接向客户发货。

3.4.266　直接商店配送 / 直接送货到店 direct store delivery；DSD

直接从制造商的工厂或经销商将商品送到零售商店的过程，绕过仓库或配送中心的送货方式。

3.4.267　直接验货　direct check

通过发票、装箱单或理货单核对收货情况的业务功能。

3.4.268　智慧物流　smart logistics

以物联网技术为基础，综合运用大数据、云计算、区块链及相关信息技术，通过全面感知、识别、跟踪物流作业状态，实现实时应对、智能优化决策的物流服务系统。

[来源：GB/T 18354—2021，定义 3.34]

3.4.269　滞留费 / 延迟费　demurrage

一种由承运人收取的费用，用于补偿承运人的设备（有轨电车、集装箱、拖车）因在装卸、重新托运或运输过程中停留超过允许的自由时间所遭受的损失。

3.4.270　中途停车特权　stop-off privilege

赋予铁路托运人的一种特权，托运人可以根据运输安排在途中停靠站点完成装货或部分卸货。

3.4.271　中转运输　transfer transport

货物由发运地到接收地，中途经过至少一次落地、换装、铁路解编或公路甩挂的运输组织方式。

[来源：GB/T 18354—2021，定义 4.10]

3.4.272　重量满载　weight out

一种运输装载情况，即当货物重量达到火车、卡车或有轨电车的载重极限时，车辆中仍有剩余空间。

3.4.273　周期库存　cycle stock

库存的活跃部分，在整个生产过程中产生的、在进货时间间隔中为保证生产连续性而持有的库存。

3.4.274　周期时间　cycle time

生产一件产品或完成一个加工过程所需要的时间。

3.4.275　装箱单　packing list

由托运人准备的一份详细记录货物装箱情况的清单，是发票的补充单据。

3.4.276　装卸　loading and unloading

在运输工具间或运输工具与存放场地（仓库）间，以人力或机械方式对物品进行载上载入或卸下卸出的作业过程。

[来源：GB/T 18354—2021，定义 4.46]

3.4.277　装运合同　shipment contract

规定由承运人运输货物的货物销售协议。当货物交付给承运人时，卖方的义务完成，由买方承担运输途中货物灭失或损坏的风险。

3.4.278　装运期间有效价格　price in effect at time of shipment

买方和供应商之间达成协议，在订货之日至发货之日之间，货物的价格可由供应商自行决定更改，并且通常在装运期间有效的价格将成为合同价格。常用于贵金属市场。

3.4.279 装运条款 shipping terms

阐明双方在交货方面义务的合同条款，例如涉及离岸价、指定装货港船边交货的条款。

3.4.280 装运通知 shipping notice

由销售组织发出的，表明向采购组织发运货物详细装运情况的通知。通常是通过电子方式传送的。

3.4.281 装载补贴 loading allowance

向装卸货物的托运人、收货人提供的降低费率或退款等补贴。

3.4.282 准时制配送 just-in-time distribution

将所需的货物在客户所指定的时间以指定的数量送达指定地点的配送方式。

[来源：GB/T 18354—2021，定义 4.41]

3.4.283 总重量 / 单件 gross weight

（1）某物体本身连同其外包装、内包装、防损坏垫物或填充物等的全部重量。
（2）车辆运输过程中，车辆本身与所承载货物的总重量。

3.4.284 组配货 grouping allocation

根据客户、流向及品类，对货物进行组合、配货，以便合理安排装载的活动。

[来源：GB/T 18354—2021，定义 4.45]

3.4.285 最小重量 minimum weight

单次物品运输中运价表规定的享有运价折扣的最小装载重量。

3.4.286 作业批量存储 job-lot storage

一种将所有不同类型的商品按照客户需求的不同，或将特殊作业需要的所有不同类型的商品存储在一起的仓库管理方法。

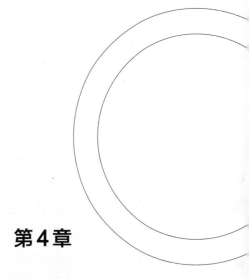

第 4 章

供应链信息与技术术语

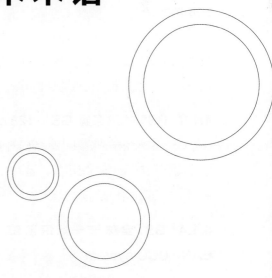

4.1 信息

4.1.1 ANSI-X12报文标准 ANSI-X12 EDI document standard

有时称为 EDI ASC X12、ANSI X12、ASC X12，或简称为 X12 标准。美国国家标准委员会（American national standards institute, ANSI）颁布的一套用于支持商务文档之间进行电子数据交换（EDI）的报文标准。电子数据交换中有不同类型的业务文档，通常称为"报文集"。

4.1.2 e-商务 e-business/EC/e-commerce

一种利用电子技术，如电子数据交换技术、互联网技术和基于 Web 的供应链集成技术，为企业带来利益的经营方式。

4.1.3 GS1-128条码 GS1-128 code

GS1-128 条码是 Code128 条码的子集，它是专门授权给 GS1 使用的，是 GS1 系统中用于标识附加信息的非定长条码符号。

4.1.4 GS1 全球统一标识系统 GS1 EAN·UCC system

GS1 开发、管理和维护的全球商业流通领域使用最广泛的供应商标准和商贸语言，为贸易项目、物流单元、资产、位置及服务关系等提供唯一标志。在我国被称为 ANCC 系统，由中国物品编码中心进行

管理和维护。GS1 系统主要包括 3 个方面的内容：编码体系、数据载体体系（包括条码、射频标签）和数据交换体系（包括 EDI 和 XML）。

4.1.5 保留系统 legacy system

不能完全满足当今需求但不会立即被取代的旧系统。

4.1.6 采购信息系统 purchasing information system；PIS

一种用于协助组织进行采购的计算机系统。这种系统的优点包括提高生产力、提高信息准确性、轻松处理复杂情况等。

4.1.7 仓库管理系统 warehouse management system；WMS

对物品入库、出库、盘点及其他相关仓库作业，仓储设施与设备，库区库位等实施全面管理的计算机信息系统。

[来源：GB/T 18354—2021，定义 6.22]

4.1.8 产品代码 product code

附在产品上用于识别和跟踪该产品的代码。

4.1.9 产品系统 product system

通过若干物质和能量相互联系的要素构成，具有一种或多种产品设计、产品研发等特定功能的单元过程的集合。

4.1.10 车间控制 shop floor control

一种用于安排、调度和监控工作订单的手动或计算机系统。客户需求、期望库存水平是该系统的基础。该系统还受到物质和人力资源的限制。

4.1.11 持续库存盘点系统 perpetual inventory review system

一种要求即时记录库存中每个项目交易情况（收入和支出）的库存控制记录系统。如果记录准确，则库存记录是最新的，并且应与仓库的实际库存量一致。

4.1.12 代码 128（统一代码 / 商品条码） code 128（UCC/EAN）

代码 128 是一种高密度的条码，可表示从 ASCII 0 到 ASCII 127 共 128 个字符，其中包含数字、字母、符号。

4.1.13 地理信息系统 geographical information system；GIS

在计算机技术支持下，对整个或部分地球表层（包括大气层）空间中的有关地理分布数据进行采集、储存、管理、运算、分析、显示和描述的系统。

[来源：GB/T 18354—2021，定义 6.17]

4.1.14 电子代理人 electronic agent

在行动或响应时无须人工干预，用于独立地生成和回应电子记录、履行合同的计算机程序或自动化电子系统。

4.1.15 电子订货系统 electronic ordering system；EOS

不同组织间利用通信网络和终端设备进行订货作业与订货信息交换的系统。

[来源：GB/T 18354—2021，定义 6.24]

4.1.16 电子发现 / 电子资料档案查询 e-discovery

在民事诉讼中，电子发现是一种处理电子邮件、CAD/CAM 文件、Microsoft Office 文件、会计数据库、网站等电子形式的信息的取证方式，获取的信息可以作为诉讼证据。

4.1.17 电子公告板 electronic bulletin board

一个基于 Web 的公告板，可将人们聚集在一起讨论共同感兴趣的话题。

4.1.18 电子货架标签 electronic shelf labeling；ESL

一种主要用于零售业的无线价签。通常，ESL 商品是低成本显示单元，通过中央服务器远程更新。零售商为了显示价格等商品信息，需将 ESL 放置在库存货架附近或货架上。ESL 允许零售商即时更新一个甚至多个商店的货架和收银台上的商品价格。除了详细的客户购买信息外，ESL 还可以为零售商展示库存水平、库存位置代码等信息。

4.1.19 电子设计 e-design

一种能够使制造商和供应商以电子形式共享商品设计的技术。它通常包括在协作环境中共享文档的功能，便于参阅、分析、标记文档，从而方便与其他资源共享。

4.1.20 电子市场 electronic marketplace

企业用来收集或共享信息、执行交易，或以某种方式开展合作的虚拟环境。大多数电子市场提供两个基本功能：（1）识别新的供应商或商品；（2）提供使谈判、结算和交付更高效的网络系统。

4.1.21　电子数据处理 electronic data processing

通过电子手段处理数据，例如文字处理或交易处理。

4.1.22　电子数据交换 electronic data interchange；EDI

采用标准化的格式，利用计算机网络进行业务数据的传输和处理。

[来源：GB/T 18354—2021，定义 6.12]

4.1.23　电子通关 electronic customs clearance

对符合特定条件的报关单证，海关采用处理电子单证数据的方法，利用计算机完成单证审核、征收税费、放行等海关作业的通关方式。

[来源：GB/T 18354—2021，定义 6.14]

4.1.24　电子运单 electronic waybill

物流过程中，将物品原始收发等信息按一定格式存储在计算机信息系统中的单据。

[来源：GB/T 18354—2021，定义 6.8]

4.1.25　电子资金转账 electronic funds transfer；EFT

资金从一方（买方）到另一方（供应商）的电子传输。

4.1.26　订货系统 ordering systems

控制采购订单的时间和规模的系统。周期性订货系统涉及定期或周期性地对库存水平进行逐项审查，然后根据预计的需

求下订单。每当商品的库存下降到设定的触发水平时，订货系统就会生成预定数量的订单。

4.1.27　定期盘点系统 periodic inventory review system

一种固定订单间隔的库存控制系统。在系统中，库存水平按预定的周期进行审查，而不是连续进行。如果合适，每次审查结束时都会下订单，订单数量通常会有所不同。该系统不同于固定订货批量系统，在固定订货批量系统中，订单数量通常是固定的，订单之间的时间间隔是不同的。

4.1.28　定位文件 locator file

在系统或仓库中使用的一种文件，用以记录物品的位置等信息。

4.1.29　对 x 网上招标/电子招标 electeric request for x；eRFx

eRFx 是指对 x 的电子请求，其中 x 是报价单或建议书。电子招标流程有助于缩短交易时间，降低交易成本。

4.1.30　二维条码/二维码 two-dimensional bar code；2D code/two-dimensional code

在二个维度方向上都表示信息的条码符号。

[来源：GB/T 18354—2021，定义 6.3]

4.1.31　分布式架构 distributed architecture

一个包含许多组件（计算机系统、数据库、工作站等）的系统，各组件位于不

同的位置并相互连接。

4.1.32　分布式数据处理　distributed data processing

（1）一个可以在许多位置访问数据资源的系统。用户无论身在何处都可以访问数据资源。数据可以存储在多个位置，这些位置由终端和计算机的数据通信网络连接，而终端和计算机则通过电话或电缆连接。如果使用集中式数据处理系统，组织通常会有一个大型的中央系统，在中央系统集中进行数据输入，然后分发到用户站点。（2）一种数据处理方法，将大量数据分散到集群中运行的多个不同节点进行处理，所有协同工作的节点通过网络连接并行执行分配的任务。

4.1.33　分级税率系统　class rate system

一种针对不同类型商品的运费定价系统，根据商品相似的航运特征对其进行分类，适用于分类表评级栏中包含的带有编号或字母的不同等级或类别的商品。

4.1.34　分拣输送系统　sorting and picking system

采用分拣设备、输送机等机械设备实现物品分类、输送和存取的系统。

[来源：GB/T 18354—2021，定义 5.4]

4.1.35　分区存储系统　zone system

一种按区域划分库位、每个区域存储不同类别货物的系统。在每个分区内，可以将同类型货物随机存放。

4.1.36　浮动存储系统 / 随机存储系统 floating location system/random location system

一种可以将商品存储在任何位置的存储系统。与固定存储系统相比，随机存储系统具有更高的空间利用率，但是精确度较低。

4.1.37　高级计划和排程软件　advanced planning and scheduling software

支持与高级计划和排程相关的活动的软件。

4.1.38　个人计算机 / 私人计算机　personal computer；PC

一种独立的计算机系统，可以单独使用，也可以与其他计算机联网使用。

4.1.39　工业互联网标识解析体系　identification and resolution system of industrial internet

通过条码、二维码、射频识别标签等方式赋予每一个实体或虚拟对象唯一的身份编码，同时承载相关数据信息，实现实体和虚拟对象的定位、连接和对话的基础设施。

4.1.40　工作站　workstation

一种将个人计算机应用程序与大型计算机集成并且允许个人计算机访问大型计算机数据库的高端计算机，常用于软件开发、工程设计、人工智能等领域。

4.1.41 公共交易所 / 公开交易平台 public exchange

在一个行业内成立的行业联盟或电子市场,向所有感兴趣的买方和卖方开放,为其成员提供便利并托管商业应用程序。

4.1.42 供应链管理系统 supply chain management system

采用系统工程的理论、技术与方法,借助于计算机技术、信息技术等建立的用于支持供应链管理的信息系统。

4.1.43 供应商关系管理系统 supplier relationship management system

帮助用户管理供应商关系的软件系统,以更好地维护好供应商关系。

4.1.44 固定订货批量系统 fixed-order quantity system

一种固定订货批量库存控制系统,其中订单的规模保持固定,而订单之间的时间间隔则取决于物品消耗的速度。

4.1.45 固定库位系统 fixed location system

物品始终存储在同一物理位置的存储方法,也称为固定位置存储。与随机位置存储相比,固定位置存储具有较低的空间利用率和更高的准确性。

4.1.46 固定再订货点系统 fixed reorder point system

MRP 或库存管理中的一种批量调整技术,如果该期间的净需求超过固定订单数量,则该系统将始终生成固定数量或其倍数的计划订单或实际订单。

4.1.47 管理驾驶舱 management cockpit; MC

一个为管理层提供"一站式"决策支持的管理信息中心系统,其以驾驶舱的形式,通过各种常见的图表(如速度表、音量柱、预警雷达、雷达球等)形象标示企业运行的 KPI,直观监测企业运营情况,并可以对异常的指标进行预警和挖掘分析。

4.1.48 管理信息系统 management information system; MIS

用于执行管理功能的信息系统。

[来源: GB/T 18725—2008, 定义 3.159]

4.1.49 后端集成 back-end integration

一种前端交互数据向后端集成的软件设计方法,前端和后端系统之间的连接使用户能够与前端交互,而后端处理来自前端的输出,但后端对用户来说仍然是不可见的。

4.1.50 后端系统 back-end system

一种用于处理前端系统输出的软件组件。

4.1.51 后台系统 back-office system

组织中不直接与用户接触的系统,例如 ERP、MRP、MRP II、库存管理、计费和应付账款系统。

4.1.52 互联网 internet

世界范围内的计算机网络。使用 TCP/IP 协议栈提供多种类型的内服务,并且对于拥有公用 IP 地址的任何用户都是开放的。

[来源：《计算机科学技术名词》（第三版）]

4.1.53　会计系统 accounting system

发现、记录、分类和报告有关组织财务状况和运营信息的记录和程序的组合。

4.1.54　货物跟踪系统 goods tracking system

利用自动识别、全球定位系统、地理信息系统、通信等技术，获取货物动态信息的应用系统。

[来源：GB/T 18354—2021，定义 6.21]

4.1.55　集中式数据处理 centralized data processing

集中存储、处理数据的系统，由数据库管理系统进行管理，终端只是用来输入和输出的客户机。

4.1.56　计算机辅助采购 computer-aided purchasing

利用计算机技术使采购活动实现自动化、智能化的过程。

4.1.57　计算机辅助设计 computer-aided design；CAD

计算机在交互式工程制图和设计存储中的应用，以辅助设计人员进行工程或商品的设计，实现最佳设计效果的一种技术。

4.1.58　计算机集成制造系统/现代集成制造系统 computer-integrated manufacturing system/contemporary integrated manufacturing system；CIMS

在信息技术、自动化技术和制造技术的基础上，通过计算机技术将分散在商品设计、制造等过程中各种孤立的自动化子系统有机地集成起来，实现整体效益的集成化和智能化的制造系统。CIMS 是人、经营方法和技术三者集成的产物。

4.1.59　经理信息系统/主管信息系统 executive information system；EIS

一种决策支持系统，用于协助高级管理人员决策，它通过轻松访问获取组织战略目标所需的重要数据来实现。EIS 通常提供友好的可视化界面，能够迅速、便捷、直观地提供综合信息，可以预警与控制关键成功因素遇到的问题。

4.1.60　经理支持系统 executive support system；ESS

专注于组织中高层管理的信息需求方式，综合内外部信息，为高级主管处理随机性、非程序化、非结构化的决策问题提供支持的决策支持系统。

[来源：《管理科学技术名词》]

4.1.61　决策支持系统 decision support system；DSS

辅助决策者通过数据、模型和人机交互方式进行决策的计算机应用系统，旨在改善决策的模型和应用程序。

4.1.62　开放式系统 open system

允许应用程序在不止一种类型的硬件或软件上运行而不改变应用程序的可用性或外观的系统。

4.1.63 开放源代码 open source

通常应用于软件行业，其中源代码可供公众访问，并且经常由公众修改，并可供任何人使用。

4.1.64 可扩展标记语言 extensible markup language; XML

一组设计文本格式的指南，允许灵活地为互联网创建信息格式。XML 中使用的标记符号（或标签）是无限多的并且是自定义的。

4.1.65 可视化系统 visibility system

能够用于可视检查的系统，以确保检查对象及其流程始终处于透明化可视范围内的受控状态。

4.1.66 客户端－服务器系统/局域网 client-server system/local area network; LAN

在某一区域内由多台计算机互联组成的计算机组。局域网是封闭型的，可以由办公室内的两台计算机组成，也可以由一个单位内的上千台计算机组成。局域网通常是分布在一个有限地理范围内的网络系统，一般所涉及的地理范围直径只有几千米。局域网的专用性非常强，具有比较稳定和规范的拓扑结构，可以实现文件管理、应用软件共享、打印机共享、工作组内的日程安排、电子邮件和传真通信服务等功能。

4.1.67 客户关系管理系统 customer relationship management system

帮助用户管理客户关系的系统，以更好地开发和维护好与客户的关系。

4.1.68 控制器 controller

（1）一种用于减轻主机 CPU（central processing unit，中央处理器）与其他外部设备的通信负担的特殊计算机。（2）企业中负责财务管理和主持会计工作的个人。

4.1.69 库存管理系统 inventory management system

一种旨在最大限度地减少与库存相关的风险，同时确保顺利运营的管理系统。这意味着要平衡订货成本、库存持有成本和缺货成本。

4.1.70 联合国标准产品与服务分类代码 United Nations standard product and services classification code; UNSPSC

8 位数商品代码标准，用于对全球范围内使用的商品和服务进行分类，以及编制全球电子商务和全球采购的分类目录。

4.1.71 连续补货系统 continuous review system

一种库存控制系统。每次从库存中提取货物时，此系统都会检查商品的剩余数量，以确定是否需要重新订货。

4.1.72 联机分析处理 online analytical processing; OLAP

对数据仓库中海量数据进行复杂、有效的分析处理，从而实现对决策的支持。

[来源：《计算机科学技术名词》（第三版）]

4.1.73　聊天室　chat room

人们可以在互联网上实时交流的虚拟房间。

4.1.74　零件档案数据库　part file data base

有关零件的电子信息的集合，包括零件编号、成本、价格等内容。

4.1.75　零售商品管理系统　retail merchandise management system；RMMS

零售行业的自动化系统，用于集成后台操作，如采购、分销、订单履行、库存管理和电子商务应用程序。

4.1.76　美国信息交换标准码　American standard code for information interchange；ASCII

小型计算机用来将字母、数字和特殊字符转换成数字形式的一种编码方法，包括：（1）计算机和通信系统使用的二进制传输码，其中每个字母、数字和特殊字符均被定义为8位；（2）一种可提供奇偶校验的7级代码集（128个可能的字符）。

4.1.77　欧洲物品编码　European article number；EAD

通用产品代码（universal product code，UPC）的扩展集，包括基本 UPC 代码和两个或三个附加字符，这些字符表示发布代码号的国家（不一定是该产品的原产国）。

4.1.78　行政、商业和运输电子数据交换　electronic data interchange for administration, commerce and transport；EDIFACT

提供了一套语法规则的结构和互动交流协议，是国际商务中使用的电子采购表格最常用的标准。

4.1.79　企业信息系统　enterprise information system/business information system

用于企业的各种信息系统，诸如管理信息系统、决策支持系统、客户关系管理系统、供应商关系管理系统。

4.1.80　前端系统　front-end system

直接与用户交互的软件系统的一部分。

4.1.81　清算所银行同业支付系统　clearinghouse interbank payments system；CHIPS

一种主要用于跨国美元交易的国际电子清算系统。这个系统为许多金融机构和国家所有，由纽约清算所协会经营。也称为银行间支付清算系统。

4.1.82　全程供应链管理服务平台　full lifecycle supply chain management services platform

商品从原材料采购直到销售给最终用户的全部企业活动集成在一个无缝流程中的信息平台。

注：基于协同供应链管理的思想，配合供应链中各实体的业务需求，使操作流

程和信息系统紧密配合，做到各环节无缝链接，形成物流、信息流、资金流合一的集成平台。

[来源：GB/T 35121—2017，定义 2.1.6]

4.1.83 全球定位系统 global positioning system；GPS

以人造卫星为基础、24h 提供高精度的全球范围的定位和导航信息的系统。

[来源：GB/T 18354—2021，定义 6.18]

4.1.84 全球贸易识别码 global trade identification number；GTIN

一种 14 位数据结构，用于在全球统一标识（EAN-UCC）系统中唯一标识全球贸易项目（消费者单位级别的商品和服务）。

4.1.85 全球数据同步网络 global data synchronization network；GDSN

一个可互操作的数据池系统、数据流媒体和全球注册中心（GS1 全球注册中心），基于互联网发布组成的信息系统同步化网络，保证全球零售商、分销商、物流服务提供商等的系统数据与制造商完全一致、即时更新。

4.1.86 全球标准标签 global tag；GTAG

用于一般资产跟踪的国际射频识别（RFID）标准，旨在扩大当前典型射频识别应用程序的产品适用范围。

4.1.87 群组软件 groupware

用于促进来自各个组织站点的团队交互和项目管理的软件。

4.1.88 人民币跨境支付系统 cross-border interbank payment system；CIPS

一种专司人民币跨境支付清算业务的批发类支付系统，旨在进一步整合现有人民币跨境支付结算渠道和资源，提高跨境清算效率，满足各主要时区人民币业务发展需要。

4.1.89 入口站点 portal

（1）互联网上众多人访问的关键站点。（2）组织的交流入口或区域。

4.1.90 软件即服务 software as a service；SaaS

一种基于云计算的业务模式，通过互联网以即用即付费的方式为客户提供软件应用服务。

4.1.91 扫描 scanning

在收货和从库存中提取商品时机器读取条码的业务功能，它使组织能够保持永久（实时）的库存记录。

4.1.92 商品代码 commodity code

分配给类型类似商品的代码，以便于对商品进行分组、分析和预测。UNSPSC 是为普遍使用而设计的编码系统。一些行业的企业致力于开发行业商品编码系统，而一些企业则开发内部的系统。

4.1.93 商品管理系统 merchandise management system；MMS

一种用于商品销售的自动库存系统，可显示零售组织在任何特定时间仓库中的确切商品数量，不考虑它们的位置。库存项目通常按商品线分组。

4.1.94 社交媒体 social media

用户基于自己的社会关系可以找到明确的兴趣和群体，并可以根据内容和流量获得影响力的平台。如今是商务沟通的重要组成部分。

4.1.95 射频标签 / 电子标签 radio frequency tag；RF tag/electronic label

用于物体或物品标识、具有信息存储功能、能接收读写器的电磁场调制信号，并返回响应信号的数据载体。

[来源：GB/T 18354—2021，定义 6.7]

4.1.96 射频识别系统 radio frequency identification system

由射频标签、识读器、计算机网络和应用程序及数据库组成的自动识别和数据采集系统。

[来源：GB/T 18354—2021，定义 6.16]

4.1.97 实物配送系统 physical distribution management

对从公司到客户的货物流动进行管理和控制的系统，包括对仓储、运输、接收和库存的管理和控制，以确保客户在正确的时间、正确的地点收到正确数量和正确品质的正确的商品。

4.1.98 输出设备 output device

向计算机用户传送有用信息的设备，如磁带和磁盘、打印机、激光成像设备、计算机输出缩微卡、声音输出设备等，其中一些设备还可以作为输入设备。

4.1.99 输入设备 input device

向计算机输入数据和命令的各种设备，如键盘、鼠标、纸带输入机、软键盘、磁卡机等。

[来源：《地理信息系统名词》（第二版）]

4.1.100 数据 data

输入计算机的基本事实和数字。

4.1.101 数据仓库 data warehouse

从各种交易系统接收到的数据集合，企业内许多不同级别的人员都可以访问这些数据。

4.1.102 数据库 database

以有组织、可访问的形式收集的数据集合。

4.1.103 数据库管理系统 database management system；DBMS

创建、访问和控制数据库的软件系统，是程序与需要访问数据的用户之间的接口。

4.1.104 数据字典 data dictionary

关于数据库的特定应用程序的定义集合，用于获取数据库或进程中某一具体部分的详细信息。

4.1.105 数字系统 digital system

使用 0、1 二进制数字来表示数据的计算机系统。

4.1.106 水平交流平台 horizontal exchange

由买方和卖方组成的电子社区，为多个行业的货物和服务交易提供便利。

4.1.107 条码 bar code

由一组规则排列的条、空组成的符号，可供机器识读，用以表示一定的信息，包括一维条码和二维条码。

[来源：GB/T 18354—2021，定义6.1]

4.1.108 条码符号 bar code symbol

由条码及空白区或保护框等构成的一种信息符号。

[来源：GB/T 12905—2019，定义2.11]

4.1.109 条码识读器 bar code reader/bar code scanner

识读条码符号并与计算机系统交换信息的设备。

[来源：GB/T 12905—2019，定义4.20]

4.1.110 通用产品代码 universal product code；UPC

用条码符号表示数字的形式，在零售行业已经广泛使用。通过通用产品代码，能够便捷地获取零售商店的库存和销售数据信息。

4.1.111 统一货物分类 uniform freight classification；UFC

按照统一标准形成的货物分类。

4.1.112 推动式配货系统 push distribution system

一种根据消费者需求预测建立的库存系统，以确保最大限度地满足消费者的商品需求。

4.1.113 推动式系统 push system

（1）按照事先确定的计划，而非按实际需要生产的系统。（2）在物料管理中，根据计划或工作的开始时间发放物料。（3）在配送中，根据中央控制点（通常是制造厂或中央供应设施）的决策补充库存。

4.1.114 托盘循环共用系统 pallet pooling system

在多个用户间实现托盘共享、交换、重复使用的综合性物流服务系统。

[来源：GB/T 18354—2021，定义5.6]

4.1.115 网络空间 cyberspace

由计算机以及计算机网络里的各种虚拟对象所构成的虚拟空间。

[来源：《计算机科学技术名词》（第三版）]

4.1.116 网络社区 online community

在网络空间中积极参与活动并彼此沟通以分享知识和信息的社团或用户组。

[来源：《计算机科学技术名词》（第三版）]

4.1.117 微芯片 microchip

附加到CPU上承载信息位的微型硬件。

4.1.118 位 bit

在二进制记数系统中，表示小于2的整数的符号，一般用1或0表示。

[来源：《计算机科学技术名词》（第三版）]

4.1.119　文字处理　word processing

使用软件创建、修改和编辑文本材料。

4.1.120　物流标签　logistics label

记录包装单元相关信息的载体。

[来源：GB/T 18354—2021，定义 6.6]

4.1.121　物流公共信息平台　public logistics information platform

应用信息技术，统筹和整合物流行业相关信息资源，并向社会主体提供物流信息、技术、设备等资源共享服务的系统。

[来源：GB/T 18354—2021，定义 6.26]

4.1.122　物流管理信息系统　logistics management information system

通过对物流相关信息的收集、存储、加工、处理以便实现物流的有效控制和管理，并提供决策支持的人机系统。

[来源：GB/T 18354—2021，定义 6.15]

4.1.123　物流系统仿真　logistics system simulation

借助计算机仿真技术，对物流系统建模并进行实验，得到各种动态活动过程的模拟记录，进而研究物流系统性能的方法。

[来源：GB/T 18354—2021，定义 6.13]

4.1.124　物品编码　article numbering/ article number

按一定规则赋予物品易于机器和人识别、处理的代码，是给物品赋予编码的过程。

注 1：通常，物品编码包括物品商标编码、物品分类编码和物品属性编码三种

类型。

注 2：作名词时，指给物品赋予的代码本身。

[来源：GB/T 18354—2021，定义 6.4]

4.1.125　物品标识编码　article identification number

赋予物品的身份标识的编码，用以唯一标识某类、某种或某个物品。

[来源：GB/T 18354—2021，定义 6.5]

4.1.126　物品主文件　item master file

包含一件产品、一条产品线、一座工厂或公司的所有物品主要记录的文件。

[来源：《管理科学技术名词》]

4.1.127　系统开发生命周期　system development life cycle；SDLC

一种开发应用系统的方法，将系统开发的生命周期划分为六个循环往复的阶段：问题的定义及规划、需求分析、软件设计、程序编码、软件测试和运行维护。

[来源：《计算机科学技术名词》（第三版）]

4.1.128　系统审计　system audit

对一个信息系统的运行状况进行检查与评价，以判断其能否保证资产安全、数据完整，以及有效利用组织资源并实现组织目标。

4.1.129　销售时点系统　point of sale；POS

利用自动识别设备，按照商品最小销售单位读取实时销售信息，以及采购、配

送等环节发生的信息，并对这些信息进行加工、处理和共享的系统。

[来源：GB/T 18354—2021，定义 6.23]

4.1.130 兴趣点 point of interest；POI

在 GIS 中任何非地理意义的有意义的点，每个 POI 包含名称、类别、经度、纬度 4 个方面信息，可以是一栋房子、一个商铺、一个加油站、一个公交站等。

4.1.131 虚拟市场 e-marketplace

应用电子商务技术形成的一个虚拟的买卖双方聚集并进行交易的场所。

4.1.132 一维条码 linear bar code/one-dimensional bar code

仅在一个维度方向上表示信息的条码符号。

[来源：GB/T 18354—2021，定义 6.2]

4.1.133 硬件 hardware

（1）在信息技术中，系统的机械设备组件。（2）在制造业中，对螺母和螺栓等小型金属部件的总称。

4.1.134 应用程序包 applications package

安装一个应用的版本所需项目的集合。

[来源：GB/T 18725—2008，定义 3.20]

4.1.135 应用程序接口 application program interface；API

应用软件与应用平台之间的接口，提供跨接的所有服务。

[来源：GB/T 18725—2008，定义 3.24]

4.1.136 应用软件 application software

针对智能移动终端设备开发的专门解决应用问题的软件。

[来源：GB/T 37729—2019，定义 3.1.1]

4.1.137 元数据 metadata

关于数据或数据元素的数据（可能包括其数据描述），以及关于数据拥有权、存取路径、访问权和数据易变性的数据。

[来源：GB/T 35295—2017，定义 2.2.7]

4.1.138 元数据库 meta database/meta-base

用于存储元数据的数据库。

4.1.139 源代码 source code

未编译的按照一定的程序设计语言规范书写的人可读的文本文件。

[来源：《编辑与出版学名词》]

4.1.140 云端 cloud

用于存储和计算的外部互联网技术资源。

4.1.141 运输管理系统 transportation management system；TMS

在运输作业过程中，进行配载作业、调度分配、线路规划、行车管理等多项任务管理的系统。

[来源：GB/T 18354—2021，定义 6.19]

4.1.142 再订货点系统/重新订购点系统/订货点系统 reorder point system/order point system

当现有库存减少到预先确定的水平就发出订单的库存控制系统。

[来源：《管理科学技术名词》]

4.1.143 挣值管理系统 earned value management system；EVMS

为建立项目成本、进度和技术方面的关系，衡量项目进度与实际累计成本、分析偏离计划的原因、预测项目完成情况并及时采纳变更计划的管理系统。

4.1.144 直播营销平台 livestreaming marketing platforms

一种提供网络直播营销服务的平台，包括互联网直播服务平台、互联网音视频服务平台、电子商务平台等。

4.1.145 智能运输系统 intelligent transport system；ITS

在较完善的交通基础设施上，将先进的科学技术（信息技术、计算机技术、数据通信技术、传感器技术、电子控制技术、自动控制理论、运筹学、人工智能等）有效地综合运用于交通运输、服务控制和车辆制造，加强车辆、道路、使用者三者之间的联系，从而形成的一种保障安全、提高效率、改善环境、节约能源的综合运输系统。

[来源：GB/T 18354—2021，定义 6.20]

4.1.146 中介软件 middleware

连接两个不同的应用程序的软件。

4.1.147 中台系统 middle platform

将后台系统中针对技术、业务、数据、组织的通用"模块／服务"从原来固定的项目中抽离出来，并且使之能够成为一种自治的、提供给更多的前台系统使用的服务，从不同维度体现了系统封装的技术能力、业务能力、数据能力和组织能力的系统。

4.1.148 中央处理器 central processing unit；CPU

由运算器、控制器、寄存器和实现它们之间联系的各类总线，以及包含在同一产品内的其他功能模块组成的集成电路。

[来源：GB/T 36630.2—2018，定义 3.1.1]

4.1.149 周期性数据 cyclical data

表明一个时间周期内的或反映长期波动性变化趋势（例如经济或商业系统的变化）的数据。

4.1.150 专家系统 expert system

一种基于知识的系统，它根据由人类专家开发出的知识库进行推理，以此解决某一特定领域或应用范围内的问题。

4.1.151 准时制生产系统 just-in-time system

及时采购、运输和加工物料以保持物料流和信息流在生产中同步的制造生产系统。该系统的经营管理理念以减少浪费和周期时间为目标。从操作上讲，准时制生产系统使所有层级的库存最小化，要求在适当的水平上保持一致的质量，并按时交付小批量商品。

4.1.152 自动导引车辆系统 automatic guided vehicle system

由自动导引车、上位控制系统、导航系统、通信系统和充供电系统等构成的系统。

[来源：GB/T 30030—2023，定义 3.1.2]

4.2 技术

4.2.1 布尔搜索 Boolean search

一种使用 AND、OR 和 NOT 函数的选定信息的搜索策略。布尔搜索通常用于数据库和互联网搜索。

4.2.2 存储 storage

用于长期和短期数据存储的媒介，包括大规模存储设备、磁带和光盘。

4.2.3 大数据 big data

包含结构化和非结构化数据的海量数据集，需要使用特殊的处理方法从中提取信息。

4.2.4 第三方网络 third-party network

在商品和服务交易中，为买卖双方提供网络技术支持、辅助服务网络、承担中央通信交换功能的第三方网络组织。第三方网络组织接收买方的采购订单并将其按供应商归类，在适当的时候将采购订单传送给供应商。此外，第三方网络组织还提供格式翻译等增值服务。

4.2.5 点对点 / 对等网络 peer-to-peer；P2P

（1）个人对个人的贷款。（2）计算机与其他网络设备的交互，以平等或对等方式相互通信，不依赖于中央服务器。

4.2.6 电子表格 spreadsheet

由计算机控制的，包含可以操纵的任意数量的信息单元，由所在的计算机程序自动执行计算的表格。

4.2.7 电子不停车收费 electronic toll collection；ETC

通过安装在车辆上的车载电子标签与收费站 ETC 车道上的微波天线进行微波短程通信，利用计算机联网技术与银行进行后台实时结算处理，从而实现车辆通过高速公路或桥梁收费站时无须停车而能交纳路桥费用的系统。

4.2.8 电子签名 electronic signature

一种附加到记录上或者与记录有逻辑关联的电子声音、符号或过程，是个人为了在记录上签字而执行或采用的。

4.2.9 防错技术 error proofing

一种可以识别和检测到商品生产流程中的错误或故障，有效预防错误或故障引发的商品效能或质量问题，以及时做出反应和更正的分析方法或机制。

4.2.10 防火墙 firewall

用于防止未经授权访问机密记录的保护软件。

4.2.11 工业互联网 industrial internet

新一代信息技术与工业经济深度融合的新型基础设施、应用模式和工业生态，其通过人、机、物、系统等的全面连接，构建一个覆盖产业链、供应链和价值链的全新制造服务体系，为工业乃至产业数字化、网络化、智能化发展提供实现途径。

4.2.12　光学字符识别 optical character recognition；OCR

使用扫描仪、数码相机等电子设备，通过检测明暗模式确定字符形状，然后利用字符识别方法识别图像或扫描纸质文档上的字符，并将其转换为可编辑文本的技术。

4.2.13　机器对机器 machine to machine；M2M

机器设备之间在无须人为干预的情形下连接与通信，直接通过网络沟通而自行完成任务的一种模式或系统，涵盖了所有实现人、机器、系统之间建立通信连接的技术和手段。

4.2.14　机器人流程自动化 robotic process automation；RPA

通过模仿最终用户在计算机上的手动操作方式，提供另一种方式使最终用户手动操作流程自动化的应用程序。

4.2.15　基于人类反馈的强化学习 reinforcement learning with human feedback；RLHF

应用强化学习的方法，直接通过人类反馈优化语言模型，以使人工智能生成模型与人类的常识、认知、需求、价值观保持一致的技术。

4.2.16　计划评审技术/程序评审技术 program evaluation and review technique；PERT

用于控制项目中的活动的网络计划技术，即利用网络分析制订计划、评价计划。每个活动都被分配了悲观的、可能的和乐观的持续时间的估计值，并被规定了关键路径和项目持续时间，同时使用这些数据监控进度。

4.2.17　加密 encryption

在没有特定翻译软件的情况下，转换数据以使其在传输过程中无法被破译的过程，这是一种保护传输信息的方法。

4.2.18　可信计算 trusted computing；TC

由可信计算组（trusted computing group，TCG）推动和开发的技术。可信计算在计算和通信系统中广泛使用基于硬件安全模块的可信计算平台，以提高系统整体的安全性。可信计算的核心目标之一是保证系统和应用的完整性，从而确保系统或软件在设计目标期望的可信状态下运行。在系统或软件中加入可信验证，能够降低由于使用未知或被窜改的系统或软件而遭受攻击的可能性。

4.2.19　控制图 control chart

统计过程控制中用来记录、测量和分析过程变化的图形或图表，以确定外部影响是否导致过程"失控"。使用控制图的目标是识别和消除这些影响，以保持过程"受控"。

4.2.20　控制限度 control limits

在控制图上，测量结果为性能异常或失控对应的数值。

4.2.21 跨境电商服务 cross-border electronic commerce service

为客户提供电子商务交易平台，实现不同关境的交易主体间的贸易往来，并提供辅助支付结算、跨境物流送达等一系列配套服务。

4.2.22 企业应用集成 enterprise application integration；EAI

支持在组织内部与组织之间的不同应用程序和业务流程之间移动和交换信息的技术，以实现信息互通和资源共享。

4.2.23 区块链 block chain

数字世界中进行"价值表示"和"价值转移"的技术，也是通过去中心化和去信任的方式维护一个可靠数据库的技术方案。

4.2.24 人工智能生成内容 AI-generated content；AIGC

以优于人类的制造能力和知识水平承担信息挖掘、素材调用、复刻编辑等基础性机械劳动，从技术层面实现以低边际成本、高效率的方式满足海量个性化需求的内容创作方式。

4.2.25 商业智能 business intelligence；BI

用于收集、访问和分析数据的广泛应用程序和技术，以帮助企业用户做出更好的业务决策。

4.2.26 射频识别 radio frequency identification；RFID

在频谱的射频部分，利用电磁耦合或感应耦合，通过各种调式和编码方案，与射频标签交互通信唯一读取射频标签身份的技术。

[来源：GB/T 18354—2021，定义6.11]

4.2.27 实时在线处理 real-time online processing

在事务发生时处理事务，并直接向用户提供输出的过程。它避免了延迟，并能为用户提供完整和最新的信息。

4.2.28 数据处理 data processing

将数据从无组织状态转换为最终用户可用的形式的方法。

4.2.29 数据挖掘 data mining

组织集中搜索大量复杂数据以发现趋势、识别客户和供应商行为、管理风险、获得市场情报等的过程。数据可能来自一个专有来源，也可能来自多个数据捕获点。

4.2.30 数字孪生/数字映射/数字镜像 digital twin

利用物理模型、传感器更新、运行历史等数据，集成多学科、多物理量、多尺度、多概率的仿真过程，在虚拟空间中完成映射，从而反映相对应的实体系统全生命周期运营过程的技术。

4.2.31 数字签名 digital signatures

与使用公钥密码程序传输的文档中的数据具有数学关系的短数据单元。这些程序创建了一对密钥（一个公钥和一个私钥），公钥加密的内容只有私钥才能解密，或者，私钥加密的内容只有公钥才能解密。

数字签名能确保信息的机密性，接收者能据此验证数据的发送者。

4.2.32　数字证书　digital certificate

由国家认可的，具有权威性、可信性和公正性的第三方证书认证机构（CA）进行数字签名的一个可信的数字化文件。

[来源：GB/T 37376—2024，定义 3.1]

4.2.33　网络安全　cybersecurity

通过采取必要措施，防范对网络的攻击、侵入、干扰、破坏和非法使用以及意外事故，使网络处于稳定可靠运行的状态，以及保障网络数据的完整性、保密性、可用性的能力。

[来源：GB/T 22240—2020，定义 3.1]

4.2.34　物联网　internet of things；IoT

通过信息传感设备按约定的协议将任何物体与网络相连接的技术。物体通过信息传播媒介进行信息交换与通信，以实现智能化感知、识别、定位、跟踪、监管等功能。

4.2.35　物流信息技术　logistics information technology

以计算机和现代通信技术为主要手段实现对物流各环节中信息的获取、处理、传递和利用等功能的技术总称。

[来源：GB/T 18354—2021，定义 6.9]

4.2.36　象限技术　quadrant technique

一个试图说明各种组织概念的演变过程和关系的模型，有助于定义一个问题、获得新的视角、评估风险和识别机会。

4.2.37　信息编码技术　information coding technology

对大量的信息进行合理分类后，为了对编码对象进行唯一标识而用代码加以表示的，从而实现对编码对象的正确识别的技术，可分为信息分类编码和标识编码两大类。

4.2.38　信息技术　information technology；IT

信息处理的技术。如信息的采集、描述、加工、保护、传递、交流、表示、管理、组织、储存和补救而采用的技术。

[来源：《管理科学技术名词》]

4.2.39　信息物理系统　cyber physical system；CPS

通过人机交互接口实现和物理进程的交互，使用网络化空间以远程的、可靠的、实时的、安全的、协作的方式操控一个物理实体，强调物理世界与信息世界之间实时的、动态的信息回馈、循环过程的系统。

4.2.40　虚拟专用网　virtual private network；VPN

利用加密技术在互联网上安全传输专用网络信息的技术。

4.2.41　需求拉动系统　demand-pull system

一种由客户需求启动的物料移动技术，它允许下游部门仅在需要时，而不是在预定移动时，才从前一个部门或外部供应商处提取物料。

4.2.42 需求流技术 demand flow technology；DFT

买方和卖方之间使需求数据有效共享以降低供应链成本的技术。

4.2.43 云计算 cloud computing

一种通过网络将可伸缩、弹性的共享物理和虚拟资源池以按需自服务的方式供应和管理的模式。

注：资源包括服务器、操作系统、网络、软件、应用和存储设备等。

[来源：GB/T 35295—2017，定义 2.2.10]

4.2.44 智慧市场 smart market/ intelligence market

利用互联网、物联网等技术对市场进行全面覆盖，通过大数据和智能算法等技术方法为市场运营、市场交易、商贸物流，提供数据统计分析、决策支持、智能监管等全面服务的现代化市场。（1）指经过搜集、整合和分析因市场活动不断变化而产生的有关商品或服务的政策、贸易、营销、流通渠道、发展机遇与壁垒等信息和数据以及这些市场因素之间相互影响产生的结果，将其作为决策者决策的依据。（2）搜集、整合与分析关于某商品或服务在其贸易流通中产生的所有作用、功效和影响的信息集的过程。

4.2.45 智能仓储 intelligent warehousing

一种利用信息技术和先进管理手段，实现入库、出库、盘库、移库管理的信息自动抓取、识别、预警及智能管理功能的仓储管理方法。

4.2.46 智能航运标签 intelligent shipping label

使用条码和其他媒介，并且包含托运人和收货人地址等更多信息的运输标签。标签上有批号、承运人号、纸箱号、货物分类码、有效期等信息。射频识别系统的发展与应用，使这种标签能够包含大量信息。

4.2.47 智能合约 smart contract

一种旨在以信息化方式传播、验证或执行合同的计算机协议。

4.2.48 智能卡 smart card

一种内置芯片且以加密的形式存储信息的类似信用卡的塑料卡片。

4.2.49 周转容器循环使用 returnable container circulating

周转容器在众多用户之间共享互换，完成预期的有限次数的重复使用。

[来源：GB/T 18354—2021，定义 5.7]

4.2.50 自动识别技术 automatic identification technology

对字符、影像、条码、声音等记录数据的载体进行机器自动辨识并转化为数据的技术。

[来源：GB/T 18354—2021，定义 6.10]

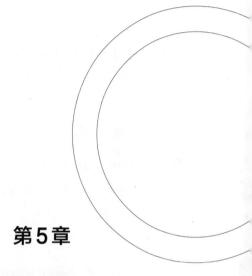

第 5 章

供应链设施与设备术语

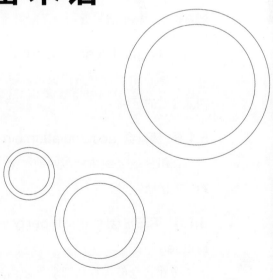

5.1 设施

5.1.1 百货仓库 / 普通商品库 general merchandise warehouse

用于存放易于处理且对环境没有要求的包装货物的仓库。

5.1.2 仓库 warehouse

用于储存、保管物品的建筑物和场所的总称。

[来源：GB/T 18354—2021，定义 5.12]

5.1.3 仓库栈房 depot warehouse

用于铁路货物集中和分配的存储设施，通常位于运输枢纽附近。

5.1.4 拆包区 break-out area

仓库中用于拆开货物包装，以便进行商品分发的区域。

5.1.5 储料仓 accumulation bin

在组件运输到生产车间前，集中存放组件的区域。

5.1.6 第三方仓库 third-party warehouse

企业将仓储等物流活动外包给外部公司，由外部公司提供综合物流服务的仓库。

5.1.7 吊箱 gondola

常用在架空索道上，利用钢绳牵引，实现人员或货物输送目的的封闭式载运工具。

5.1.8 分拨中心 deconsolidation center

提供货物拆装、装运和订单处理等服务以促进分销或配送的专业化场所。

5.1.9 分库 / 分仓 branch warehouse

在主库之外用于接收商品或服务的靠近潜在客户的仓库。

5.1.10 封闭储存区 closed stores

材料的进出受到限制，并且材料发出和接收需要记录的储存区域。

5.1.11 港口 water port

位于江、河、湖、海或水库等沿岸，由一定范围的水域和陆域组成的且具有相应的设施设备和条件开展船舶进出、停靠，货物运输、物流等相关业务的区域。

[来源：GB/T 18354—2021，定义 5.25]

5.1.12 隔栅仓库 caged storage

储存高价值或敏感商品的封闭区域。

5.1.13 公共仓库 public warehouse

面向社会提供物品储存服务，并收取费用的仓库。

[来源：GB/T 18354—2021，定义 5.15]

5.1.14 航空港 airport

位于航空运输线上，依托机场的建筑物和设施，开展货物装卸暂存、中转分拨等物流业务的基础设施（区域）。

[来源：GB/T 18354—2021，定义 5.19]

5.1.15 合同仓库 contract warehouse

按照合同约定，可以在约定的时期内使用仓库内指定的设备、空间和服务。

5.1.16　货场 freight yard

用于储存和保管货物、办理货物运输，并具有货物进出通道和装卸条件的场所。

[来源：GB/T 18354—2021，定义 5.18]

5.1.17　货架 rack

由立柱、隔板或横梁等结构件组成的储物设施。

[来源：GB/T 18354—2021，定义 5.30]

5.1.18　货运物流中心 transport distribution center；TDC

由货运公司成立的，同时由其车队进行干线运输的物流中心，具有强大的物流运输能力，通常负责跨省市定点运输，具有批次少、频率低、批量大的特点。

5.1.19　货运站 freight station/cargo terminal

专门办理现货运输业务或以办理现货运输业务为主的车站。

5.1.20　集装箱场站 yard-station

进行集装箱装卸、掏装箱、堆存保管、维护清洗等作业，办理集装箱运输、中转换装、货物交接及相关业务的场所。

[来源：GB/T 18354—2021，定义 5.24]

5.1.21　集装箱货运站 container freight station；CFS

货运站的一种，进行货物拼箱、拆箱、装箱，办理货物交接及相关业务的场所。

5.1.22　交割仓库 delivery warehouse

经期货交易机构核准，并按照其规定的规则和流程，为交易双方提供期货商品储存和交付服务的场所。

[来源：GB/T 18354—2021，定义 5.17]

5.1.23　交通枢纽 transportation hub

在一种或多种运输方式的干线交叉与衔接处，共同为办理物品中转、发送、到达所建设的多种运输设施的综合体。

[来源：GB/T 18354—2021，定义 5.22]

5.1.24　客户服务中心 customer fulfillment center；CFC

为客户提供商品从产地到销地的物流服务的场所，它处理整个订单履行过程，从订单拣选和处理到包装和运输。

5.1.25　库房 storehouse

在仓库中，用于储存、保管物品的封闭式建筑物。

[来源：GB/T 18354—2021，定义 5.13]

5.1.26　立体仓库 stereoscopic warehouse

采用高层货架，可借助机械化或自动化等手段立体储存物品的仓库。

[来源：GB/T 18354—2021，定义 5.16]

5.1.27　零担货运站 less-than-truck-load terminal

经营零担货物运输业务的企业和零担货物的集散场所。

5.1.28　码头 wharf

供船舶停靠，装卸货物等相关作业的水工建筑物及场所。

[来源：GB/T 18354—2021，定义 5.20]

5.1.29　内陆港　inland port

在内陆地区建设的，具有货物存储、中转与分拨集散等与港口相似的物流功能，可以提供通关、报检等港口服务的物流节点。

[来源：GB/T 18354—2021，定义5.23]

5.1.30　泥浆管道系统　slurry pipeline system

输送泥浆的管道系统。

5.1.31　配送中心　distribution center；DC

具有完善的配送基础设施和信息网络，可便捷地连接对外交通运输网络，并向末端客户提供短距离、小批量、多批次配送服务的专业化配送场所。

[来源：GB/T 18354—2021，定义3.14]

5.1.32　配载中心　stowage center

货运站的一种，为空车和轻载车寻找合适货物、提供货物配载服务的场所。

5.1.33　前端配送中心　front distribution center；FDC

以大中城市为依托，在重点区域建设的、具有一定规模的，经营商品储存、运输、包装、加工、装卸、搬运业务的场所，通常配有先进的物流管理信息系统，其主要功能是促使商品更快、更经济地流动，以集中储存提高物流调节水平。

5.1.34　前置仓　preposition warehouse

在最终消费者比较集中的最近区域设置的配送仓库。

[来源：GB/T 18354—2021，定义7.19]

5.1.35　区域配送中心　regional distribution center；RDC

具有完善的配送基础设施和信息网络，可便捷地连接对外交通运输网络，配送及中转功能齐全，集聚辐射范围大，存储、吞吐能力强，向下游配送中心提供专业化统一配送服务的场所。

[来源：GB/T 18354—2021，定义3.15]

5.1.36　散装仓库　bulk warehouse

存放散装货物的设施。

5.1.37　商品仓库　commodity warehouse

存储大量同质商品（如食品、自然资源、金属或农产品）的设施。

5.1.38　市场定位仓库　market positioned warehouse

仓库尽可能设在接近主要的需求市场的地方。这种仓库可能会增加供应商到仓库的运输距离，而使面向客户的运输距离相对较短。

5.1.39　枢纽机场　hub airport

中枢辐射式航线网络中的重要节点，是航空运输的集散中心。航空公司航线多以枢纽机场为中心向外联结各地，并作为中转旅客至下一个目的地的中间停靠机场。

[来源：《建筑学名词》（第二版）]

5.1.40　铁路支线　rail siding

辅助主线，用于通过或接合其他列车的轨道。

5.1.41 铁路专用线 private railway siding

与铁路运营网相衔接，为特定企业、单位或物流节点服务的铁路装卸线及其联结线。

[来源：GB/T 18354—2021，定义 5.21]

5.1.42 无人仓 unmanned warehouse

无人作业的仓库，即应用自动化技术和智慧系统使入库、存储、拣选、出库等所有仓储作业流程都实现无人化。

5.1.43 物流设施 logistics facilities

用于物流活动所需的、不可移动的建筑物、构筑物及场所。

[来源：GB/T 18354—2021，定义 5.1]

5.1.44 物流枢纽 logistics hub

具备较大规模配套的专业物流基础设施和完善的信息网络，通过多种运输方式便捷地连接外部交通运输网络，物流功能和服务体系完善并集中实现货物集散、存储、分拨、转运等多种功能，辐射较大范围物流网络的公共物流节点。

[来源：GB/T 18354—2021，定义 3.17]

5.1.45 物流园区 logistics park

由政府规划并由统一主体管理，为众多企业在此设立配送中心或区域配送中心等，提供专业化物流基础设施和公共服务的物流产业集聚区。

[来源：GB/T 18354—2021，定义 3.16]

5.1.46 物流中心 logistics center

具有完善的物流设施及信息网络，可便捷地连接外部交通运输网络，物流功能健全，集聚辐射范围大，存储、吞吐能力强，为客户提供专业化公共物流服务的场所。

[来源：GB/T 18354—2021，定义 3.13]

5.1.47 现场仓库 field warehouse

远离主要作业点或中央配送点的仓库，通常用于存放成品。

5.1.48 小型仓库 mini warehouse

提供的空间和服务较少的仓库，通常聚集在一起。

5.1.49 楔形木垫 chock

放置在卡车轮子前面、中间或后面，以防止卡车意外移动的三角形橡胶、木头或金属块。

5.1.50 装配区 assembly area

集中装配部件和物品的区域。

5.1.51 装卸台 apron

装载或卸载货物的分拣或分段暂存平台。

5.1.52 自动存取系统 automatic storage and retrieval system；AS/RS

借助机械设施与计算机管理控制系统实现物料存入或取出的系统。

[来源：GB/T 18354—2021，定义 6.25]

5.1.53 自动化仓库 automated warehouse

无须直接人工干预的情况下，能自动地存储和取出物料的仓库。

5.1.54 自营仓库 private warehouse

由企业或各类组织自主经营和自行管理，为自身的物品提供储存和保管的仓库。

[来源：GB/T 18354—2021，定义5.14]

5.2 设备

5.2.1 暗灯 / 安灯 andon

一种声光多媒体多重自动化控制系统，能够收集生产线上有关设备和质量管理的信息，当出现异常情况时利用灯光和声音报警，系统通知所有相关方的可视指示器。暗灯包括一种在必要时停止生产的系统，是主要的自动化工具之一。

5.2.2 叉车 fork lift truck

具有各种叉具及属具，能够对物品进行升降和移动以及装卸作业的搬运车辆。

[来源：GB/T 18354—2021，定义5.32]

5.2.3 称量装置 load weighing device

针对起重、运输、装卸、包装、配送以及生产过程中的物品实施重量检测的设备。

[来源：GB/T 18354—2021，定义5.47]

5.2.4 带式运输机 / 带式输送机 belt conveyor

一种输送装置，利用由织物、橡胶、塑料、皮革或金属制成的环形传送带，由驱动装置驱动，以传送直接放置在传送带上的散装材料、包裹等物体。

5.2.5 调节板 dock leveler

用于调整站台与货车底板间的高度差，以便于装卸作业的一种设备。

[来源：GB/T 18354—2021，定义5.38]

5.2.6 分拣设备 sorting and picking equipment

用于完成物品分类、拣选等相关作业的设备。

[来源：GB/T 18354—2021，定义5.31]

5.2.7 挂车 trailer

设计和制造上需由汽车或拖拉机牵引，才能在道路上正常使用的无动力道路车辆，包括牵引杆挂车、中置轴挂车和半挂车，用于载运货物和特殊用途。

[来源：GB/T 18354—2021，定义5.29]

5.2.8 罐车 tank cars

一种用于运输散装液体、气体或粉末状货物的运输车辆。

5.2.9 轨道车 railcar

铁路设备维修、大修、基建等施工部门执行任务的主要运输工具。

5.2.10 货架位 bin

（1）用来容纳小零件的容器。（2）带有分隔物以分隔储存位置的架子。

5.2.11 集装袋 flexible freight bag

用柔性材料制成的袋式集装器具。

[来源：GB/T 18354—2021，定义5.43]

5.2.12　集装单元　unitized unit

用专门器具盛放或捆扎处理的，便于装卸、搬运、储存、运输的标准规格的单元货件物品。

[来源：GB/T 18354—2021，定义5.40]

5.2.13　集装器具　unitized implement

用于承载由物品组成的标准规格、便于储运的单元器具。

[来源：GB/T 18354—2021，定义5.39]

5.2.14　集装箱　container

具有足够的强度，可长期反复使用的适于多种运输工具而且容积在$1m^3$以上（含$1m^3$）的集装单元器具。

[来源：GB/T 18354—2021，定义5.41]

5.2.15　集装箱标准箱　twenty-foot equivalent unit for container；TEU

以一个20英尺集装箱为标准的集装箱。

注：也为集装箱的统计换算单位。

[来源：GB/T 18354—2021，定义5.42]

5.2.16　集装箱船　container ship

用于载运集装箱的船舶。

[来源：GB/T 18354—2021，定义5.26]

5.2.17　卡尺　caliper

由两个弯曲的铰链形立脚组成，用于测量厚度和距离的仪器。

5.2.18　看板　kanban

表示某需求方何时需要、需要多少某种物料的卡片。

注：看板管理是只对最后一道工序下达生产指令，以拉动方式组织生产，而不

将主生产计划按照物料清单分解到各个工序和原材料采购阶段的方法。

5.2.19　冷链　cold-chain

根据物品特性，从生产到消费的过程中使物品始终处于保持其品质所需温度环境的物流技术与组织系统。

[来源：GB/T 18354—2021，定义5.11]

5.2.20　漏斗车　hopper car

专门设计用于干燥散装货物的运输车辆。车顶部可以打开或关闭，平体一般具有倾斜的端墙，使货物通过平体底部的闸门滑卸出。

5.2.21　平板车　flat car

一种无车顶、侧墙或末端的运输车辆，用来运载不需要保护的货物。

5.2.22　起重机械　hoisting machinery

一种以间歇作业方式对物品进行起升、下降和水平移动的搬运机械。

[来源：GB/T 18354—2021，定义5.35]

5.2.23　牵引车　tractor

具有牵引装置，用于牵引挂车的商用车辆。

[来源：GB/T 18354—2021，定义5.28]

5.2.24　升降台　lift table；LT

能垂直升降和水平移动物品或集装单元器具的专用设备。

[来源：GB/T 18354—2021，定义5.36]

5.2.25　输送机　conveyor

按照规定路线连续地或间歇地运送散

状物品或成件物品的搬运机械。

[来源: GB/T 18354—2021，定义 5.37]

5.2.26 双层底舱 double bottoms

由内底板与船底外板及其骨架构成的船底结构和空间的统称。

5.2.27 私有船舶 private ship

运输货物的组织所拥有的船。

5.2.28 托盘 pallet

在运输、搬运和存储过程中，将物品规整为货物单元时，作为承载面并包括承载面上辅助结构的装置。

[来源: GB/T 18354—2021，定义 5.46]

5.2.29 物料搬运设备 material handling equipment; MHE

对库存物料进行分类放置，将物料转移到装运区域的设备总称。

5.2.30 物流机器人 robot for logistics

具有一定程度的自主能力，能代替人执行物流作业预期任务，可重复编程的自动控制操作机。

[来源: GB/T 18354—2021，定义 5.33]

5.2.31 物流设备 logistics equipment

物流活动所需的装备及器具的总称。

[来源: GB/T 18354—2021，定义 5.2]

5.2.32 厢式货车 cargo van

载货部位的结构为封闭厢体且与驾驶室各自独立的道路货运车辆。

[来源: GB/T 18354—2021，定义 5.27]

5.2.33 仪表板 dashboard

驾驶区前端装有仪表、指示器、操纵件和通风装置的构件。

[来源:《机械工程名词 第四分册》]

5.2.34 周转箱 returnable container

用于存放物品，可重复、循环使用的小型集装器具。

[来源: GB/T 18354—2021，定义 5.44]

5.2.35 专用终端 dedicated terminal

只用于一种活动、具有特殊性能的计算机终端，如银行用终端、传感器终端。

5.2.36 自备箱 shipper's own container

由托运人提供并负责运营管理、印有相应产权人标记的集装箱。

[来源: GB/T 18354—2021，定义 5.45]

5.2.37 自动导引车 automatic guided vehicle; AGV

在车体上装备有电磁学或光学等导引装置、计算机装置、安全保护装置，能够沿设定的路径自动行驶，具有物品移载功能的搬运车辆。

[来源: GB/T 18354—2021，定义 5.34]

224

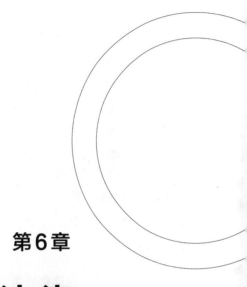

第6章

供应链组织与法律 法规术语

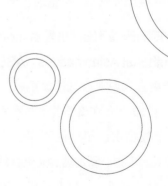

6.1　组织

6.1.1　金砖国家　Brazil, Russia, India, China and South Africa；BRICS

巴西、俄罗斯、印度、中国和南非的统称。

6.1.2　保险商实验室　underwriters' laboratories；UL

一个独立的国际非营利性产品安全测试与认证组织。

6.1.3　电子设计自动化协会　electronic design automation consortium；EDA consortium

一个从事开发、制造和销售电子工程界设计工具的国际协会，它为讨论整个行业的问题和疑虑提供了一个论坛会议。

6.1.4　东南亚国家联盟 / 东盟　association of southeast Asian nations；ASEAN

一个集合东南亚区域国家的政府性国际组织，于 1967 年在泰国首都曼谷成立，现有 10 个成员国：印度尼西亚、马来西亚、菲律宾、泰国、新加坡、文莱、越南、老挝、缅甸、柬埔寨。秘书处设在印度尼西亚首都雅加达，旨在促进东南亚区域的经济增长、社会进步、文化发展与和平。

6.1.5　对环境负责经济体联盟　coalition for environmentally responsible economies；CERES

一个成立于美国，专注于可持续发展的非政府、非营利性组织，参与发起了全球报告倡议，旨在推动全球环境报告的发展。

6.1.6　公平工厂清算所　fair factories clearinghouse；FFC

一个致力于促进可靠、道德的商业决策，制定更好的工作场所标准，为各个公司和其他知名的全球利益相关方组织提供合规解决方案的国际非营利性组织。

6.1.7　国际标准化组织　international organization for standardization；ISO

1947 年成立，由 140 多个国家（地区）的标准组织组成，旨在促进全球标准发展，加强国际商业互动的全球联合会。

6.1.8　国际采购组织 / 国际采购办公室　international purchasing organization；IPO

一个负责海外采购的组织，旨在促进、协调和执行国际上特定区域内的采购活动，在区域供应市场与其内部客户之间建立联系。

6.1.9　国际地方可持续发展倡议理事会　ICLEI local governments for sustainability

由国际地方环境倡议理事会（international council for local environmental initiatives，ICLEI）提出，由致力于倡导可持

续发展的地方政府、国家和区域组织组成的国际协会。

6.1.10　国际电工委员会 international electrotechnical commission；IEC

一个于 1906 年成立，负责有关电气工程和电子工程领域中的国际标准化工作的机构。

6.1.11　国际航空运输协会 international air transport association；IATA

一个为促进人员、货物和邮件在全球范围内运输而启动航空公司之间合作的机构。

6.1.12　国际会计标准委员会 international accounting standards board；IASB

一个负责制定和批准国际财务报告标准的独立私营部门机构。

6.1.13　国际金融公司 international finance corporation；IFC

一个致力于鼓励可持续私营部门投资来减少贫困和改善发展中国家人民生活质量的公司，其属于联合国和世界银行的一部分。

6.1.14　国际劳工组织 international labour organization；ILO

一个为解决工作问题而制定国际标准保障人权和劳工权利的机构。

6.1.15　国际商会 international chamber of commerce；ICC

一个旨在促进贸易和投资、商品和服务市场开放以及资本自由流动，并为世界商业服务的组织。

6.1.16　国际物品编码组织 GS1

一个中立的、非营利性国际组织，它制定、管理和维护应用最为广泛的全球统一标识系统，有效促进全球商贸流通、供应链效率和供应链可见性的提升。GS1 标准体系是世界上应用最广泛的供应链标准体系。GS1 的前身是国际物品编码协会（EAN international）

6.1.17　环境合作委员会 commission for environmental cooperation；CEC

由加拿大、墨西哥和美国在《北美环境合作协定》（north American agreement on environmental cooperation，NAAEC）中建立的一个旨在解决环境问题和执法问题的机构。

6.1.18　经济合作与发展组织 organization for economic cooperation and development；OECD

为改善世界各地人民的经济和社会福祉而促进政策制定的组织，其提供了一个政府可在其中共同努力的论坛，以交流经验并寻找解决问题的方法，同时还为从农业和税收到化学品安全的广泛领域设定了国际标准。

6.1.19　跨太平洋稳定协议 transpacific stabilization agreement；TSA

一个由十几家大型远洋集装箱航运公司组成的研究和讨论货物运输参考运价的社会组织，这些公司为亚太地区和美国之间的双向贸易提供服务。

6.1.20 劳工环境联盟 labour environmental alliance society；LEAS

于 1998 年在加拿大成立的环境组织，旨在促进健康工作场所、健康家庭和社区以及健康环境的发展。

6.1.21 联合国 United Nations；UN

一个成立于 1945 年的由主权国家组成的政府间国际组织，以维护国际和平与安全，发展国家间的友好关系，合作解决国际经济、社会、文化和人道主义性质的问题，促进对于全体人类的人权和基本自由的尊重为目标。

6.1.22 联合国国际贸易法委员会 United Nations commission on international trade law；UNCITRAL

一个由联合国大会于 1966 年创立的组织，旨在协调和统一国际贸易法律。

6.1.23 联合国教育、科学及文化组织 United Nations educational, scientific and cultural organization；UNESCO

一个成立于 1945 年 11 月 16 日的联合国组织，在尊重共同价值观的基础上，旨在为文明、文化和民族之间的对话创造条件，推动各国在教育、科学和文化领域开展国际合作，以此共筑和平。

6.1.24 联合国贸易和发展会议 United Nations conference on trade and development；UNCTAD

一个成立于 1964 年，旨在促进发展中国家融入世界经济的联合国组织。

6.1.25 联合国全球契约组织 United Nations global compact

一个成立于 2000 年，世界上最大的推进企业社会责任和可持续发展的国际组织，提出将企业自愿召集在一起，以促使其对社会和环境负责的国际倡议。

6.1.26 美国供应管理协会 the institute for supply management；ISM

一个成立于 1915 年，致力于推进供应管理实践，帮助其成员提高竞争力，为世界繁荣和可持续发展做贡献的世界上第一家供应链管理机构。ISM 是一个为 90 多个国家（地区）的供应链管理专业人士提供服务的全球非营利性机构。

6.1.27 欧盟委员会 European commission

欧盟的常设执行机构，也是欧盟唯一有权起草法令的机构，负责欧盟各项法律文件（指令、条例、决定）的具体贯彻执行，以及预算和项目的执行。

6.1.28 欧洲标准化委员会 Comité Européen de Normalisation；CEN

一个由 34 个欧洲国家（地区）组成的私营非营利性组织，其使命是通过为相关方提供高效的基础设施，以制定、维护和分发一致的标准和规范集，促进全球贸易中的欧洲经济、欧洲公民的福利和环境发展。它是官方认可的除欧洲电工标准化委员会和欧洲电信标准化协会以外行业的标准化代表，三者共同构成了欧洲技术标准化体系。

6.1.29 欧洲电工标准化委员会 European committee for electrotechnical standardization；CENELEC

一个由 34 个欧洲国家（地区）成员组成的非营利性技术组织，其任务是创建各企业自愿接受的电工标准，通过消除贸易壁垒，帮助开发电气、电子产品和服务的单一欧洲市场或欧洲经济区，创造新市场并降低合规成本。

6.1.30 欧洲电信标准化协会 European telecommunications standards institute；ETSI

一个由 62 个欧洲国家（地区）组成，负责欧洲信息和通信技术标准化的独立的非营利性标准化组织。

6.1.31 欧洲经济共同体 European economic community；EEC

欧洲共同体中最重要的组成部分，旨在促使整个共同体内经济活动的和谐发展，与欧洲煤钢共同体、欧洲原子能共同体共同组成欧洲共同体。

6.1.32 欧洲联盟 European Union；EU

在欧洲已形成共同习俗边界和经济政治合作的国家联盟。欧元的流通就是这些国家内部合作的一个例子。其前身为欧洲共同体。

6.1.33 欧洲自由贸易联盟 European free trade association；EFTA

无法加入或选择不加入欧盟的欧洲国家之间为了合作，作为替代方案而选择建立的欧洲贸易集团，它促进了冰岛、列支敦士登、挪威和瑞士之间的自由贸易。

6.1.34 区域全面经济伙伴关系 regional comprehensive economic partnership；RCEP

由东盟首次提出，并以东盟为主导的区域经济一体化合作，是通过削减关税及非关税壁垒建立统一市场的自由贸易协定，成员间相互开放市场、实施区域经济一体化的组织形式。

6.1.35 石油输出国组织 organization of the petroleum exporting countries；OPEC

一个由经济依赖石油出口的国家组成的国际组织，目的是在成员国之间协调和统一石油价格与生产政策，以维护国际石油市场价格稳定，确保石油生产国获得稳定收入。

6.1.36 世界货币基金组织 international monetary fund；IMF

1945 年成立，旨在促进国际货币合作、汇率稳定和汇兑安排，并向需要调整国际收支的国家提供援助的世界组织。

6.1.37 英国皇家采购与供应学会 chartered institute of purchasing and supply；CIPS

建立于 1932 年，世界上领先的专业采购与供应机构，是国际采购与供应链行业的研究与职业教育认证的中心。CIPS 认证系统完善，注重实际技能培养与评估。

6.1.38 政府间气候变化专门委员会 intergovernmental panel on climate change；IPCC

由联合国于 1988 年组织成立，是全球温室效应领域顶级权威性机构。

6.1.39 中国船东协会 China shipowners' association；CSA

在中国注册从事水上运输的商船所有人和经营人、管理人以及与航运相关的企业和单位自愿组成的行业组织，旨在维护我国船公司的正当权益，在政府与船公司间发挥桥梁和纽带作用，促进我国水运事业的发展，以适应国家经济发展的需要。

6.1.40 中国服务贸易协会 China association of trade in services；CATIS

具有独立法人地位的全国性、非营利社会团体，是唯一的国家级服务贸易行业组织，旨在遵照中国服务业和服务贸易发展战略，整合资源，构建服务贸易国际协调、促进平台，协助政府制定和完善服务贸易法规体系，在全球范围内推广中国服务品牌，提升中国服务国际影响力。

6.1.41 中国国际商会 China chamber of international commerce，CCOIC

在中国从事国际商事活动的企业、团体和其他组织组成的全国性商会组织，于 1988 年经国务院批准成立，主要职责是促进中外经贸交流与合作，代表中国工商界向国际组织和中外政府部门反映利益诉求，参与国际经贸规则的制定和推广，在企业界积极倡导社会责任和公益事业。

6.1.42 中国机械工程学会 Chinese mechanical engineering society；CMES

中国机械科学技术工作者和在机械工程及相关领域从事科研、设计、制造、教学和管理等工作的单位、团体自愿结成并依法登记的全国性、学术性、非营利性社会组织，其下设有物流工程分会、中国供应链专业委员会等专业学术组织。

6.1.43 中国交通运输协会 China communications and transportation of association

由中国交通运输、铁道、民航、邮政和军事交通等部门和单位共同发起，从事交通运输、物流等有关企业事业单位及个人自愿结成，具有法人资格的全国性、行业性、非营利性社会组织，旨在促进我国交通运输和现代物流的发展。

6.1.44 中国物流学会 China society of logistics；CSL

经中国民政部核准登记的全国性物流学术研究社团组织，在物流学术理论研究、政策咨询建议、案例总结推广、人才教育培训、专家团队建设、新闻出版和对外交流等方面承担着重要职能。

6.1.45 中国物流与采购联合会 China federation of logistics and purchasing；CFLP

中国第一家物流与采购行业社团组织，由 1980 年成立的中国物资经济学会、中国物流研究会、中国物资流通协会演变而来，致力于推动中国物流业的发展，推动政府与企业采购事业的发展，推动生产资料流通领域的改革与发展。

6.2 法律法规

6.2.1 《濒危野生动植物种国际贸易公约》 convention on international trade in endangered species of wild fauna and flora；CITES

1973 年 3 月 3 日在美国首都华盛顿签署的公约，也称为《华盛顿公约》。明确了对列入其附录的野生动植物物种的国际贸易（包括进口、出口、再出口和从海上引进）管制规则，旨在避免过度的国际贸易对野生动植物生存造成直接或间接威胁，以实现对野生动植物资源的可持续利用。

6.2.2 《反海外腐败法》/《反海外贿赂法》 foreign corrupt practices act；FCPA

美国联邦法律，旨在禁止美国公司以获取或维持业务为目的贿赂外国政府官员的法律。

6.2.3 《废物框架指令》 waste framework directive

欧盟一项适用于所有废物类别的一般规则框架，并整合了以前适用的（特定）指令，特别是关于危险废物和废油处理的指令。《废物框架指令》禁止丢弃、倾倒

或不受控制地管理废物。

6.2.4 《工业排放指令》 industrial emissions directive

欧盟用于监管工业装置污染物排放的主要工具。《工业排放指令》涉及许多活动对环境的所有影响，这些活动需要事先审查和具备特定条件。在设施或活动的运行过程中，可能会重新检查和更新具体条件。

6.2.5 《公民权利和政治权利国际公约》 international covenant on civil and political rights

联合国制定的最重要的国际人权文书之一，1966 年 12 月 16 日由联合国大会通过并开放供签署，1976 年 3 月 23 日生效，共有 53 条。该公约与《世界人权宣言》和《经济、社会及文化权利国际公约》统称为《国际人权宪章》。

6.2.6 《供应链尽职调查法》 supply chain due diligence principles

德国一项旨在监督企业履行供应链人权和环境尽职调查义务的法案。适用于在德国拥有 3,000（2024 年起：1,000）名员工的公司或分支机构。规定企业必须确保自身及其全球供应链所有的直接供应商遵守国际法中有关禁止使用童工和强迫劳动、保护劳工和环境、向工人支付合理薪资等的要求。

6.2.7 《购买美国产品法案》 buy American act

美国联邦法案，规定政府采购供公众

使用的产品应首选在美国制造的成品。

6.2.8 《雇佣中的年龄歧视法》 age discrimination in employment act；ADEA

美国为了给中高龄者提供平等的就业机会，以保障中高龄者能够积极地参与社会经济生活而颁布的法律。

6.2.9 《国际财务报告准则》 international financial reporting standards；IFRS

又称《国际会计准则》，是由国际会计准则理事会（international accounting standards board，IASB）编写发布的一套致力于使世界各国公司能够相互理解和比较财务信息的财务会计准则和解释公告。

6.2.10 《国际航行船舶出入境检验检疫管理办法》 measures for the administration of entry and exit inspection and quarantine of vessels on international voyages

为了加强国际航行船舶出入境检验检疫管理，便利国际航行船舶进出中国口岸设定的法案（2002年12月31日国家质量监督检验检疫总局令第38号）。

6.2.11 国际贸易术语解释通则 incoterms rules

由国际商会制定的有关国际贸易的基础性国际通行规则，是在货物销售合同中关于使用国内和国际贸易术语的统一规则，适用于国际航运和一些国家的国内航运。

6.2.12 《国内水路运输管理条例》 regulation on the administration of domestic water transport

为了规范中国国内水路运输经营行为，维护国内水路运输市场秩序，保障国内水路运输安全，促进国内水路运输业健康发展，所制定的条例。

6.2.13 《机动车运营商监管改革和现代化法案》 motor carrier regulatory reform and modernization act

美国的一项法案，由1935年颁布的《汽车运输法》修改而来，减少了关于费率、路线和可运输的商品等的规定，并消除了合同承运人和普通承运人之间的区别。

6.2.14 《集装箱安全防范措施》 container security initiative；CSI

由美国国土安全部（U.S. Department of Homeland Security，DHS）、美国海关和边境保护局（U.S. customs and border protection，CBP）于2002年启动的计划，旨在提高运往美国的集装箱货物的安全性，并着重对外国港口货物进行筛查。

6.2.15 《克莱顿法案》 Clayton act

美国联邦反托拉斯法（反垄断法）的组成部分，列出了在州际贸易中可能会显著削弱竞争力或产生垄断的具体违法行为。

6.2.16 《快递暂行条例》 interim regulation on express delivery

为了促进中国快递业健康发展，保障快递安全，保护快递用户合法权益，加强对快递业的监督管理，根据《中华人民共和国邮政法》和其他有关法律，所制定的条例。

6.2.17　《莱西法案》 Lacey act

1900 年经美国国会通过的野生动植物保护法，旨在保护野生动植物，禁止非法获得、加工、运输和买卖野生动植物和鱼类的贸易，禁止对野生动植物的运货文件造假。经过多次修订，已纳入更广泛的物种，如两栖动物、爬行动物以及《濒危野生动植物种国际贸易公约》所涵盖的所有鱼类和野生动植物等。

6.2.18　《里德·布尔温克法案》 Reed-Bullwinkle act

一项美国联邦法律，赋予美国卡车运输行业反托拉斯的豁免权，运输业者由此能共同确定运输费用。

6.2.19　《联邦采购条例》 federal acquisition regulations；FAR

美国联邦执行机构在使用适当资金购买物资和服务时所使用的法规体系。FAR 是管理联邦采购流程的所有法律和政策的汇总。

6.2.20　《联邦贸易委员会法案》 federal trade commission act；FTC Act

旨在授权建立美国联邦贸易委员会，并禁止虚假广告之类的欺骗性和不公平贸易行为的法案。

6.2.21　《联邦食品、药品和化妆品法》 federal food, drug and cosmetics act；FD&C Act

旨在保护美国联邦消费者免受不安全

和 / 或无效的食品和药品的侵害的法案。

6.2.22　《联邦水污染控制法》/《清洁水法》 federal water pollution control act / clean water act

美国联邦法律，对美国地表水质量进行规定，授权美国环境保护署监督控制水污染，包括对排放到水中的废水进行限制并提供适用许可证。

6.2.23　《联合国反腐败公约》 United Nations convention against corruption

由联合国主导的指导国际反腐败斗争的法律文件，对预防腐败、界定腐败犯罪、反腐败国际合作、非法资产追缴等问题进行了法律上的规范。

6.2.24　《联合国国际货物销售合同公约》 contracts for the international sale of goods；CISG

涉及参与国（地区）企业实体之间处理国际货物买卖关系和发展国际贸易关系准绳的国际条约。

6.2.25　《粮食流通管理条例》 regulation on the administration of grain circulation

中国为了保护粮食生产者的积极性，促进粮食生产，维护经营者、消费者的合法权益，保障国家粮食安全，维护粮食流通秩序，根据有关法律，所制定的条例。

6.2.26　《鲁宾逊－帕特曼法》 Robinson-Patman act

美国国会 1936 年通过的一项反垄断法

案，旨在扩大《克莱顿法案》中有关"价格歧视"条款的适用范围，并对要消除的价格歧视的种类予以明确规定，禁止任何厂商在与买主或卖主的交易中接受佣金或津贴，要求卖方在向买方提供服务或设施时，必须按比例和同等条件向所有买方提供。

6.2.27 《马格努森－莫斯法》 Mag-nuson-Moss warranty act

1975 年通过的美国联邦法律，要求对消费产品按法律规定标准、以简明易懂的文字完整和显著地做出书面保证，载明保证条款和条件，包括全面保证或有限保证。

6.2.28 《美国残疾人法案》 Americ-ans with disabilities act；ADA

1990 年美国国会通过的一项法案，规定残疾人所应享有的权利，特别是就业方面不应受到歧视。

6.2.29 《美国加利福尼亚州供应链透明度法案》 California transparency in supply chains act

美国加利福尼亚州 2010 年通过的法案，要求在美国加利福尼亚州经营的企业在符合特定条件的情况下，披露它们为消除其供应链内的人口贩运和奴役劳工情况而做出的努力。

6.2.30 《美国家庭医疗休假法》 family medical leave act

规定了拥有超过 50 名员工的雇主必须提供至少 12 周的无薪假期，以让员工照顾新生儿或收养的孩子，或由于严重的医疗状况而照顾自己或家庭成员的美国法律。

6.2.31 《美国金融服务现代化法案》/《格雷姆—里奇—比利雷法案》 Gramm-Leach-Bliley act；GLBA

美国国会于 1999 年颁布的用来代替《格拉斯－斯蒂格尔法案》的一项法案。开启了银行、证券公司和保险公司之间的竞争，并制定了规范金融机构收集和披露客户的个人财务信息的主要规则。

6.2.32 《美国经济间谍法》 U.S. eco-nomic espionage act；EEA

专门规定窃取商业秘密应承担的责任的美国联邦法律，对于保护美国经济情报和商业秘密等发挥了重要作用。

6.2.33 《欧盟公共采购指令》 EU public procurement directives

欧盟为了消除贸易壁垒，促进货物、资本和人员流动所通过的一系列协议和指令，旨在简化公共采购程序并使其更加灵活，确保在采购过程中更多地纳入共同的社会目标，包括环境保护、社会责任、创新等。

6.2.34 《欧盟化学品注册、评估、授权和限制法》 registration,evalnati on,authorization and restriction of chemicals act；REACH

为欧盟成员国和其他几个非欧盟国家内的化学品公开提供的法律框架，要求对进入其市场的所有化学品进行预防性管理的法规。

6.2.35 《平等就业机会》 equal employment opportunity；EEO

美国有关保证工作场所平等就业机会的法律，旨在确保与就业相关的决定仅基于个人的工作能力，而不是不相关的标准。

6.2.36 《欧盟水框架指令》 EU water framework directive；WFD

2000年12月22日，《欧洲议会与欧盟理事会关于建立欧共体水政策领域行动框架的2000/60/EC号指令》正式颁布。该指令简称为《欧盟水框架指令》，旨在为保护内陆地表水、过渡水域、沿海水域和地下水等方面建立管理框架和规划。

6.2.37 《平权法案》 affirmative action

美国有关要求防止对少数群体或弱势群体歧视的法案，要求各企业向准确反映当地劳动力构成的劳动力市场努力。

6.2.38 《萨班斯－奥克斯利法案》 Sarbanes-Oxley act；SOX

2002年通过的美国联邦法律，旨在恢复公众对公司治理的信心、保护投资者利益，要求公司采取内部财务控制措施，以确保财务报告和财务报表编制的可靠性。

6.2.39 《示范采购规范》 model procurement code

美国律师协会制定的一项规范，旨在促进纠纷解决并最大限度地减少冗长的诉讼。

6.2.40 《塔夫脱－哈特莱法》/《国家劳资关系法案》 Taft-Hartley act/national labor relations act

1947年通过的美国劳资关系联邦基本法案，确立了雇员参与集体谈判和罢工的权利，还定义了与工会组织有关的不公平雇主做法。

6.2.41 《铁路安全管理条例》 regulation on the administration of railway safety

中国为了加强铁路安全管理，保障铁路运输安全和畅通，保护人身安全和财产安全，所制定的条例。

6.2.42 《同工同酬法》 equal pay act

美国规定对从事相同工作并在技能和责任上基本相同的个人都应支付同等报酬的法律。

6.2.43 《统一电子交易法》 uniform electronic transactions act；UETA

美国一项用于管理电子商务，定义了电子商务环境中的合同要求的独立法案。

6.2.44 《统一计算机信息交易法》 uniform computer information transactions act；UCITA

由美国统一州法委员会通过的管理软件交易的法案，该法案为数字信息时代的信息交易提供了一个法律框架。

6.2.45 《统一商法典》 uniform commercial code；UCC

美国统一州法委员会和美国法学会合作制定的法律，涵盖了商业交易各个方面的规定，以鼓励各州遵循共同的商业规定。

6.2.46 《统一商业秘密法》 uniform trade secrets act；UTSA

一项定义了商业秘密，为商业秘密所有人提供法律保护，并在盗窃或盗用商业秘密的情况下为所有人提供法律救济的美国法案。

6.2.47 《危险化学品安全管理条例》 regulations on the safety management of hazardous chemicals

中国为加强危险化学品安全管理、预防和减少危险化学品事故，保障人民群众生命财产安全，保护环境，所制定的条例。

6.2.48 《污染源自动监控管理办法》 measures for automatic monitoring and management of pollution sources

中国为加强污染源监管，实施污染物排放总量控制与排污许可证制度和排污收费制度，预防污染事故所制定的法律。

6.2.49 《项目新采购框架和规章》 new procurement framework and regulations for projects

世界银行于 2016 年发布的一个新的、现代化的、有利于商业的采购框架和规章，新的框架和规章包含采购政策、采购规则、采购指令、采购程序 4 个部分，强调公共支出的选择、质量和价值、采购现代化、商业友好性以及适应国家背景。

6.2.50 《消费品安全法》 consumer product safety act；CPSA

美国国会法案，美国依此法于 1972 年成立消费品安全委员会，确立消费品安全委员会的基本权利，并授权该机构制定标准和禁令。

6.2.51 《消费品定价法案》 consumer goods pricing act

一项美国联邦法规，禁止品牌商品供应商签订转售价格维持合同，以确定最低零售价格。

6.2.52 《小企业法》 small business act

美国旨在保护小企业利益的法案。

6.2.53 《谢尔曼反托拉斯法》 Sherman antitrust act

美国国会制定的一部反托拉斯法案，规定了从事商业的人之间的自由竞争规则，要求美国联邦政府有责任调查并起诉有托拉斯行为的个人和组织。

6.2.54 《信息自由法案》 freedom of information act

承认公众对政府机构拥有信息访问权的美国联邦法律，旨在要求联邦政府机构必须披露除豁免外的所有信息。

6.2.55 《虚假索赔法》 false claims act

美国联邦法律，规定任何故意向政府虚假索赔或导致虚假索赔的人承担赔偿责任和罚款。

6.2.56　《有毒物质控制法》 toxic substances control act；TSCA

1976 年通过的美国联邦法律，对各种消费、商业和工业化学品及其混合物进行管制，旨在综合考虑美国境内流通的化学物质对环境、经济和社会的影响，预防对人体健康和环境的"不合理风险"。

6.2.57　《有害物质限制令》 restriction of hazardous substances；RoHS

欧盟制定的一项强制性标准，全称是《关于限制在电子电器设备中使用某些有害成分的法令》，限制在 2006 年 7 月 1 日之后在欧盟出售或使用的电子电器设备中使用某些有害物质。

6.2.58　《政府采购协议》 government procurement agreement；GPA

一项由 WTO 提出的规范政府采购市场国际贸易行为的首要国际文书。其目的是确保在购买商品、服务和建筑服务时的公平、透明和非歧视性竞争条件。它还服务于促进公共资源的高效管理以及在采购中实现最佳性价比。

6.2.59　《政府企业反回扣法》/《科普兰"反回扣"法》 government business anti-kickback act/Copeland "anti-lackback" act

禁止从事建筑施工或维修的美国联邦承包商或分包商诱使雇员放弃其在劳动合同下应享有的部分补偿金，并要求此类承包商和分包商每周提交合规声明的法案。

6.2.60　《织物易燃法案》 flammable fabrics act

美国国会于 1953 年通过的关于纺织品和服装易燃性的法案，旨在禁止销售高度易燃服装。

6.2.61　《中国民用航空货物国际运输规则》 aviation of China for international transport of cargo

为了加强对货物国际航空运输的管理，保护承运人、托运人和收货人的合法权益，维护正常的国际航空运输秩序，根据《中华人民共和国民用航空法》第九章公共航空运输的有关规定，所制定的规则。

6.2.62　《中华人民共和国安全生产法》 law of the People's Republic of China on work safety

为了加强安全生产工作，防止和减少生产安全事故，保障人民群众生命和财产安全，促进经济社会持续健康发展，所制定的法律。

6.2.63　《中华人民共和国标准化法》 standardization law of the People's Republic of China

为了加强标准化工作，提升产品和服务质量，促进科学技术进步，保障人身健康和生命财产安全，维护国家安全、生态环境安全，提高经济社会发展水平，所制定的法律。

6.2.64 《中华人民共和国产品质量法》 product quality law of the People's Republic of China

为了加强对产品质量的监督管理，提高产品质量水平，明确产品质量责任，保护消费者的合法权益，维护社会经济秩序，所制定的法律。

6.2.65 《中华人民共和国出口管制法》 export control law of the People's Republic of China

为了维护国家安全和利益，履行防扩散等国际义务，加强和规范出口管制，所制定的法律。

6.2.66 《中华人民共和国档案法》 archives law of the People's Republic of China

为了加强档案管理，规范档案收集、整理工作，有效保护和利用档案，提高档案信息化建设水平，推进国家治理体系和治理能力现代化，为中国特色社会主义事业服务，所制定的法律。

6.2.67 《中华人民共和国道路运输条例》 regulation of the People's Republic of China on road transport

为了维护道路运输市场秩序，保障道路运输安全，保护道路运输有关各方当事人的合法权益，促进道路运输业的健康发展，所制定的条例。

6.2.68 《中华人民共和国电子商务法》 e-commerce law of the People's Republic of China

为了保障电子商务各方主体的合法权益，规范电子商务行为，维护市场秩序，促进电子商务持续健康发展，所制定的法律。

6.2.69 《中华人民共和国对外贸易法》 foreign trade law of the People's Republic of China

为了扩大对外开放，发展对外贸易，维护对外贸易秩序，保护对外贸易经营者的合法权益，促进社会主义市场经济的健康发展而制定的法律。

6.2.70 《中华人民共和国反垄断法》 anti-monopoly law of the People's Republic of China

为了预防和制止垄断行为，保护市场公平竞争，鼓励创新，提高经济运行效率，维护消费者利益和社会公共利益，促进社会主义市场经济健康发展，所制定的法律。

6.2.71 《中华人民共和国港口法》 port law of the People's Republic of China

为了加强港口管理，维护港口的安全与经营秩序，保护当事人的合法权益，促进港口的建设与发展，所制定的法律。

6.2.72 《中华人民共和国个人信息保护法》 personal information protection law of the People's Republic of China

为了保护个人信息权益，规范个人信息处理活动，促进个人信息合理利用，根据中华人民共和国宪法，所制定的法律。

6.2.73　《中华人民共和国工会法》 trade union law of the People's Republic of China

为了保障工会在国家政治、经济和社会生活中的地位，确定工会的权利与义务，发挥工会在社会主义现代化建设事业中的作用，根据中华人民共和国宪法，所制定的法律。

6.2.74　《中华人民共和国公路法》 highway law of the People's Republic of China

为了加强公路的建设和管理，促进公路事业的发展，适应社会主义现代化建设和人民生活的需要，所制定的法律。

6.2.75　《中华人民共和国国际海运条例》 regulations of the People's Republic of China on international ocean shipping

为了规范国际海上运输活动，保护公平竞争，维护国际海上运输市场秩序，保障国际海上运输各方当事人的合法权益，所制定的条例。

6.2.76　《中华人民共和国海关法》 customs law of the People's Republic of China

为了维护国家主权和利益，加强海关监督管理，促进对外经济贸易和科技文化交往，保障社会主义现代化建设，所制定的法律。

6.2.77　《中华人民共和国海南自由贸易港法》 law of the People's Republic of China on the hainan free trade port

为了建设高水平的中国特色海南自由贸易港，推动形成更高层次改革开放新格局，建立开放型经济新体制，促进社会主义市场经济平稳健康可持续发展，所制定的法律。

6.2.78　《中华人民共和国海商法》 maritime law of the People's Republic of China

为了调整海上运输关系、船舶关系，维护当事人各方的合法权益，促进海上运输和经济贸易的发展，所制定的法律。

6.2.79　《中华人民共和国海事诉讼特别程序法》 special maritime procedure law of the People's Republic of China

为了维护海事诉讼当事人的诉讼权利，保证人民法院查明事实，分清责任，正确适用法律，及时审理海事案件，所制定的法律。

6.2.80　《中华人民共和国环境保护法》 environmental protection law of the People's Republic of China

为了保护和改善环境，防治污染和其他公害，保障公众健康，推进生态文明建设，促进经济社会可持续发展，所制定的法律。

6.2.81　《中华人民共和国劳动法》 labor law of the People's Republic of China

为了保护劳动者的合法权益，调整劳

动关系，建立和维护适应社会主义市场经济的劳动制度，促进经济发展和社会进步，根据中华人民共和国宪法，所制定的法律。

6.2.82 《中华人民共和国民法典》 civil code of the People's Republic of China

为了保护民事主体的合法权益，调整民事关系，维护社会和经济秩序，适应中国特色社会主义发展要求，弘扬社会主义核心价值观，根据中华人民共和国宪法，所制定的法律。

6.2.83 《中华人民共和国民事诉讼法》 civil procedure law of the People's Republic of China

为了保护当事人行使诉讼权利，保证人民法院查明事实，分清是非，正确适用法律，及时审理民事案件，确认民事权利义务关系，制裁民事违法行为，保护当事人的合法权益，教育公民自觉遵守法律，维护社会秩序、经济秩序，保障社会主义建设事业顺利进行，所制定的法律。

6.2.84 《中华人民共和国民用航空法》 civil aviation law of the People's Republic of China

为了维护国家的领空主权和民用航空权利，保障民用航空活动安全和有秩序地进行，保护民用航空活动当事人各方的合法权益，促进民用航空事业的发展，所制定的法律。

6.2.85 《中华人民共和国农产品质量安全法》 agricultural product quality and safety law of the People's Republic of China

为了保障农产品质量安全，维护公众健康，促进农业和农村经济发展，所制定的法律。

6.2.86 《中华人民共和国审计法》 audit law of the People's Republic of China

为了加强国家的审计监督，维护国家财政经济秩序，提高财政资金使用效益，促进廉政建设，保障国民经济和社会健康发展，根据中华人民共和国宪法，所制定的法律。

6.2.87 《中华人民共和国食品安全法》 food safety law of the People's Republic of China

为了保证食品安全，保障公众身体健康和生命安全，所制定的法律。

6.2.88 《中华人民共和国数据安全法》 data security law of the People's Republic of China

为了规范数据处理活动，保障数据安全，促进数据开发利用，保护个人、组织的合法权益，维护国家主权、安全和发展利益，所制定的法律。

6.2.89 《中华人民共和国铁路法》 law of the People's Republic of China on railways

为了保障铁路运输和铁路建设的顺利进行，适应社会主义现代化建设和人民生活的需要，所制定的法律。

6.2.90 《中华人民共和国土壤污染防治法》 law of the People's Republic of China on prevention and control of soil contamination

为了保护和改善生态环境，防治土壤污染，保障公众健康，推动土壤资源永续利用，推进生态文明建设，促进经济社会可持续发展，所制定的法律。

6.2.91 《中华人民共和国网络安全法》 cybersecurity law of the People's Republic of China

为了保障网络安全，维护网络空间主权和国家安全、社会公共利益，保护公民、法人和其他组织的合法权益，促进经济社会信息化健康发展，所制定的法律。

6.2.92 《中华人民共和国消防法》 fire protection law of the People's Republic of China

为了预防火灾和减少火灾危害，加强应急救援工作，保护人身、财产安全，维护公共安全，所制定的法律。

6.2.93 《中华人民共和国消费者权益保护法》 law of the People's Republic of China on the protection of consumer rights and interests

为了保护消费者的合法权益，维护社会经济秩序，促进社会主义市场经济健康发展，所制定的法律。

6.2.94 《中华人民共和国行政处罚法》 law of the People's Republic of China on administrative penalty

为了规范行政处罚的设定和实施，保障和监督行政机关有效实施行政管理，维护公共利益和社会秩序，保护公民、法人或者其他组织的合法权益，根据中华人民共和国宪法，所制定的法律。

6.2.95 《中华人民共和国药品管理法》 drug administration law of the People's Republic of China

为了加强药品管理，保证药品质量，保障公众用药安全和合法权益，保护和促进公众健康，所制定的法律。

6.2.96 《中华人民共和国邮政法》 postal law of the People's Republic of China

为了保障邮政普遍服务，加强对邮政市场的监督管理，维护邮政通信与信息安全，保护通信自由和通信秘密，保护用户合法权益，促进邮政业健康发展，适应经济社会发展和人民生活需要，所制定的法律。

6.2.97 《中华人民共和国噪声污染防治法》 law of the People's Republic of China on the prevention and control of noise pollution

为了防治噪声污染，保障公众健康，保护和改善生活环境，维护社会和谐，推进生态文明建设，促进经济社会可持续发展，所制定的法律。

6.2.98 《中华人民共和国招标投标法》 the bidding law of the People's Republic of China

为了规范招标投标活动，保护国家利益、社会公共利益和招标投标活动当事人的合法权益，提高经济效益，保证项目质量，所制定的法律。

6.2.99 《中华人民共和国政府采购法》 regulations on the implementation of the government procurement law of the People's Republic of China

为了规范政府采购行为，提高政府采购资金的使用效益，维护国家利益和社会公共利益，保护政府采购当事人的合法权益，促进廉政建设而制定的法律。

6.2.100 《准时付款法》 the federal prompt payment acts

为确保按时向供应物资和服务的联邦承包商付款所制定的法律，美国联邦法律对政府采购办公室提出要求，许多州和地方政府都制定了类似的法律。

6.2.101 《资源保护和恢复法》 resource conservation and recovery act; RCRA

1976 年通过的有关危险废物的管理、产生、存储、运输和处置的美国联邦法律。

6.2.102 《综合性环境反应、赔偿与责任法案》 comprehensive environmental response, compensation, and liability act; CERCLA

美国针对危险物质不当处置引起的土壤污染和自然资源损害制定的联邦环境法案，该法案对排放到环境中的有害物质的责任、赔偿、清理和紧急反应以及弃置不用的有害废物处置场所的清理做了规定。

6.2.103 国际法 international law

若干国家（地区）参与制定或者国际公认的、关于国家之间关系的法律。

6.2.104 联合国贸易法委员会《公共采购示范法》 UNCITRAL model law on public procurement

一部由联合国贸易法委员会在 2011 年颁布的法律，旨在实现物有所值和避免采购过程中滥用权力，支持公共采购国际标准的协调统一，协助各国制定现代采购法。

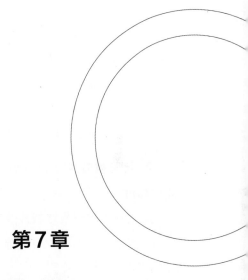

第7章

可持续供应链术语

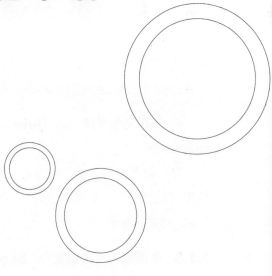

7.1 环境、社会和公司治理

7.1.1 《京都议定书》 Kyoto protocol

一项与《联合国气候变化框架公约》相联系的国际条约，旨在通过国家目标和碳信用减少碳排放和温室气体排放。

7.1.2 闭环供应链 closed-loop supply chain

企业从采购到最终销售的完整供应链循环，涵盖了商品回收与支持商品全生命周期的逆向物流。

7.1.3 闭环回收 closed-loop recycling

一种利用再生材料或废料制造新产品的过程，将废弃物反复回收利用在同一类型的产品中，例如回收的铅罐和电池。

7.1.4 不可再生资源 nonrenewable resource

经人类开发利用后，在相当长的时期内不可能再生的自然资源。例如天然气、石油、煤矿、铁矿等。

7.1.5 布朗电力/布朗能源 brown power/brown energy

由不可再生资源生产的能源，与绿色（可再生）能源形成对比。

7.1.6 处置 disposal/disposition

（1）聚集、分类、清理、移除、报废、转售、回收再利用当前不再有使用价值或者由于长时间存放而失去效能甚至产生危害的物品的过程。（2）由于价值损失、过时、库存过剩或商品变更而将货物从企业内部转移到另一企业的行为。

7.1.7 道琼斯可持续发展指数 Dow Jones sustainability indexes；DJSI

由道琼斯公司推出的全世界第一个可持续发展指数，发布于 1999 年，主要从经济、社会及环境 3 个方面，以投资角度评价企业的可持续发展能力。

7.1.8 地热能 geothermal energy

地球内部热量产生的可持续能源。历史上多在天然温泉存在的地方使用，目前多直接用作热源。

7.1.9 低碳物流 low carbon logistics

通过物流规划与物流政策、物流合理化与标准化技术、物流信息化与低碳物流技术等支持低碳运营的物流，既能使物流能力达到促进社会经济发展适度增长的要求，又能达到缓解能源供给压力的目的，即有效实现物流领域能源使用效率最大化目标。

7.1.10 二氧化碳 carbon dioxide

碳或含碳化合物完全燃烧或生物呼吸时产生的一种无色气体，是主要的温室气体之一。

[来源：《生态学名词》]

7.1.11 反腐败 anti-corruption

禁止不诚实或非法行为的一种思想，

通常得到法律和商业实践的支持。

7.1.12 废弃物物流 waste logistics

将经济活动或人民生活中失去原有使用价值的物品，根据实际需要进行收集、分类、加工、包装、搬运、储存等，并分送到专门处理场所的物流活动。

[来源：GB/T 18354—2021，定义 3.36]

7.1.13 废物 waste

对产生者或持有者不再有使用价值而被遗弃或排放到环境中的物质的统称。

7.1.14 负面筛选 / 排除法 exclusionary screening

一种常见的 ESG 投资策略。基于个人价值观或标准规范，避免投资那些不符合 ESG 原则的资产类别和行业，例如不投资具有争议性行业，包括酒精、烟草、赌博、军备和成人娱乐等行业。

7.1.15 供应链商业生态圈 supply chain business ecosphere

以共享、共赢为宗旨，汇聚多样化组织，构建能力互补的价值网络，实现全链条的关键优势资源协同发展、跨界融合，从而创造一种动态平衡的商业发展生态，让所有参与者共享生态圈机会和生态圈利润的一种商业模式。

7.1.16 供应链透明度 transparency in supply chains

基于供应链数据或信息全程可访问能力形成的可见性及其全程可视化程度。

7.1.17 国际环境标准体系 ISO 14000

一系列与环境管理相关的标准，旨在帮助组织：（1）最大限度地减少运营（流程等）对环境的负面影响（对空气、水或土壤造成的不利影响）；（2）遵守适用的法律、法规和其他以环境为导向的要求；（3）在上述方面不断改进。

7.1.18 国际质量标准体系 ISO 9000

一套国际通用的具有灵活性的国际质量标准和指导方针的集合。ISO 9000 系列主要关注质量管理，即组织为满足客户的质量要求和适用的法规要求而采取的措施，以提高客户满意度，并在追求这些目标的同时持续改进绩效。

7.1.19 国家污染物排放清单 national pollutant release inventory；NPRI

由加拿大环境部在 1992 年公布的一份清单，清单包括了全加拿大的设施设备所排放、处置和进行再循环利用的污染物信息。

7.1.20 国家污染物清单 national pollutant inventory；NPI

由澳大利亚国家、州和地区政府合作管理的污染物排放数据库。

7.1.21 合规 compliance

行为符合某些适用标准，即符合正向核心价值、商业道德行为准则、法律法规、合作标准和内部管理规范。

7.1.22 合规证书 certificate of compliance；CoC

一种正式认证，声明个人或公司同意

并已满足特定质量、安全、监管或保险要求等一系列条款和标准。

7.1.23 横向组织 / 扁平化组织 horizontal organization

一种管理层级少、管理幅度大的组织结构形态，有助于密切上下级关系、加快信息纵向流动，降低管理费用。

7.1.24 后工业化再生 post-industrial recycled; PIR

回收利用从废物流中转移出来的废弃材料并将其转化成供消费者使用的材料。

7.1.25 化石燃料 fossil fuels

一种不可再生能源，由生物遗骸形成，包括煤、石油和天然气等。

7.1.26 环境 environment

组织运行所处的自然环境，包括空气、水、土地、自然资源、植物、动物、人和太空及其相互关系。

[来源: GB/T 40758—2021，定义 3.1.8]

7.1.27 环境、社会和公司治理 environmental, social, governance; ESG

一种关注供应链环境、社会、治理绩效而非财务绩效的投资理念和供应链评价标准。

7.1.28 环境保护 environmental protection

人类为解决现实或潜在的环境问题、协调人类与环境的关系、保护人类的生存环境、保障经济社会的可持续发展而采取的各种行动的总称。

[来源:《化工名词》]

7.1.29 环境标志 / 环境声明 environmental label/environmental declaration

用来表述影响商品或服务的环境因素的声明。

7.1.30 环境产品声明 environmental product declaration

详细说明某一产品在其整个生命周期内以何种方式对环境造成影响。

7.1.31 环境方针 environmental policy

组织对其全部环境绩效（行为）的意图与原则的声明，它为组织的行为及环境目标和指标的建立提供了框架。

7.1.32 环境风险评价 environmental risk assessment; ERA

针对在建设项目设计和运行期间发生的可预测的突发性事件或事故（一般不包括人为破坏及自然灾害）引起的有毒有害、易燃易爆等物质的泄漏，或产生的新的有毒有害物质所造成的对环境的影响和损害进行评估，提出合理可行的防范、应急与减缓措施，以使建设项目事故率、损失和环境影响达到可接受水平。

[来源:《化工名词》]

7.1.33 环境管理体系 environmental management system; EMS

整个组织管理体系的一个组成部分，包括制定、实施、实现、评审和保持环境方针所需的组织结构、计划活动、职责、惯例、程序、过程和资源。

7.1.34 环境绩效 environmental performance

组织对环境因素进行管理所取得的可测量的成绩的效果。

7.1.35 环境绩效评估 environment performance evaluation；EPE

帮助管理者进行环境绩效评估与决策的过程。该过程按照预先设定的评估指标和标准选择参数、收集和分析数据，进行信息评价与交流，并针对过程本身进行定期评审和改进。

7.1.36 环境绩效指标 environmental performance indicators；EPIs

为评价环境改善取得的生态效益而针对环境绩效设定的衡量标准。

7.1.37 环境可持续采购 environmentally sustainable procurement

符合环境可持续性策略要求的采购行为和政策。

7.1.38 环境可持续性 environmental sustainability

开发既能确保环境可持续又能为公司带来利润的战略的一种管理态度。

[来源：《管理科学技术名词》]

7.1.39 环境目标 environmental target

直接来自环境方针，或为实现环境方针所需规定并满足的具体环境绩效（行为）要求，它们适用于组织或部门，如可行则应予以量化。

7.1.40 环境目的 environmental objective

组织依据其环境方针规定自己所要实现的总体环境目的，如可行则应予以量化。

7.1.41 环境评估 environmental valuation

以货币价值形式来评估不同方案在环境效益和风险等方面的总影响的过程。

7.1.42 环境设计 environmental design

以可持续性为核心的设计风格，如绿色建筑和环境友好型建筑。

7.1.43 环境审计 environmental audit

系统客观的周期性评估过程，旨在避免人类活动破坏生态环境。

7.1.44 环境因素 environmental aspect

一个组织的活动、商品或服务中能与环境相互作用的要素。

7.1.45 环境影响 environmental impact

供应链活动可能对水、空气、土壤、动植物、人类及其相互作用关系产生的积极和消极的影响。

7.1.46 环境正义/生态正义 environmental justice

不论种族、肤色、国籍或收入，都坚持公平、公正地为所有人分配使用环境资源的风险和利益。

7.1.47 环境指标 environmental indicator

为评价环境质量而针对环境要素设定的衡量标准。

7.1.48 环境状况参数 environment condition indicator；ECI

传达地方、区域、国家或全球环境状况信息的特定形式，如辐射、饱和水汽压差、温度、土壤温度等。

7.1.49 挥发性有机化合物 volatile organic compounds；VOC

沸点低并且以气体形态排放到空气中的碳基化合物，有些对环境和人类有害。

7.1.50 减材料化/去物质比 dematerialization

减少用于创建商品或服务的材料，通常通过物理减少（减小重量或尺寸）、利用回收材料或可替代材料、创建满足需求的替代工艺来实现。

7.1.51 健康、安全、环境 health, safety, environment；HSE

健康（health）、安全（safety）和环境（environment）三位一体的管理体系，将组织实施 HSE 管理的组织机构、职责、做法、程序、过程、资源等要素有机融合。

7.1.52 节能减排 energy conservation and emission reduction

广义上指节约物质资源和能量资源，减少废弃物和环境有害物（包括"三废"和噪声等）排放；狭义上指节约能源和减少环境有害物排放。

7.1.53 开环回收 open-loop recycling

一种利用废弃物或回收材料制造不同商品的过程，产出的不同商品最终仍会成为废弃物，例如回收的塑料制品。

7.1.54 可持续发展 sustainable development

既不损害后代满足其在生态、经济、政治和文化可持续性方面需要的能力，又满足当今需要的发展模式。

7.1.55 可持续发展目标 sustainable development goals；SDGs

联合国 2015 年制定的 17 个全球可持续发展目标，为现在和未来人类和地球的和平与繁荣提供了一个共同的蓝图。

7.1.56 可持续能源 sustainable energy

利用可再生资源或清洁生产技术生产的能源。

7.1.57 可持续设计 sustainable design

在考虑经济和社会影响的同时，以将对环境资源的需求减到最少为目标的设计。

7.1.58 可再生能源 renewable energy

对人类来说几乎能够无限地进行有效补充且补充率高于能耗率的能源，如风能、太阳能、潮汐能、地热能和生物能。

7.1.59 垃圾发电 waste-to-energy

将废物转化为可用的热能、电能或化学能的过程。

7.1.60 零环境足迹 zero environme-ntal footprint

企业生产过程中所产生的废物都进行了循环使用或环保处理，不会对环境产生额外的影响。

7.1.61 零垃圾 / 零浪费 zero waste

（1）一种最大限度再利用废弃物和垃圾的生活理念，倡议减少不必要的物质消费，不使用对环境有污染的产品，追求快乐、健康、可持续的生活。（2）确保所有材料以某种方式被重新使用，或者作为同类产品，或者转化为替代产品。产品生命周期设计经常考虑这个概念。

7.1.62 绿色包装 green packaging

满足包装功能要求的对人体健康和生态环境危害小、资源能源消耗少的包装。

[来源：GB/T 18354—2021，定义 4.52]

7.1.63 绿色采购 green purchasing

从商品的工艺设计到商品售出，在整个采购过程中做出绿色决策，优先采购和使用有利于环境保护的原材料、商品和服务的行为。

7.1.64 绿色供应链 / 环境意识供应链 / 环境供应链 green supply chain/environmentally conscious supply chain/environmentally supply chain

以绿色制造理论和供应链管理思想为基础，在低能耗、低损耗、低污染目标驱动下，所有供应链成员能综合考虑环境影响和资源效率，追求供应链运营全过程环境影响（负作用）最小化、资源效率最大化。

7.1.65 绿色供应链成员绩效评价 green supply chain partner performance evaluation

对绿色供应链成员（尤其是绿色供应链核心企业）实施绿色供应链管理的绩效进行评价的过程。

7.1.66 绿色供应链管理 green supply chain management；GSCM

利用先进技术，基于绿色理念，全面规划绿色供应链中的各个环节，并对资源流动过程进行计划、组织、协调与控制，以实现环境效益、经济效益和社会效益的平衡。

7.1.67 绿色供应链管理体系 green supply chain management system；GSCMS

整个供应链管理体系的一部分，用于绿色供应链中相关环境因素的管理，发挥绿色供应链成员环境保护作用，并应对绿色供应链风险与挑战的管理体系。

7.1.68 绿色供应链管理体系方针 green supply chain management system policy

组织正式提出的与绿色供应链管理体系相关的组织意图和原则，它为组织建立绿色供应链管理体系明确了方向。

7.1.69　绿色供应链管理体系绩效　green supply chain management system performance

在绿色供应链管理体系中，与供应链绿色属性等相关的绩效。

7.1.70　绿色供应链管理体系绩效评估　green supply chain management system performance evaluation

帮助管理者进行绿色供应链管理体系绩效评估与决策，按照预先设定的评估指标和标准选择指标、收集和分析数据，进行信息评价和交流，并针对该过程本身进行定期评审和改进。

7.1.71　绿色供应链管理体系目标　green supply chain management system objective

组织依据其绿色供应链管理体系方针或为实现绿色供应链管理体系方针而建立的目标。

7.1.72　绿色供应链组织协同度　green supply chain organizational coordination

实施绿色供应链管理体系的各组织间实现系统覆盖、信息共享、高效协同的程度。

7.1.73　绿色供应链组织参与度　green supply chain organization involvement

供应链边界范围内实施绿色供应链管理体系的组织的数量与全部组织数量的比值。

7.1.74　绿色会计/环境会计　green accounting/environment accounting

作为管理工具的会计过程，包括预期设计规划和运营，以及最终产生的环境成本和收益。

7.1.75　绿色建筑　green building

能减少对环境的影响，提高居住者健康水平的建筑。

7.1.76　绿色建筑认证服务　LEED certification

一个国际性绿色建筑认证系统。定义和衡量绿色建筑质量的一种方式，旨在验证建筑是否符合绿色建筑和健康生活标准。我国正实施《绿色建筑评价标准》（GB/T50378—2019）。

7.1.77　绿色建筑认证协会　green building certification institute；GBCI

一个为与绿色建筑相关的专业证书和项目认证计划提供独立认证的第三方组织。GBCI通过项目认证确保绿色建筑设计、建设、落成的一致性且符合相关要求，通过职业证书和资质认定，可确保建造单位具备建造绿色建筑所必需的技术和能力。

7.1.78　绿色设计　green design

考虑可再生资源、环境影响和个人幸福水平的设计。

7.1.79　绿色属性　green property

商品与物料以及相应供应链与资源、能源、生态、环境、人体健康、安全有关的特性。

7.1.80 绿色物流 green logistics

通过充分利用物流资源、采用先进的物流技术，合理规划和实施运、储存、装卸、搬运、包装、流通加工、配送、信息处理等物流活动，降低物流活动对环境影响的过程。

[来源：GB/T 18354—2021，定义 3.33]

7.1.81 绿色制造 green manufacturing

一种低消耗、低排放、高效率、高效益的现代化制造模式。其本质是制造业发展过程中统筹考虑产业结构、能源资源、生态环境、健康安全、气候变化等因素，将绿色发展理念和管理要求贯穿于产品全生命周期中，以制造模式的深度变革推动传统产业绿色转型升级，引领新兴产业绿色发展，协同推进降碳、减污、扩绿、增长，从而实现经济效益、生态效益、社会效益协调优化。

[来源：GB/T 28612-2023，定义 3.2]

7.1.82 能效／能源有效利用 energy efficiency

（1）使用更少的能源来完成相同的工作，并在此过程中减少能源费用和减少污染。（2）衡量能源利用效率的指标，它描述了在特定的系统、设备或过程中，产生实际有用的输出能量与输入能量之间的比例关系。

7.1.83 能源与环境设计领导力 leadership in energy and environmental design; LEED

美国绿色建筑委员会的第三方认证系统，通过共同、开放的流程开发，旨在通过创建和实施公认的、可授受的标准、工具和绩效，来鼓励和加速全球对可持续绿色建筑发展实践方法的采用。

7.1.84 逆向供应链管理 reverse supply chain management

为了实现价值，沿逆向供应链回收顾客退回或使用过的商品，进行再利用、再循环或合理处置的过程。

7.1.85 逆向物流／反向物流 reverse logistics

为恢复物品价值、循环利用或合理处置，对原材料、零部件、在制品及产成品从供应链下游节点向上游节点反向流动，或按特定的渠道或方式归集到指定地点所进行的物流活动。

[来源：GB/T 18354—2021，定义 3.35]

7.1.86 欧盟排放交易体系 European Union's emission trading scheme; EUETS

由欧盟成员国和其他几个非欧盟国家组成的碳排放强制性总量控制与交易体系，全球最大的碳排放交易市场。

7.1.87 欧洲污染物排放登记 European pollutant emission register; EPER

欧盟污染物排放与转移登记制度（European Pollutant Release and Transfer Register；E-PRTR）的前身，包含有关欧盟和挪威工业设施排放的信息和数据。

7.1.88　漂绿　greenwashing

为迎合环保需求，将实际上没有现实依据的商品或服务包装成环境友好型商品或服务的行为。

7.1.89　企业公民　corporate citizenship

企业将社会基本价值融入日常商业实践、运作和政策的行为方式，以突出企业社会责任。

7.1.90　企业可持续性报告　corporate sustainability report

从经济、社会、政策和环境等不同角度评估企业业绩的实体文件。也可称为企业责任报告。

7.1.91　企业社会责任　corporate social responsibility；CSR

企业在创造利润、对股东和员工负责的同时，还承担对消费者、社会和环境的责任，这要求企业必须超越以利润为唯一目标的传统理念，强调在生产过程中对人和社会基本价值的关注，强调对消费者、社会和环境的贡献。

7.1.92　企业文化／组织文化　corporate culture/organizational culture

一个组织由价值观、信念、仪式、符号、处事方式等组成的特有的文化形象，是组织在日常运行中所表现出的各种行为。

7.1.93　气候变化　climate change

天气模式的长期变化，包括温度、风向和降水等气候要素。近期的气候变化通常是温室气体增加导致的，尤其是二氧化碳的排放。

7.1.94　全球报告倡议　global reporting initiative；GRI

美国非政府组织对环境负责经济体联盟和联合国环境规划署联合倡议，于1997年发布，其目的在于提高可持续发展报告的质量、严谨度和实用性，提高全球范围内可持续发展报告的可比性和可信度，并希望可持续发展报告获得全球认同和采用。

7.1.95　全球变暖　global warming

地球近地表大气温度逐步升高的过程。

7.1.96　全球环境管理倡议　global environment management initiative；GEMI

为企业洞察自身发展潜力和打造环境友好方案的国际性组织，致力于在全球范围内培养具有环境、健康和安全（EHS）意识及企业公民意识的卓越企业。

7.1.97　全球性公顷　global hectare

利用生态足迹指标量化生物承载力的单位。

7.1.98　三重底线　triple bottom line；TBL

也被称为人、地球、利润，是指经济底线、环境底线和社会底线，即企业必须履行最基本的经济责任、环境责任和社会责任。

7.1.99　社会合规计划　social compliance program；SCP

组织用以监督整个供应链绩效，保证程序遵守现有社会规范的计划，由组织自主制定和实施。

7.1.100　社会责任投资　socially responsible investing；SRI

专注于社会福利和经济回报的投资策略，关注企业价值和商品竞争力。也称为价值取向投资。

7.1.101　社会责任透明化　social responsibility transparency

一项要求企业提供有关其在经济、环境和社会责任三个方面的表现的文件的倡议。社会责任理论的拥护者往往希望看到企业的相关报告。全球报告倡议（global reporting initiative，GRI）提供了一种被普遍接受的报告方式。

7.1.102　社会责任指南　ISO 26000

由国际标准化组织发起制定的社会责任推荐性标准。

7.1.103　生命末期循环　end-of-life cycle

计划在产品生命周期末期对产品进行处理，以减少环境污染（如避免垃圾填埋造成的污染）。

7.1.104　生态效益　eco-efficiency

（1）人们在生产中依据生态平衡规律，使自然界的生物系统对人类的生产、生活和环境条件产生的有益影响和有利效果。（2）在微观的生产环境中，既能提供具有竞争力的优质商品和服务，又能减少相关资源消耗的策略。

7.1.105　生态友好　eco-friendly

通过回收废品、使用可再生材料、减少使用化石燃料、降低能源消耗等方式减少产品或服务对生态环境的影响。也称为环境友好。

7.1.106　生态足迹　ecological footprint

一种衡量人类对自然资源依赖程度的方法，指能够维持人类生存活动（包括日常活动和所排放的废物）所需要的生物资源或具有生物生产能力的地域面积，一般以全球性公顷为单位。

7.1.107　生物物质　biomass

用于生产能源的有机生物材料，属于可再生能源。

7.1.108　生物质能源　bioenergy

从生物燃料（如木材、玉米或甘蔗等）中获取的可再生能源。

7.1.109　剩余商品和废料处理　surplus and scrap disposal

处理废料或回收剩余商品。常用方法包括回收投入运营、另作他用、出售给其他企业、退回给供应商、出售给废品经销商、员工内部购买、捐赠、丢弃或销毁。

7.1.110　碳达峰　peak carbon dioxide emissions

在某个时点，二氧化碳的排放量不再增长，之后逐步回落。碳达峰是二氧化碳排放量由增转降的历史拐点，标志着碳排放与经济发展实现脱钩，达峰目标包括达峰年份和峰值。

7.1.111　碳排放披露项目 carbon dis-closure project；CDP

一项由英国发起的，公开展示各国际公司碳排放数据的计划。

7.1.112　碳中和 carbon neutrality

人类通过植树造林、节能减排等形式，抵消自身产生的二氧化碳或温室气体排放量，实现"零排放"。

7.1.113　碳足迹 carbon footprint

在产品或服务生命周期内排放的二氧化碳和其他温室气体的总量；也指个人或组织一年内排放的二氧化碳和其他温室气体的总量。

7.1.114　梯次利用 echelon use

某一个已经使用过的商品已经达到原生设计寿命，再通过某种方法使其功能全部或部分恢复以继续使用的过程，且该过程属于基本同级或降级应用的方式。梯次利用与梯度利用、阶梯利用、降级使用在概念上是基本一致的，但不能被视为翻新使用。

7.1.115　同类最佳 best-in-class

一种常见的 ESG 投资策略。从某个行业中选出在特定操作、活动过程中 ESG 表现最先进的企业执行者。

7.1.116　温室气体 greenhouse gases；GHGS

地球大气中吸收太阳辐射导致地球表面温度升高的二氧化碳、甲烷、氧化亚氮等气体。

7.1.117　温室效应 greenhouse effect

地球表面的温室气体吸收来自太阳的辐射热量，从而使全球温度升高的现象。

7.1.118　污染物排放与转移登记 pollu-tant release and transfer register；PRTR

一项环境信息公开的制度，各国建立的收集和公布关于从工业设施和其他设施排放和转移有毒化学品的环境资料的系统。

7.1.119　污染预防 prevention of pollution

旨在避免、减少或控制污染而对各种过程、惯例、材料或商品的采用，可包括再循环、处理、过程更改、控制、资源的有效利用和材料替代等。

7.1.120　稀土矿物 rare earth minerals

以矿物形式存在于地壳中的物质。通常由钇、钪和 15 种镧系元素（镧、铈、镨、钕、钷、钐、铕、钆、铽、镝、钬、铒、铥、镱和镥）组成，广泛运用于能源、电子、化工、冶金等领域。

7.1.121　消费后回收材料 post-cons-umer recycled materials；PCR

已用于预定用途并经废物流转移，又被消费者再次利用（回收）的材料。

7.1.122　循环利用 recycle

通过改变或调整资源以增加其价值，并再次使用的过程。

7.1.123　以废换利 waste-to-profit

探索曾被视为废物的物品的利用方法。

7.1.124　有毒物质排放清单 toxic release inventory；TRI

美国环境保护署的污染物排放与转移登记簿，包含有关某些工业集团和联邦机构的有毒化学物质排放和其他废物管理活动的信息。

7.1.125　再利用 reuse

出于某种目的而再次利用某物。

7.1.126　政府环境审计 government environmental audit

国家审计机关依法对政府和企事业单位的环境管理系统及经济活动中产生的环境问题和环境责任进行监督、评价和鉴证。

7.1.127　资产回收 asset recovery

重新部署、再使用、再循环或再生有价值的资产（如设备、货物等），在原来的计划中这些资产已不被需要，资产回收意味着使环境恢复到行动之前的状态。

7.1.128　总量管制与交易制度 / 碳信用 / 碳交易 cap and trade system/carbon credits/carbon trading

依靠供求关系来减少污染的政府调控手段，在国家（地区）层面规定了环境污染上限。企业可获得一定的污染额度进行经营活动或与他人交易，但总污染额度不得超过上限。

7.1.129　最优化环境设计 design for the environment；DFE

力求减少商品对环境的负面影响的设计方案。

7.2　安全

7.2.1　3A 供应链 3A supply chain/triple-A supply chain

一类具有敏捷性（agility）、适应性（adaptability）、协调性（alignment）的供应链，能够快速响应、适应变化、利益一致地满足最终消费者的需求。

7.2.2　反应型供应链 responsive supply chain

以最快的速度应对市场需求变化，并以尽可能短的时间有效完成商品交付的供应链系统。

7.2.3　供应连续性 supply continuity

在正常供应渠道出现意外的情况下，保障供应或避免意外发生的能力。

7.2.4　供应链安全管理体系 ISO 28000

国际标准化组织的供应链安全管理体系标准，用以处理供应链各环节潜在的安全隐患。

7.2.5　供应链安全性 supply chain safety

供应链的一种属性，指供应链受到安全风险和威胁冲击时仍然能够保持平稳运营的能力。

7.2.6　供应链反应性 supply chain responsiveness

供应链将产品送达到客户的速度。

[来源：GB/T 25103—2010，定义 3.1.37]

7.2.7 供应链风险 supply chain risk

有关供应链的不确定性对目标实现的影响。

[来源：GB/T 24420—2009，定义 3.5]

7.2.8 供应链风险管理 supply chain risk management

对供应链不确定性的管理与控制，即运用风险规避、风险分担和风险利用策略有效降低不确定性的决策过程。供应链风险管理是一个贯穿供应链运营始终，寻求供应链战略、技术与知识、业务流程和人力资源等优化、设计的协同过程。

7.2.9 供应链管理成熟度 supply chain management maturity；SCMM

从管理结构、管理策略和管理环境 3 个管理层次来描述和衡量供应链管理水平的综合评价体系，可通过供应链管理回报率进行量化。

7.2.10 供应链管理回报率 return of management；ROM

一种衡量管理决策者单位努力水平（时间和精力）所获得的合作增益能量，即供应链成员合作所创造的新增收益的指标。供应链管理成熟度和供应链管理回报率存在正比关系。一个良好的供应链管理体系，能够释放更多的合作增益能量。供应链管理回报率的计算公式为：ROM= 释放的合作增益能量 / 投入的努力水平 ×100%。

7.2.11 供应链精益性 supply chain lean

供应链遵循精益思想所呈现的努力削减全程成本和浪费的属性。

7.2.12 供应链可见性 supply chain visibility

供应链中所有相关数据或信息的可访问程度，表现为零件、组件和最终产品从供应商到制造商再到消费者的可追踪性或可溯源性。

7.2.13 供应链控制塔 supply chain control tower

一套工具和技术，允许供应链管理人员主动地实时管理供应链，并通过连接可见性、主动的异常管理和预测性洞察力实现高效率管理。

7.2.14 供应链连续性管理 supply chain continuity management；SCCM

在供应链中实施业务连续性管理。

[来源：GB/T 38299—2019，定义 3.24]

7.2.15 供应链涟漪效应 ripple effects in supply chain

供应链中断影响逐渐传递、蔓延的现象，它会导致供应链网络连接崩溃，改变供应链结构甚至波及整个生态圈。

7.2.16 供应链鲁棒性 supply chain robustness

供应链抵御外部冲击、不受任何影响而保持正常运营的能力。

7.2.17 供应链盲点 blind-spot of supply chain

供应链成员之间信息不对称、缺乏应有的透明度，会导致供应链整体或者局部产生无法管理和控制的环节，即供应链盲点。供应链管理的目的就在于消除供应链盲点。

7.2.18 供应链面板 supply chain dashboard

类似于汽车和飞机的驾驶舱，以清晰的仿真方式展现供应链运营状态，支持供应链绩效监测、分析和管理，帮助管理决策者有效监控供应链绩效变化、规避风险。

7.2.19 供应链敏捷性 supply chain agility

在不可预测的市场环境中，为应对需求不稳定性、不确定性带来的不利影响，供应链成员通过集聚的信息、资源和能力快速响应市场需求变化，从而提升整个供应链竞争力的一种能力。

7.2.20 供应链韧性 supply chain toughness

供应链面对冲击时所表现出来的自适应能力，包含协调能力和学习能力，它直接影响整个供应链抵御中断风险的能力。

7.2.21 供应链柔性 supply chain flexibility

供应链应对成员动态变化、市场需求动态变化、结构动态变化等的一种能力，以避免受到各种环境因素变化的影响，包含连接柔性和管理柔性两部分。

7.2.22 供应链适应性 supply chain adaptability

调整供应链结构、功能和行为以应对最终消费者需求变化的能力。

7.2.23 供应链弹性 supply chain resilience

供应链面对冲击时所表现出来的自适应能力和自修复能力，它直接影响整个供应链的核心竞争力。

7.2.24 供应链图析 supply chain mapping

一种基于时间展示流程的技术，包括货物、材料、信息和其他增值资源沿着供应链移动的过程；能够以数字化、可视化的方式展示供应链网络结构，帮助管理决策者更好地观察、分析供应链运营状况及其演化趋势，增强供应链快速应对风险的能力。

7.2.25 供应链中断 supply chain disruption

受突发事件冲击和影响导致供应链某个环节失效时所表现出来的供应链不能正常运行的状态。

7.2.26 获证客户 certified client

供应链安全管理体系已获得第三方认证的组织。

7.2.27 精益供应链 lean supply chain

源自精益思想，努力消减运营过程中的冗余环节，以尽可能少的投入最大限度地满足最终消费者需求的供应链。

7.2.28 敏捷供应链 agile supply chain

在需求和供给都不确定、持续变化的环境下，能够快速适应并对客户需求、技术、危机、商品组合等的变化快速响应的供应链。

7.2.29 能力成熟度 capability maturity

对一个组织有条理的持续改进能力以及实现特定过程的连续性、可持续性、有效性和可信度的水平。

[来源：GB/T 37988—2019，定义 3.6]

7.2.30 柔性供应链 flexible supply chain

具有较强适应性，能够快速应对客户需求变化的供应链。

7.2.31 生命周期管理 life cycle management

对产品或服务"从摇篮到坟墓"全过程跟踪介入，以全过程保证产品质量、提升竞争力的管理理念和管理方式。

7.2.32 数字供应链 digital supply chain; DSC

一类以数字化技术支持和协同供应链从商品设计、采购、生产、销售到服务全流程高效整合资源以满足客户需求的新型组织形态。

7.2.33 数字化转型 digital transformation

在需求驱动下将数字化技术（如云计算、大数据、人工智能、物联网等）用于运营模式升级和商业模式创新等核心业务流程的方法。

7.2.34 弹性设计 resilient design

一种应对灾害发生的有意设计，旨在使建筑物、系统、商品、服务等有能力适应技术变革，应对自然和人为因素的干扰，保持恢复功能和活力，快速恢复基本功能和结构。

7.2.35 外生风险 exogenous risks

来自外部的不可控风险，与之相对的是内生风险（可控风险）。

7.2.36 危害分析与关键控制点 hazardous analysis and critical control point; HACCP

识别和预防食品安全危害的食品安全管理控制系统，由美国食品药品监督管理局提出，被国际食品法典委员会认定为国际食品安全标准。

7.2.37 危险废物 hazardous waste

对居民健康或生态环境存在重大隐患的废物，如影响当地居民日常生活，引发不可逆转或致残的疾病，甚至缩短居民寿命的废物；或在处理、储存、运输、处置或以其他方式管理不当时会对居民健康或生态环境造成重大影响的废物。

7.2.38 危险物品 hazardous matarials/dangerous materials/dangerous goods

对健康、安全和财产构成威胁的物品，包括爆炸物、易燃物、有毒有害物质、腐蚀性物质等。

7.2.39 未知的不确定性 unknown unknowns

意外或不可预见的情况，尽管会带来更大的风险，但是无法根据过去的经验或调查数据进行预测。已知的未知来自已知但理解不深的现象，未知的未知是无法预料的现象。

7.2.40 效率型供应链 efficient supply chain

以最低的成本将原材料转化成零部件、半成品、成品，并以最低的成本满足可预测需求的供应链，主要体现了供应链的物理功能。

7.2.41 业务连续性 business continuity

组织在业务中断期间以预定能力在可接受的时间框架内继续交付产品或者服务的能力。

[来源：ISO 22300—2021，定义 3.1.19]

7.2.42 业务连续性管理 business continuity management；BCM

实施并维持业务连续性的过程。

[来源：ISO 22300—2021，定义 3.1.20]

7.2.43 业务连续性管理体系 business continuity management system；BCMS

用于建立、实施、运行、监视、评审、保持和改进业务连续性，是一个组织整个管理体系的一部分。

[来源：ISO 22300—2021，定义 3.1.21]

7.2.44 业务连续性计划 business continuity planning；BCP

一套基于业务运行规律的管理要求和规章流程，确保持续提供服务的全面的计划，包括风险计划、应急计划、防灾规划、灾难恢复计划、业务恢复计划、业务重启计划等。

7.2.45 业务影响分析 business impact analysis；BIA

分析活动和业务中断可能给组织带来的影响的过程。

[来源：ISO 22300—2021，定义 3.1.24]

7.2.46 已知的未知 known unknowns

一种风险管理理念，认为已知风险（如火山爆发、海啸等）是可以管控的，尽管通常不可能知道具体事件发生的确切时间。

7.2.47 易燃固体 flammable solid

除炸药以外，可通过摩擦或制造和加工过程的余热引发火灾，或易被点燃的任意固体材料。易燃固体一旦被点燃，则危害性强，持续时间长，会造成严重的危险。

7.2.48 易燃物品 flammable materials/flammable goods

在一定温度下可以燃烧的释放气化物的物品。

7.2.49 易燃液体 combustible liquid

易于挥发和燃烧的液体。闪点低于28.1℃的为一级易燃液体，极易燃烧和挥发，如汽油等；闪点为28.1℃到45℃的为二级易燃液体，容易燃烧和挥发，如煤油、松节油等。

7.2.50　应急物流 emergency logistics

为应对突发事件提供应急生产物资、生活物资供应保障的物流活动。

[来源: GB/T 18354—2021，定义3.38]

7.2.51　有毒吸入危害 toxic inhalation hazard；TIH

被各级政府监管机构归类为吸入致毒的气体和挥发性液体。

7.2.52　智慧供应链 smart supply chain

集成供应链应用技术以及管理理论方法，在企业内和企业间构建的，实现供应链的智能化、网络化和自动化的技术与管理综合集成系统。

7.2.53　自然灾难规划 disaster planning

针对意外灾难事件制订的应急计划，包括人为的和自然的，如罢工、地震、飓风或火灾等。

第8章

国际供应链术语

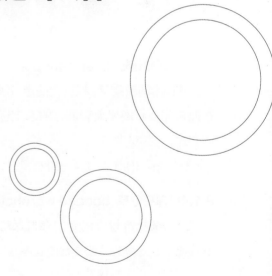

8.1 国际物流

8.1.1 A型保税物流中心 bonded logistics center（A）

经海关批准，由中国境内企业法人经营、专门从事保税仓储物流业务的海关监管场所。

[来源：GB/T 18354—2021，定义8.40]

8.1.2 B型保税物流中心 bonded logistics center（B）

经海关批准，由中国境内企业法人经营，多家企业进入并从事保税仓储物流业务的海关集中监管场所。

[来源：GB/T 18354—2021，定义8.41]

8.1.3 班轮运输 liner transport

在固定的航线上，以既定的港口顺序，按照事先公布的船期表航行的水上运输经营方式。

[来源：GB/T 18354—2021，定义8.6]

8.1.4 保税仓库 bonded warehouse

经海关批准设立的专门存放保税货物及其他未办结海关手续货物的仓库。

[来源：GB/T 18354—2021，定义8.37]

8.1.5 保税存储 bonded storage

进口货物在海关监管下储存于指定场所并暂缓缴纳进口税的一种存储形式。根据我国海关规定，货物可以以寄售、维修、

免税销售、转口、结转加工等为目的临时进口，存放于经海关注册登记的保税仓库，再根据经营需要提离仓库，实际用于上述目的。如果在储存期内无法实现上述目的，货物将复运出境或经办理进口手续后转为内销。

8.1.6 保税港区 bonded port zone

经政府批准，设立在国家对外开放的口岸港区和与之相连的特定区域内，具有口岸、物流、加工等功能的海关特殊监管区域。

注：具备仓储物流、对外贸易、国际采购、分销和配送、国际中转、检测和售后服务维修、商品展示、研发、加工、制造、港口作业等功能，享受保税区、出口加工区、保税物流园区相关的税收和外汇管理政策。

[来源：GB/T 18354—2021，定义8.43]

8.1.7 保税工厂 bonded factory

经海关批准专门生产出口产品的保税加工装配企业。

[来源：GB/T 18354—2021，定义8.39]

8.1.8 保税货物 bonded goods

经海关批准未办理纳税手续进境，在境内储存、加工、装配后复运出境的货物。

[来源：GB/T 18354—2021，定义8.12]

8.1.9 保税维修 bonded reparation

企业以保税方式将存在部件损坏、功能失效、质量缺陷等问题的货物或运输工具从境外运入境内进行检测、维修后复运出境。

[来源：GB/T 18354—2021，定义 8.36]

8.1.10　保税物流　bonded logistics

在海关特殊监管区域或者场所，企业从事仓储、配送、运输、流通加工、装卸搬运、物流信息、方案设计等业务时享受海关实行的"境内关外"管理制度的一种物流服务模式。

[来源：GB/T 18354—2021，定义 8.35]

8.1.11　保税物流园区　bonded logistics park

经政府批准，在保税区规划面积或者毗邻保税区的特定港区内设立的、专门发展现代国际物流业的海关特殊监管区域。

[来源：GB/T 18354—2021，定义 8.42]

8.1.12　报关　customs declaration

进出境运输工具的负责人、进出境货物的所有人、进出口货物的收发货人或其代理人向海关办理运输工具、货物、物品进出境手续的全过程。

[来源：GB/T 18354—2021，定义 8.11]

8.1.13　边境交货　delivered at frontier；DAF

当运输工具抵达指定的边境城市并将货物交给进口方由进口方承担进口清关的所有风险和责任的一种交货方式。

8.1.14　拆装 / 散件组装　knocked down；KD

为了减少运输和存储所需的空间，以组件形式拆卸和运输货物，到达后通过雇用进口国劳动力重新组装来满足当地含量

要求的业务，即要求在进口国国内创造进口货物的部分价值。

8.1.15　场地共享　space sharing

两家或多家船运公司将其货物合并装在一艘远洋运输船上的实践。

8.1.16　场站收据 / 港站收据 / 码头收据　dock receipt；D/R

国际集装箱运输专用出口货运单证，在装运时签发的凭证（通常作为提单的依据），并将责任从国内承运人转移给国际托运人。

8.1.17　成本加保险费加运费　cost, insurance and freight；CIF

卖方负责租船订舱，办理货运保险，在合同规定的装运期内在装运港将货物交至运往指定目的港的船上，货物灭失或损坏的风险在货物交到船上时转移的交货方式和价格模式。

[来源：GB/T 18354—2021，定义 8.31]

8.1.18　成本加运费　cost and freight；CFR

卖方负责租船订舱，在合同规定的装运期内将货物交至运往指定目的港的船上，货物灭失或损坏的风险在货物交到船上时转移的交货方式和价格模式。

[来源：GB/T 18354—2021，定义 8.30]

8.1.19　船务代理 / 船舶代理　shipping agency

接受船舶所有人（船公司）、船舶经营人、承租人的委托，在授权范围内代表

委托人办理与在港船舶有关的业务、提供有关的服务或进行与在港船舶有关的其他法律行为的经济组织。

[来源：GB/T 18354—2021，定义 8.21]

8.1.20 大陆桥运输 land bridge transport

用横贯大陆的铁路或公路作为中间桥梁，将大陆两端的海洋运输连接起来的连贯运输方式。

[来源：GB/T 18354—2021，定义 8.8]

8.1.21 等级费率 class rate

将全部货物划分为若干个等级，按照不同的航线分别为每一个等级制定一个基本运价的费率。

[来源：GB/T 18354—2021，定义 8.20]

8.1.22 电子出口信息 electronic export information；EEI

从美国出口规定的货物时，需要在自动出口系统中提交的申报数据，包括收发货人信息以及出口货物信息等，取代了需要手动申报的托运人出口报关清单。

8.1.23 定期租船 time charter

船舶所有人将配备船员的船舶出租给租船人使用一定时期的租船方式。

8.1.24 国际多式联运 international multimodal transportation/international intermodal transportation

按照多式联运合同，以至少两种不同的运输方式，由多式联运经营人将货物从一国境内的接管地点运至另一国境内指定交付地点的货物运输方式。

[来源：GB/T 18354—2021，定义 8.2]

8.1.25 国际供应链 international supply chain

在某些环节上跨越国际或经济体边界的供应链。

注1：从订单执行到货物被目的地国家或经济体解除海关控制，供应链的所有环节都是国际性的。

注2：如果公约或地区协议免除来自特定国家或经济体的货物的报关，国际供应链的终点则是进口国或进口经济体的进口岸，如果协议或公约没有此项规定，则货物在进口港需进行报关。

[来源：GB/T 38702—2020，定义 3.12]

8.1.26 国际供应链管理 international supply chain management

以拥有国际成员的国际供应链为对象，为满足经济全球化发展需求和全球化客户需求，驱动着全球资源、能力和知识向国际供应链管理体系集聚，从而提升国际供应链核心竞争力的管理活动。

8.1.27 国际航空货物运输 international air cargo transport

货物的出发地、约定的经停地和目的地之一不在同一国境内的航空运输。

[来源：GB/T 18354—2021，定义 8.3]

8.1.28 国际货运代理 international forwarder

接受进出口货物收货人或发货人的委

托，以委托人或自己的名义，为委托人办理国际货物运输及相关业务的服务方式或经济组织。

[来源：GB/T 18354—2021，定义8.22]

8.1.29　国际铁路联运　international through railway transport

使用一份统一的国际铁路联运票据，由跨国铁路承运人办理两国或两国以上铁路的全程运输，并承担运输责任的一种连贯运输方式。

[来源：GB/T 18354—2021，定义8.4]

8.1.30　国际物流　international logistics

跨越不同国家（地区）之间的物流活动。

[来源：GB/T 18354—2021，定义3.31]

8.1.31　国际中转集拼　international transit consolidation

境外货物经过国际航线运至本港，与国内转关至本港的出口货物，以及本地货源在海关特殊监管区域内根据不同目的港或不同客户，进行拆箱、分拣和包装，并重新装箱后再运送出境的物流服务。

[来源：GB/T 18354—2021，定义8.10]

8.1.32　国家汽车货运分类　national motor freight classification；NMFC

美国货运识别和分类的行业标准，托运人和汽车承运人使用的一种定价工具，用于比较在州际、州内和国外贸易中运输的商品，以帮助进行运费定价。

8.1.33　过境货物　transit goods

由境外启运、通过境内的陆路运输继续运往境外的货物。

[来源：GB/T 18354—2021，定义8.16]

8.1.34　海关估价　customs valuation

一国海关为征收关税，根据统一的价格准则，确定某一进口（出口）货物价格的过程。

[来源：GB/T 18354—2021，定义8.19]

8.1.35　海关监管货物　cargo under customs supervision

在海关监管区域内接受海关监管的货物。

注：包括已进境但未办结海关手续的进口货物，已向海关申报但还未出境出口货物，已进境但还未出境的过境、转运和通运货物，以及其他尚未办结海关手续的进出境货物。

[来源：GB/T 18354—2021，定义8.13]

8.1.36　海外仓　overseas warehouse

国内企业在境外设立，面向所在国家或地区市场客户，就近提供进出口货物集并、仓储、分拣、包装和配送等服务的仓储设施。

[来源：GB/T 18354—2021，定义8.38]

8.1.37　航空货运代理　airfreight forwarder

以货主的委托代理人身份办理有关货物的航空运输手续的服务方式或经济组织。

[来源：GB/T 18354—2021，定义8.23]

8.1.38　红标签　red label

美国运输部要求在运输或存储过程中在易燃易爆等物品上粘贴的识别标签。

8.1.39　交货收据 / 交货回执　delivery receipt

由收货人签名表示已经收货的文件，包含送达时间、送达地点、送达方式等内容。

8.1.40　交货说明　delivery instructions

对承运人的具体交货指示，包括交付地点、截止日期、联系人方式等。

8.1.41　交货条款　delivery terms

合同中与承运人、航线、运费、交货地点和交货时间等有关的条款。

8.1.42　进出口商品检验　import and export commodity inspection

商检机构和经国家商检部门许可的检验机构，对列入目录的进出口商品的质量、规格、卫生、安全、数量等进行检验、鉴定和监督管理的工作。

[来源：GB/T 18354—2021，定义 8.26]

8.1.43　进料加工　processing with imported materials

境内企业进口物料加工后再销往国外的一种贸易方式。

[来源：GB/T 18354—2021，定义 8.32]

8.1.44　口岸　port

经政府批准设置的供人员、货物和交通工具直接出入国（关、边）境的港口、机场、车站、跨境通道等。

[来源：GB/T 18354—2021，定义 8.34]

8.1.45　跨境运输　cross-border transportation

一种跨越国境或边境的运输。

[来源：GB/T 18354—2021，定义 8.1]

8.1.46　来料加工　processing with supplied materials

由境外单位提供原料，委托境内加工单位在保税状态下进行加工装配，成品由境外单位销往国外的一种贸易方式。

[来源：GB/T 18354—2021，定义 8.33]

8.1.47　目的地合同　destination contract

货物到达预定目的地后将所有权转移给买方的合同类型。运输途中货物灭失或损坏风险由卖方承担。

8.1.48　目的地交货　delivered at place；DAP

卖方将货物运送到买方指定的目的地（码头以外的地方），之后由买方负责进口清关及国内运输的所有程序。

8.1.49　目的港船上交货　delivery ex ship；DES

在规定的交货期限内，卖方必须在指定的目的地港口从船舶上卸下货物，并解除因运输货物而产生的留置权，在这之前货物灭失或损坏风险不会转移给买方。

8.1.50　目的港码头交货　delivered ex quay；DEQ

卖方在指定目的港码头将货物交给买方处置，不办理进口清关手续，即完成交货。卖方应承担其间所产生的所有风险和费用，包括海运或内河运输费用、卸货费、进出口许可费和其他税费（除非合同中明确排除）。买方只有协助获得进口货物所需的任何进口许可证或其他官方授权的义务。

8.1.51 启运港退税 tax refund at port of shipment

将企业由原先的离境向海关报关后由税务机关办理出口退税，提前为从启运港出发即可申请出口退税的政策。

[来源：GB/T 18354—2021，定义 8.18]

8.1.52 清关/结关 customs clearance

报关单位在海关办理完毕进出口货物通关所必须的所有手续，完全履行法律规定的与进出口有关的义务，包括海关申报、查验、征税、放行等手续，货物结束海关监管的过程。

[来源：GB/T 18354—2021，定义 8.27]

8.1.53 全球供应链 global supply chain

根据供应链管理的基本理念、模式，按照国际分工协作的原则在全球范围内通过优化配置资源、选取最有利的合作伙伴形成的供应链。

8.1.54 全球供应链治理 global supply chain governance

为在全球供应链范围内营造国际公平竞争环境，促进全球供应链成员共同参与，以共建共营共享为目的的管理活动。

8.1.55 使用点交货 delivery to point of use

购买的货物不经过检查，绕过中央仓库直接交付至使用地点的交货方式。

8.1.56 提单 bill of lading；B/L

用以证明海上货物运输合同和货物已经由承运人接收或者装船，以及承运人保证据以交付货物的单证。

[来源：GB/T 18354—2021，定义 8.24]

8.1.57 通运货物 through goods

由境外启运，经船舶或航空器载运入境后，仍由原载运工具继续运往境外的货物。

[来源：GB/T 18354—2021，定义 8.14]

8.1.58 托运人出口报关清单 shippers export declaration；SED

用来描述出口的所有货物、由托运人负责正确填写的文件。

8.1.59 外国货运代理 foreign freight forwarder

为托运人和收货人安排货物进出口运输事务的一方，不同于承担不同义务的国内货运代理。

8.1.60 完税后交货 delivered duty paid；DDP

卖方在指定的目的地办理完进口清关手续将运输工具上尚未卸下的货物交与买方即完成交货的一种交货方式。卖方必须承担将货物运至指定目的地的一切风险和费用，包括在需要办理清关手续时在目的地应缴纳的任何"税费"。

8.1.61 未完税交货 delivered duty unpaid; DDU

卖方负责租订运输工具，在规定的时间内将已清关货物运抵指定目的地，在运输工具上交货并承担交货前的风险、费用的交货方式，由买方缴纳进口关税。

8.1.62 原产地证明 certificate of origin

出口国（地区）根据原产地规则和有关要求签发的，明确指出该证中所列货物原产于某一特定国家（地区）的书面文件。

[来源：GB/T 18354—2021，定义 8.25]

8.1.63 运费到付 freight collect; CC

货物到达目的地后买方直接向承运人支付运费的付费方式。

8.1.64 运费付至 carriage paid to; CPT

卖方向指定的承运人交货，并支付将货物运至目的地的运费，由买方承担交货之后的一切风险和额外费用。

8.1.65 运费及保险费付至 carriage and insurance paid to; CIP

卖方向指定的承运人交货，并支付将货物运至目的地的运费，办理有关买方货物在运输途中灭失或损坏风险的保险，即卖方承担交货之前的一切风险和额外费用。

8.1.66 运费预付 freight prepaid; PP

托运人在装运点交付货物时就向承运人支付运费。

8.1.67 在途转送特权 in-transit privileges

美国铁路托运人（买方和卖方）在运输途中停止运输、卸下货物、对材料进行某些加工操作、重新装载已加工的材料并按原价继续运输，同时适度外加额外费用的特别权利。

8.1.68 滞报金 fee for delayed declaration

进口货物的收货人或其他代理人超过海关规定的申报期限，未向海关申报，由海关依法征收的一定数额的款项。

[来源：GB/T 18354—2021，定义 8.28]

8.1.69 中欧班列 China-Europe freight express

按照固定车次、线路、班期和全程运行时刻开行，运行于中国与欧洲以及"一带一路"沿线国家间的集装箱等铁路国际联运列车。

[来源：GB/T 18354—2021，定义 8.5]

8.1.70 转关运输 trans-customs transport

进出口货物在海关监管下，从一个海关运至另一个海关办理海关手续的行为。

[来源：GB/T 18354—2021，定义 8.9]

8.1.71 转运货物 transshipment goods

由境外启运，到我国境内设关地点换装运输工具后，不通过我国境内陆路运输，再继续运往境外的货物。

[来源: GB/T 18354—2021, 定义 8.15]

8.1.72　装运港船上交货 free on board; FOB

卖方在合同规定的装运期内, 在指定装运港将货物交至买方指定的船上, 并负担在装船前货物灭失或损坏造成的所有风险的交货方式和价格模式。

[来源: GB/T 18354—2021, 定义 8.29]

8.1.73　自动出口系统 automated export system; AES

美国商务部为统计美国货物、服务进出口量所建立的电子系统, 要求美国的企业、个体户商家, 对美国出口快递运输的货物在此系统直接向美国商务部申报。

8.1.74　自由贸易试验区 pilot free trade zone

在主权国家或地区的关境内, 设立的以贸易投资便利化和货物自由进出为主要目的特定区域。

[来源: GB/T 18354—2021, 定义 8.45]

8.1.75　综合保税区 comprehensive free trade zone

经海关批准设立的具有保税港区功能的海关特殊监管区域。

注: 该区域由海关参照有关规定进行管理, 执行保税港区的税收和外汇政策, 可以发展国际中转、配送、采购、转口贸易和出口加工等业务。

[来源: GB/T 18354—2021, 定义 8.44]

8.1.76　租船运输 shipping by chartering

船舶出租人把船舶租给承租人, 根据租船合同的规定或承租人的安排来运输货物的运输方式。

[来源: GB/T 18354—2021, 定义 8.7]

8.2　国际贸易

8.2.1　S 分章公司 / S 公司 / 择税公司 subchapter S corporation/S corporation/tax-option corporation

美国国内收入署 (Internal Revenue Service, IRS) 允许的一种公司形式, 只有其股东为以个人身份参加的美国公民, 且股东符合限定人数的公司才可以被选定享有 S 公司税收待遇。

8.2.2　保兑行 confirming bank

出口国或第三地的某一银行应开证行的请求, 在信用证上加注条款, 表明该行与开证行一样, 对受益人所提示的符合信用证规定的汇票、单据负有付款、承兑的责任。

8.2.3　报关单 customs entries

描述装运的商品、货源和适用关税的办理手续的法律文书。

8.2.4　报关行 customs broker

通过政府授权协助处理进出口货物报关业务的营利性个人或组织。

8.2.5 不公平贸易行为 unfair trade practices

限制贸易的行为。例如，操纵价格、可能破坏市场竞争的公司合并、旨在实现或维持垄断权力的掠夺性行为。

8.2.6 差别汇率 differential exchange rates/discriminative exchange rate

一国政府根据进口商品用途或性质规定的不同汇率。

8.2.7 承运人免责 exempt carrier

承运人免受经济规制约束的权利。按照法律或合同的规定，在一定的情况下承运人对货物的灭失或损坏享有免除赔偿责任的权利。

8.2.8 出口代办行 export commission house

代表海外进口商/国内出口商办理进出口业务的机构，以赚取海外进口商/国内出口商支付的佣金。

8.2.9 出口单据 export documents

由出口国海关要求办理的文件，许可证、报关单和检验证书都是出口单据的一部分。

8.2.10 出口关税 export duty

出口国海关在本国产品输往国（境）外时，对出口商或出境的个人所征收的关税。

8.2.11 出口管制分类编号 export control classification number；ECCN

美国商务部将一系列参考编号分配给被视为有双重用途的、受出口管理条例管制的各种商品。

8.2.12 出口经纪人 export broker

收取国内出口商或海外经纪人一定的费用或佣金，代其在国外寻找货物买家的经纪人。

8.2.13 出口商 export merchant

将商品直接卖给另一国买方的生产者或商人。

8.2.14 出口申报单 export declaration

在外贸业务中，客户所要求提供的低价发票之一。

8.2.15 出口退税 drawback

国家实行的由国内税务机关退还出口商品国内税的措施。

[来源：GB/T 18354—2021，定义8.17]

8.2.16 出口许可证 export license

使公司能够将货物运出其国家的一种由东道国政府签发的准许出口的证件。

8.2.17 船边交货 free alongside ship；FAS

通常称作装运港船边交货，卖方负责将货物交到港口码头上买方指定船只的旁边，卖方的风险、责任和费用均以此为界，以后一切风险、责任和费用均由买方承担的一种买卖协议，仅用于海上国际贸易。

8.2.18　从价税率　ad valorem rate of duty

以货物的价格为标准计算应征关税的系数。

8.2.19　从量税率 / 特定税率　specific rate of duty

以货物的数量、体积、重量等为标准计算应征关税的系数。

8.2.20　当地成分要求 / 当地含量要求 / 当地产比率要求　local content requirements

根据进口国要求，商品的某些规定部分必须在进口国国内生产，其可以是具体数目，也可以是价值数目。

8.2.21　到岸价格 / 抵岸价格　landed price

货物运输登岸的价格，包含货物本身的价格以及运输过程中产生的保险费、运输费、装载费等费用。

8.2.22　低成本国家采购　low cost country sourcing；LCCS

从劳动力和材料成本较低的国家的供应商处采购商品、零部件和服务的过程。

8.2.23　冻结货币　blocked currency

由于外汇管制而无法在外汇市场上自由兑换的货币。

8.2.24　对等贸易　countertrade

一种贸易平衡机制，作为原始贸易发生的条件，要求在贸易活动中以全部或部分付款的方式购买其他货物。

8.2.25　对外贸易区　foreign trade zone；FTZ

一国海关入境口岸内或邻近的地方，在这里进口货物可免征关税，直至被转移至国内销售或使用。

8.2.26　多边贸易协定　multilateral trade agreement

由多个国家或地区协商确定并认可的协议。

8.2.27　法定贬值 / 贬值　devaluation

（1）一国政府或中央银行以法令形式调低本国货币相对于其他国家货币的含金量，从而调低汇率的行为。（2）一个国家货币所代表的价值或购买力下降，即兑换外币的能力下降。

8.2.28　法定升值 / 升值　revaluation

（1）一国政府或中央银行以法令形式调高本国货币相对于其他国家货币的含金量，从而调高汇率的行为。（2）一个国家货币所代表的价值或购买力上升，即兑换外币的能力上升。

8.2.29　法定重量　legal weight

（1）货物的重量，以及直接接触货物的包装物料，如内包装，但不包括容器的重量。（2）公路主管部门规定的公路运输总重量上限，可以对超重的承运人处以罚款或扣留其车辆。

8.2.30　方便旗　flag of convenience

为了逃避本国的法令管制，减少税收的缴纳或工资等费用的支出，一国的商船不在本国而在安全标准、登记费用等方面要求比较宽松的其他国家注册，不悬挂本国国旗而悬挂注册国国旗。

8.2.31 非关税壁垒 / 非关税贸易壁垒 nontariff barriers

一国或地区在限制进口方面采取的除关税以外的措施。

8.2.32 费率基准 rate basis

那些控制汇率水平的特定因素或汇率形成机制的因素组合。

8.2.33 浮动汇率 floating exchange rate

由外汇市场上的供求状况决定的货币汇率。

8.2.34 复合税率 compound rate of duty

从价税率和从量税率的组合。

8.2.35 共同对外（非会员国）关税 common external tariff

对已组成关税同盟的一些国家进口的货物征收的税。同样的关税、配额、优惠或其他非关税贸易壁垒适用于所有进入该同盟区域的货物，无论它们进入该区域的哪个国家。其目的是使参加国的商品在统一关境以内的市场上处于有利地位，排除非同盟国商品的竞争。

8.2.36 共同市场 common market

没有内部关税、拥有共同对外关税，劳动力和资本自由流动的区域市场，例如欧盟。

8.2.37 固定汇率 fixed exchange rates

由政府规定本国货币同其他国家货币比价而形成的货币汇率，货币汇率波动被限制在一定幅度以内。

8.2.38 关税壁垒 tariff barriers

用征收高额进口税和各种进口附加税的办法，以限制和阻止外国商品进口的一种手段。

8.2.39 关税联盟 customs union

以降低内部关税和拥有共同对外关税为特点的多边协议。

8.2.40 关税退税 duty drawback/ duty refund

对随后作为成品的一部分再出口的进口部件所缴关税的退还。

8.2.41 关税及贸易总协定 general agreement on tariffs and trade；GATT

1947 年为减少关税和其他世界贸易壁垒，以促进国际贸易自由化而签订的多边协议。是世界贸易组织的前身。

8.2.42 国际担保合同 international security contract

具有不同国籍或位于不同国家的当事人约定，一方为另一方提供担保，当被担保的事件发生时，担保人将在担保的限度内履行合同义务的协议。

8.2.43 海关担保 customs bond

担保公司向政府保证，进口商将忠实遵守管理商品进口到该国的所有法律法规。

8.2.44　海关发票　customs invoice

海关总署用于确定进口货物来源、分类和价值以计算关税的形式发票。

8.2.45　海关税则　customs tariff

政府对进口商品、出口商品或使用进出口商品征收的关税。

8.2.46　海上贸易　maritime trade

通过海运港口交换货物、服务和货币。

8.2.47　回购　counter purchase/buyback

（1）一种对销贸易形式，指一个组织同意从一个国家购买特定价值的材料以换取该国商品销售权利的贸易形式。（2）一个组织在外国建造工厂（或者提供技术、设备、培训或其他服务）并同意将工厂产出的一部分作为在当地的投资的贸易形式。（3）企业购买其已发行的股票，这种行为减少了公开市场上可用的股票数量，以提高股票价值或限制股东权力。

8.2.48　汇率窗口　exchange rate window

货币汇率的正负变动区间（通常以百分比表示）。

8.2.49　货币供应量　money supply

在一个经济体中可用于投资和支出的资金量。

8.2.50　货币期权　currency option

合约购买方在向出售方支付一定期权费后，以约定的汇率在未来某一特定日期买进或卖出指定金额外币的合同权利。

8.2.51　货币政策　monetary policy

一国政府或中央银行在管理本国利率和货币供应方面所做出的决策和使用的工具。

8.2.52　货交承运人　free carrier; FCA

卖方将清关后可出口的货物及表明责任转移的文件送到买方指定的地点，由买方指定的承运人接收，即完成交货。

8.2.53　即期汇率　spot rate

交易双方达成外汇买卖协议后，在两个工作日以内办理交割时采用的汇率。

8.2.54　进口报关单　import declaration

用于向进口国政府通报进口货物的属性、价值和原产地的报关文件。

8.2.55　进口单证　import documents

清关所需的材料，包括发票、原产地证书、装箱单和提单等文件。

8.2.56　进口关税　import duty

最常见的关税类型，为创收、资源保护或两者兼之而对进口商品征收的税款。

8.2.57　进口经纪人　import broker

收取海外进口商或海外经纪人一定的费用或服务佣金，代其在国内寻找货物买家的经纪人。

8.2.58　进口配额 / 出口配额　import quota/export quota

某类商品进出口数量或金额的最高额度。

8.2.59　进口商　import merchant

在海外购买商品，在本国转售的组织

或个人。

8.2.60 进口许可证 import license

政府或监管机构颁发的允许进口商将货物进口本国的许可证，通用许可证授权任何人进口特定货物，生效的许可证是授权进口特定货物的文件。

8.2.61 近岸外包 nearshoring

一种外包策略，组织将业务流程迁移到地理上更接近采购组织的邻国。近岸外包的目的通常是降低成本。

8.2.62 禁止贸易令 embargo

政府完全禁止与某一特定国家进行贸易的指令。

8.2.63 经常账户/现金账户 current account

国际经济交易最基本、最重要的账户。一国国际收支的主要组成部分，主要包括商品贸易收支，即有形货物进出口及服务贸易收支。

8.2.64 可兑换性 convertibility

一国货币兑换成其他国家货币的能力。

8.2.65 离岸外包 offshoring

将部分或全部业务流程（可能包括生产/制造）转移到非国内地点的外包策略，通常是为了降低成本或利用特定技能。

8.2.66 利润汇回 profit repatriation

将组织在一个国家赚取的利润转移到组织选择的另一个国家。

8.2.67 连环贸易 string sale

在从原产地到最终目的地的途中，发生多次转售或采购的单次装运过程。

8.2.68 领事发票文件 consular invoice document

由进口国驻出口国的政府官员以进口国的语言列出货物清单的文件，以方便进口，内容包括税收评估和保证进口不违反贸易限制或法律。

8.2.69 落地成本 landed cost

为获取物品而花费的购买价格、运费、搬卸费等费用的总和。在外贸中，还包含关税、清关费等，也称为到岸成本。

8.2.70 贸易保护主义 trade protectionism

一种为了保护本国产业免受国外竞争压力而对进口商品设定较高关税、限定进口配额或减少进口额的经济政策。

8.2.71 贸易差额 balance of trade

一国进出口总值之间的差额。

8.2.72 贸易限制 restraint of trade

消除或抑制竞争、垄断、人为维持价格或以其他方式妨碍或阻碍贸易进行的行为、合同、联盟产生的效果。

8.2.73 美国协调关税表 harmonized tariff schedule of the United States; HTSUS

为确定关税而建立的统一商品名称和编码（协调代码）系统中的一部分，用于描述所有贸易中的货物。协调代码系统是一种国际分类系统，用于为特定商品指定识别号，确保国际贸易中的所有各方在文件、统计控制和关税评估方面使用一致的分类标准。

8.2.74　免税商品 exempt commodities

无须缴纳进口税或可免税运输的货物。

8.2.75　名义官方汇率 nominal official exchange rate；NOER

在社会经济生活中直接公布、使用的表示两国货币之间比价关系的汇率，通常指官方货币汇率。

8.2.76　实际官方汇率 real official exchange rate；ROER

官方根据一段时间内本国与国外货币单位购买力所给出的汇率。

8.2.77　双边贸易协定 bilateral trade agreement

涉及两国或地区间贸易的正式或非正式协议。

8.2.78　外汇壁垒 exchange barriers

对一国货币兑换其他国家货币的限制。

8.2.79　外汇管制 / 外汇管理 foreign exchange control

一国政府为平衡国际收支和维持本国货币汇率而对外汇进出实行的限制性措施。

8.2.80　外汇期货 currency futures/ foreign exchange futures；FxFut

在指定的日期以合同中约定的价格交付特定金额外汇的承诺。可以在交易所进行。

8.2.81　消费税 excise tax/consumption tax/excise duty

一国对某些非必需的特定消费品（如燃料、烟草和酒精）的生产和分销征收的税。

8.2.82　沿海贸易 cabotage

国家与国家之间或者国家内部，在沿海地区进行的贸易。

8.2.83　隐蔽倾销 concealed dumping

表面上国内外售价相同，但在品质、包装、付款方式等方面优于国内的做法。

8.2.84　友岸外包 friend-shoring

将供应链网络限制在盟国和友好国家的外包策略。

8.2.85　远岸外包 farshoring

将公司部分或全部职能带到远离所在国的国家的外包策略，涉及远距离运输活动，如跨大陆运输。

8.2.86　远期外汇合同 forward exchange contract

外汇买卖双方都同意在将来的某个日期，按所约定的汇率、交割日、货币种类和数量，进行一种货币与另一种货币的兑换而签订的合同。

8.2.87　在岸外包 onshoring

将工作保留在本国，但是转移到国内更有经济效益的地方的外包策略。

8.2.88 终点交货 delivered at terminal；DAT

目的地或目的港的集散站交货。根据 2010 年《国际贸易术语解释通则》，卖方将货物交付到目的国的指定终点站，买方负责进口清关和之后的国内运输。

8.2.89 转手贸易／三角贸易 switch trading

一种特殊的贸易方式。利用第三方交易机构进行易货贸易，其中转手交易者将易货贸易额度兑换成现金，而第三方交易机构将这一额度出售给另一个需要此货物的国家。

8.2.90 资本账户 capital account

跨国流动的资产，一个国家国际收支差额的一部分，它衡量影响一个国家未来收入、生产或储蓄的金融贸易。

8.2.91 自由贸易 free trade

国家取消对进出口贸易的限制和阻碍，取消对本国进出口商品的各种特权和优惠，使商品和服务不受限制地跨越国界流动。

8.2.92 自由贸易联盟 free trade association

促进商品和服务的自由流动，但保持单独的对外关税的一组国家。

8.2.93 自由贸易区 free trade area；FTA/free trade zone；FTZ

两个或两个以上的国家通过达成某种协定或条款取消相互之间关税和与关税具有同等效力的其他措施的国际经济一体化区域。

8.2.94 自由贸易协定 free trade agreement

两国或多国间具有法律约束力的契约，目的在于促进经济一体化，消除贸易壁垒，允许商品与服务在国家间自由流动。

8.2.95 最惠国待遇 most favored nation；MFN

国际经济贸易关系中常用的一项制度，国与国之间协定的贸易条约和法律待遇条款，二者在进出口贸易、税收、通航等方面互相给予优惠、提供必要的方便、享受某些特权等。

8.2.96 最佳外包 bestshoring

可以根据潜在的成本效益分析结果，识别到达多个工厂或工业基础设施最佳地点以确定供应链最佳位置的过程，旨在为生产或服务交付功能安排最佳地点。

中文索引

A

B

G

H

J

K

N

O

P

Q

R

英文索引

B

319

C

D

E

J

M

N

O

P

Q

R

S

U

W

X

Y

Z